Gustav Freytag

Erinnerungen

aus meinem Leben

Gustav Freytag: Erinnerungen aus meinem Leben

Erstdruck: Leipzig (Hirzel) 1887.

Neuausgabe mit einer Biographie des Autors
Herausgegeben von Karl-Maria Guth
Berlin 2016

Der Text dieser Ausgabe folgt:
Gustav Freytag: Gesammelte Werke. Leipzig: Hirzel / Berlin:
Verlagsanstalt für Literatur und Kunst Hermann Klemm, [o.J.].

Die Paginierung obiger Ausgabe wird hier als Marginalie zeilengenau
mitgeführt.

Umschlaggestaltung von Thomas Schultz-Overhage unter Verwendung
des Bildes: Gemälde von Karl Stauffer-Bern, 1886

Gesetzt aus der Minion Pro, 11 pt

Verlag: Henricus - Edition Deutsche Klassik GmbH
Mörchinger Str. 33, 14169 Berlin, info@henricus-verlag.de
Druck: Libri Plureos GmbH, Friedensallee 273, 22763 Hamburg

Die Ausgaben der Sammlung Hofenberg basieren auf zuverlässigen
Textgrundlagen. Die Seitenkonkordanz zu anerkannten Studienausgaben
machen Hofenbergtexte auch in wissenschaftlichem Zusammenhang
zitierfähig.

ISBN 978-3-8430-9113-8

Bibliografische Information der Deutschen Nationalbibliothek

Die Deutsche Nationalbibliothek verzeichnet diese Publikation in der
Deutschen Nationalbibliografie; detaillierte bibliografische Daten sind
im Internet über www.dnb.de abrufbar.

Inhalt

Ich sollte schreiben, doch ich saß im Dämmer
Verstäubt und reisemüde auf der Bank,
Unlustig zu der Arbeit, einst Erlebtes
Den lieben Deutschen auf dem Markt zu schildern.

Da zog's am Vorhang und das Fenster klirrte,
Um Haupt und Herz ergoß sich helles Licht,
Die Feder fühlt' ich in die Hand gedrückt,
Und leise klang die Mahnung: »schreib«. – Ich schrieb.

Heut leg ich diese Blätter dir ans Herz,
Vertraute meiner Werkstatt, Mahnerin!
Zuerst gehört vor andern dir das Buch,
Zumeist vor allen dir des Freundes Dank.

Siebleben, 1. Oktober 1886.

G. F.   421

1. Die Vorfahren

Was auf den folgenden Blättern dargestellt wird, ist keine farbenreiche Schilderung ungewöhnlicher Erlebnisse, sondern einfacher Bericht über meine Jugend und über Erfahrungen, welche meinen Arbeiten Inhalt und Farbe gegeben haben. Gewinne ich dafür den Anteil des Lesers, so würde gerade der Umstand dazu helfen, daß, was hier erzählt wird, in der Hauptsache dem Leben und Bildungsgang von vielen Tausenden meiner Zeitgenossen sehr ähnlich sieht. Es ist das Heraufwachsen eines Einzelnen in den Jahren von den Freiheitskriegen bis zur Gründung des Deutschen Reiches. Jeder, dem in dieser Zeit vergönnt war, sich tätig zu regen, hat den Vorteil, daß in seinem Leben etwas von dem fröhlichen Wirken einer aufsteigenden Volkskraft erkennbar ist.

Was das Leben des Mannes an seinem Charakter durchbildet, von seinen Anlagen folgereich macht, das sind wir zu beobachten und abzuschätzen gewöhnt, allerdings auch im besten Falle mit unvollkommener Kenntnis. Aber weit schwerer wird es zu verstehen, was dem Lebenden als Förderung und Beschränkung durch seine Eltern und Vorfahren zu teil geworden ist, denn nicht immer sind die Fäden sichtbar, durch welche sein Dasein an die Seelen vergangener Menschen gebunden ist; auch wo sie sich erkennen lassen, ist ihre Zugkraft kaum zu berechnen. Nur das merken wir, daß die Gewalt, mit welcher sie leiten, nicht in jedem Leben gleich stark ist, und daß sie zuweilen übermächtig und furchtbar wird. Es ist gut, daß uns Menschen in der Regel verborgen bleibt, was Erbe aus ferner Vergangenheit, was freier Erwerb des eigenen Daseins ist, denn das eigene Leben würde angstvoll und kümmerlich werden, wenn wir als Fortsetzungen vergangener Menschen unablässig mit dem Segen und Fluch rechnen müßten, der aus der Vorzeit über unserer Lebensaufgabe hängt. Wohl aber ist es fröhliche Arbeit, sich zuweilen bei einem Rückblick auf frühere Jahre in das Bewußtsein zu leiten, daß viele Erfolge des eigenen Lebens nur möglich geworden sind durch die Habe, welche aus dem Leben unserer Eltern auf uns übergegangen ist, und durch anderes, was ältere Vergangenheit der Familie uns vorbereitet hat.

Daß es für mich leicht wurde, in den Kämpfen meiner Zeit auf der Seite zu stehen, welcher die größten Erfolge zufielen, das verdanke ich nicht mir selbst, sondern der Fügung, daß ich als Preuße, als Protestant und als Schlesier unweit der polnischen Grenze geboren bin. Als Kind der Grenze lernte ich früh mein deutsches Wesen im Gegensatz zu fremdem Volkstum lieben, als Protestant gewann ich schneller und ohne leidvolles Ringen den Zugang zu freier Wissenschaft, als Preuße wuchs ich in einem Staat auf, in dem die Hingabe des Einzelnen an das Vaterland selbstverständlich war.

Wenn ich zunächst aufsuche, was ich von meinem Eigentum den Vorfahren verdanke, so sei gestattet, als erste Habe meinen Namen zu rühmen, die Hausmarke, welche den Mann und seinen Erwerb von der Wiege an durch das ganze Leben zeichnet, nach seinem Tode zuweilen noch, was von seinen Werken im Volke dauert.

Der Name Freytag ist ein altdeutscher Männername wie Hildebrand, Wilhelm. Die erste Silbe ist Name der germanischen Göttin Frija, die zweite unser Wort Tag, welchem in alter Zeit die Nebenbedeutung: Licht, Glanz anhing. Die Verwendung des Wortes Tag zu Eigennamen ist wohl älter als die Übersetzung der lateinischen Wochentage ins Deutsche, denn es wurde nicht nur mit Namen des heidnischen Götterglaubens zu Personennamen verbunden, auch mit anderen Wörtern, z.B. in den alten Namen: Helmtag, Adaltag. Der Name Freytag ist aus dem frühen Mittelalter nicht bei allen deutschen Stämmen nachzuweisen, er erscheint selten in Oberdeutschland, wo eine andere Zusammensetzung: Fridutag überliefert ist. Dagegen ist er in Thüringen altheimisch. In Schlesien führt ihn 1382 ein Bürger der Neustadt Breslau. 424

Meine Vorfahren aber, an deren Sippe sich das Wort als Familiennamen befestigte, waren deutsche Landleute unweit der polnischen Grenze.

Zwischen Schlesien und Polen, da wo der kleine Bach Prosna die Länder scheidet, ragte im frühen Mittelalter ein unwegsamer Grenzwald. Er war mit seinem Sumpfgrund und den Verhauen, die darin angelegt wurden, der Landesschutz gegen feindliche Einfälle. Solche Grenzbefestigungen bestanden im Osten Deutschlands, wenn nicht ein breites Wasser von den Nachbarn schied, wohl überall, wo einst Germanen gewohnt hatten; und in den Kämpfen der Sachsenkaiser gegen die Slawen, wie in den Kriegsreisen des deutschen Ordens gegen Preußen und Litauer, ist der Zug durch Baumverschanzungen, die Unterhaltung des Heeres in der Wildnis, das Lichten mit der Axt, die Abwehr plötzlicher Angriffe, und die Wahrung der Schutzsperren, welche am Eingange und Ausgange der Waldwege errichtet wurden, bis ans Ende des Mittelalters fast die schwierigste Aufgabe der Heerfahrten, ähnlich wie zur Zeit des Cäsar und Tacitus an der deutschen Westgrenze.

Als im 13. Jahrhundert Schlesien unter den Piasten mit deutschen Ansiedlern besetzt wurde, entstand am Binnenrande des großen Waldes, da wo ein Reiseweg von Burg Namslau nach Polen führte, die deutsche Stadt Konstadt. Zwei Meilen oberhalb wurde durch die Kreuzherren vom roten Stern, einen der zahlreichen geistlichen Ritterorden, welche damals Krankenpflege und Kampf gegen die Heiden auf sich nahmen, die Kreuzburg gegründet, dazu eine Stadt mit deutschem Recht. Auf der Außenseite des Grenzwaldes war nahe der Prosna eine von den Wegsperren, welche in Preußen Beitschen, in Schlesien Pitschen hießen, auch dort erwuchs eine deutsche Stadt. In dem Dreieck, welches durch die drei Städte Konstadt, Kreuzburg, Pitschen gebildet wird, verlief durch Jahrhunderte das Leben meiner Familie.

Denn auch der Grenzwald wurde gelichtet und durch deutsche Dörfer besetzt. Nahe bei Konstadt entstand Schönfeld, mitten im Walde Schönwald, in gleicher Entfernung von den drei Städten. Es wurde ein ansehnliches Dorf mit zwei Scholtiseien.

Dort lebte der älteste Vorfahr, von welchem Kunde erhalten ist, Simon Freytag (geb. 1578), ein Freibauer, wie die Besitzer des Hofes sich nannten. Er und seine Nachkommen saßen auf Höfen mit fränkischen langen Ackerbeeten; sie bauten die Scholle unter wohlwollenden Landesherren, den Herzögen von Brieg, und erlitten, was die Kriege der Fürsten und die Einbrüche fremder Haufen dem Landmann zu bereiten pflegten. Wie ihre Landesherren waren sie seit der Reformation evangelisch geworden. Überall standen in den Dörfern neben den Kirchtürmen die Pfarrhäuser mit ihren Familien als Stützpunkte des deutschen Wesens. Die Vorfahren hielten unter slawischem Volk auf die deutsche Art, wie man aus den Namen ihrer Frauen schließen darf, die bis zu dem meiner Mutter sämtlich deutsch sind. Als Johann Freytag, der Sohn des Simon, eine Anna Wüterich – althochdeutsch Wuotanarich – heiratete, da wurden auf einem Bauernhofe die Namen unserer beiden großen Heidengötter Frija und Wuotan nach den Schrecken des dreißigjährigen Krieges zu christlicher Ehe verbunden.

Um 1700 heiratete Adam, ein Enkel jenes Simon, die Erbtochter einer Scholtisei von Schönwald, Marie Anna Victor. Durch sie kam der Scholzenhof des Dorfes in das Geschlecht. Eine Erinnerung an die Ahnmutter erhielt sich bis in meine Kinderzeit, sie soll eine kleine, kluge Frau gewesen sein, die bei den Geschlechtsgenossen in hohem Ansehen stand. Die Männer des Geschlechts aber sind in der Mehrzahl hochgewachsen mit rundem Kopf, blondem Haar, starken Knien und großer Faust, in jedem Nest ein oder mehrere behende Linktotschel. Der Kindersegen der Höfe pflegte reichlich zu sein.

Die Scholtisei und die freien Bauernhöfe waren nach altem Herkommen Minorate, der jüngste Sohn erbte den Hof, die älteren Söhne wurden vom Vater ausgestattet, soweit die Mittel reichten, sie heirateten in andere Höfe, suchten ihr Glück in der Fremde oder blieben als Knechte auf dem Hofe des jüngsten Bruders. Es war Brauch in den Grenzdörfern, ältere Söhne in Städte oder Dörfer, welche im Deutschen lagen »auf Wechsel« zu geben, dann erhielten die Knaben in einem befreundeten Hause Unterkunft, Kost und deutschen Unterricht, auch die Bürger schickten im Tausche ihre Söhne bisweilen in das Bauernhaus zum gründlichen Erlernen des Landbaus. Denn noch brachte die Landwirtschaft den Städten einen großen Teil der Nahrung.

In dieser Weise gab der Urgroßvater, Johann Simon Freytag, Erbund Gerichtsscholz in Schönwald, seinen ältesten Sohn Georg (geb. 1737), als dieser acht Jahre alt war, zu Verwandten nach Namslau, damit er dort deutschen Stil und etwas Latein erwerbe; drei Jahre später auf das Gymnasium nach Brieg, wo er aus der Quarta bis zur Universität hinaufsteigen sollte, um dereinst Geistlicher zu werden.

Georg war im Januar 1755 ein hochgewachsener Primaner, als der Oberst der Garnison Brieg eine Razzia gegen die großen Schüler veranstaltete. Georg erhielt Nachricht, daß er in der Rolle der sieben stand, welche der Oberst sich aneignen wollte. Er vertauschte deshalb seine Wohnung mit der eines andern Gymnasiasten, und als der Oberst den Rekruten abholen ließ, erhielt er statt des langen einen unbrauchbaren kurzen unter das Maß. Derweile war ein eiliger Bote die neun Meilen bis Schönwald gelaufen, dort im Scholzenhofe die Gefahr zu verkünden.

Der Vater schickte sogleich Wagen und Pferde in die Nähe von Brieg und dem Sohne die Botschaft, er solle zusehen, wie er aus der Stadt kommen könne. Allen Torwachen war anbefohlen, keinen großen Menschen passieren zu lassen und Georg war nach siebenjährigem Aufenthalt in Brieg auch den Soldaten bekannt. Er ging deshalb gegen 11 Uhr Vormittags unter den finstern Schwibbogen des Odertores, wartete dort bis die Ablösung der Torwache vorbei marschiert war, und folgte den Soldaten über die Oderbrücke, da er wußte, daß diese bei dem Marsch und der Ablösung sich nicht umsehen durften. Während die Wache vor dem Wachthaus in die Linie trat, wandelte er glücklich ins Freie, fand seinen Wagen und fuhr unter falschem Namen nach Breslau, von da in einer Landkutsche nach Königsberg. Dort studierte er drei Jahre Theologie, hörte auch etwas Philosophisches bei Kant. Doch auch zu Königsberg wurde ihm ein friedliches Beharren über seinen Büchern nicht vergönnt. Die Russen überzogen die Landschaft und sperrten den Verkehr mit der Heimat. Von dort drangen im Februar 1758 ängstliche Briefe zu ihm durch. Die Mutter war schwer erkrankt, der Vater durch einen Schlaganfall gelähmt, auch zu Hause war Kriegsnot und Einquartierung und der älteste Sohn nicht länger zu entbehren. Aber von den Russen wurde niemand in das Gebiet König Friedrichs hinaus gelassen. Wieder kam Georg in Bedrängnis, und wie er als Flüchtling zur Universität gezogen war, mußte er auch auf heimlichen Pfaden die Rückkehr suchen. Er nahm deshalb in der russischen Kanzlei einen Reisepaß nach Danzig und übergab sich und sein Gepäck einem Fuhrmanne, der mit seiner Ladung unweit Danzig über die Weichsel gelangen wollte. Der Strom war noch mit Eis belegt, aber an den Rändern floß bereits das Tauwasser. Als Georg das Eis betreten hatte und unter sich das Brechen der Schollen und das Rauschen der Flut vernahm, rief er an das Ufer nach einem kleinen Handschlitten, ließ Koffer und Bettsack darauf laden und folgte dem Schlitten vorsichtig nach dem andern Ufer. Wagen und Pferde, welche vom Fuhrmann auf die Versicherung der Anwohner, daß das Eis noch halte, über den Strom getrieben wurden, brachen hinter ihm ein und versanken.

In der Heimat fand er Trauer und Sorge, die Mutter starb wenige Stunden nach seiner Ankunft, der kranke Vater hatte sein Gedächtnis fast ganz verloren, dazu sechs jüngere Geschwister im Hause und im Lande fremdes Kriegsvolk. Da mußte der Kandidat das Scholzenamt versehen, die schweren Lieferungen auf die einzelnen Höfe verteilen, das Gelieferte von den Dorfleuten empfangen und absenden, bald österreichische, bald sächsische Kommandos aufnehmen, bewirten und vorsichtig behandeln, außerdem der Wirtschaft des Gutes vorstehen und jeden Morgen früh um drei Uhr nach Stall und Scheuer sehen. Dennoch bestand der kranke Vater darauf, daß er alle vier Wochen predigen mußte. So versah der Jüngling durch zwei Kriegsjahre die Geschäfte des Scholzenhofes, es war eine schwere Lehrzeit, die ihn zum

Manne machte. Im Jahre 1760 wurde er als Diakonus nach Konstadt berufen, dort wurde er später Pastor und Senior der Diözese.

Aber auch von Konstadt aus besorgte er noch immer die Wirtschaft des Vaters, nach dem Tode desselben für den jüngsten kleinen Bruder, bis dieser mündig geworden war.

Von den drei Städten war Konstadt damals wohl die kleinste, sie war keineswegs zu allen Zeiten die harmloseste gewesen. Ihrem Gedeihen mag schon im Mittelalter geschadet haben, daß sie wiederholt in den Besitz kleiner Grundherren kam. Im fünfzehnten Jahrhundert setzte sich ein Bandenführer der Hussiten dort so fest, daß die schwachen Landesherren ihm die Stadt abkaufen mußten, und fünfundzwanzig Jahre später wurde der Ort ein Nest verwegener Raubgesellen, welche im Stegreif die ganze Landschaft unsicher machten, bis endlich die Breslauer im Bunde mit dem Landesherrn mitten im Winter einen Kriegszug gegen Konstadt unternahmen und die Räuberburg brachen, welche für eine der festesten in ganz Schlesien galt. Wahrscheinlich war es der Grund der zerstörten Raubfeste, auf welchem die Kirche und die Pfarrwohnung erbaut wurden. Zur Zeit des Großvaters war freilich in dem kleinen Ort jede Erinnerung an die alte wilde Zeit verschwunden, die Fuhrleute, welche dort rasteten, klagten über das schlechte Pflaster, und anspruchsvolle Reisende wollten die Sauberkeit der Gassen und Häuser nicht loben. Aber die Bürger lebten doch in einem mäßigen Wohlstand, denn ihre Stadt war ein Markt für viele deutsche Dörfer und die zahlreichen Gutsherren der Umgegend hielten dort im Winter gern ihre geselligen Zusammenkünfte.

Von der Gemeinde wurde der Nachbarsohn freundlich aufgenommen und er vergaß dies seinen Konstädtern niemals. Er wurde ein wirksamer Prediger, der es mit seinem Kanzelamte ernst nahm. Was er selbst darüber aufgezeichnet hat, ist so charakteristisch, daß man dem Enkel gestatten möge, seine eigenen Worte mitzuteilen: »Mir ging es mit meinem Predigen so, wie die Verfassung meiner Seele war. Ließ mich Gottes Gnade in meinem Bibellesen und in meinem Betragen leiten, so konnte ich kaum den Sonntag erwarten, sondern glühte vor Begierde, zu meiner Gemeinde zu reden. Eine solche Predigt rührte während dem Hersagen derselben so meine ganze Seele, als ob alles neue Worte wären, die ich gesprochen, und ich habe mich manchmal noch einige Tage, nachdem sie gehalten war, daran erbaut. War ich aber nicht wachsam auf mich, so daß eine Leidenschaft ihre Fesseln mir anlegte, oder war ich träge im Lesen der heiligen Schrift, so stand ich tausendfache Angst in meiner Seele aus. In meiner Predigt redete nicht mein Herz, sondern nur meine Theorie aus mir, und ich schämte mich, wenn ich von der Kanzel war, vor mir selber, klagte es mit Tränen Gott, daß ich vor einigen Tagen zu einer Leidenschaft geneigt habe, gab Gott recht, daß er mich verlassen. Aber was können die Schafe dafür, wimmerte ich hinterdrein.«

Er war ein rechtgläubiger Verehrer des älteren Hollaz, dessen Gemütswärme und innige Religiösität seinem Wesen vorzüglich entsprachen. Während er seiner Gemeinde die angeborene Sündhaftigkeit der Menschheit und die Gnade der Erlösung ins Gemüt führte, war er auch unablässig bemüht, die unendliche Liebe Gottes und das gütige Walten der Vorsehung eindringlich zu machen. Wie liebevoll hatte doch der Himmel ihn selbst geschützt, schon als kleinen Knaben, wo er einmal in einem Hälter des Gartens eingebrochen und völlig unter das Eis gekommen war und nur durch eine plötzliche Angst des Vaters gerettet wurde, die diesen veranlaßte nach dem Kinde zu sehen; dann später, als ein schweres Scheunentor auf ihn gefallen war ohne ihn zu zerdrücken, und dann wieder unter dem Schwibbogen, und auf der Weichsel, unter aller feindlicher Einquartierung und so immer, immer fort in großen und kleinen Gefahren. In der Stille rang auch er zuweilen gegen die Zweifel, welche am Ende des vorigen Jahrhunderts ein Gottesgelehrter nicht ganz von sich abzuhalten vermochte. Aber im ganzen stand er fest in der alten Rechtgläubigkeit.

Er war ein kräftiger Mann, der eine angeborene Heftigkeit zu behüten hatte, geliebt von seiner Gemeinde und angesehen in der Umgegend. Daß er nach damaligen Verhältnissen wohlhabend war, erleichterte ihm den gastfreien Verkehr und half dazu, daß er auch unter den Anspruchsvollen vom Landadel und Militär sich fest und in gutem Einvernehmen behauptete. Dies Verhältnis zu vornehmer Nachbarschaft, welches in gelegentlichem Patenstehen und umständlichen Einladungen zur Kirmse Ausdruck fand, hinderte ihn nicht, mit einem gewissen Selbstgefühl die Kreise zu betrachten, welche sich im Bewußtsein höherer Geltung damals mehr als jetzt abschlossen. Er wies seinen Söhnen zuweilen mit guter Laune den Bettelbrief eines Herrn vom höchsten Adel, der ihn in sorgfältig geschnörkeltem Schreiben um ein Darlehen von einigen Dukaten ersucht hatte, und er gab dabei den Söhnen die gute Lehre, solchen, die sich für vornehmer halten, lieber zu geben, als von ihnen zu nehmen. Der Großvater war es auch, der aus den Kirchenbüchern der Nachbarschaft und aus Einzeichnungen in Familienbibeln die Stammtafel der Vorfahren zusammenstellte und mit Bescheinigung der Richtigkeit auf seine Nachkommen brachte. Als er 1799 noch in voller Kraft starb, hinterließ er fünf Töchter und zwei Söhne; die Töchter gingen durch Heirat in preußische Beamtenfamilien über, der älteste Sohn war mein Vater.

Mein Vater, Gottlob Ferdinand (geb. 1774) erhielt schon reichlicher und bequemer seinen Anteil an der Bildung der Zeit. Er verlor die liebe Mutter, als er acht Jahr alt war, und wuchs unter älteren Schwestern heran, bis er vom Großvater auf das Gymnasium nach Oels gebracht wurde; im Jahre 1793 ging er, um Mediziner zu werden, nach Halle, der großen Universität jener Jahre, welcher fast alle studierenden Schlesier zuzogen.

Das wohlgeordnete, ernste Wesen, welches er auf die Universität mitbrachte, Redlichkeit und treue Wärme für seine näheren Freunde, machten ihn dort während eines Aufenthaltes von fast vier Jahren zu einem wohlbekannten Mann, zum Vertrauten und Ratgeber vieler Jüngeren. Das erfuhr sein Sohn später aus rühmenden Schilderungen alter Kommilitonen. Unter den Studenten bestanden damals außer zwei verbotenen Orden als erlaubt die großen landsmannschaftlichen Verbindungen, von denen die der Schlesier die meisten Mitglieder zählte. Der Vater hielt zu seinen Landsleuten, aber bei seiner Abneigung gegen jede Art von Dienstbarkeit, die er aus dem Vaterhause mitgebracht hatte, weigerte er sich fest, ein Mitglied der Verbindung zu werden, obgleich ihm wegen seiner Länge und wegen des guten Wechsels, mit welchem er ausgestattet war, wiederholt Anträge gemacht wurden. In demselben Unabhängigkeitssinn hat er auch später vermieden, Freimaurer zu werden, in einer Zeit, wo der Orden größere Bedeutung für die Mitglieder hatte, als wohl jetzt. Sein Aufenthalt in Halle fiel in das für Deutschland glücklichste Jahrzehnt des scheidenden Säkulums. Diese Jahre, in welchen die Bundesgenossenschaft von Goethe und Schiller über unsere Literatur so hellen Glanz ausstrahlte, waren auch für viele andere Richtungen der deutschen Volkskraft eine Zeit jugendfrischer Erhebung, welcher leider die Bürgschaft der Dauer fehlte. Die edlen Forderungen der Humanität waren in die Seelen der Regierenden übergegangen, der Wohlstand im Volk hatte sich gehoben, Handel und Industrie arbeiteten unternehmungslustig mit stärkerer Triebkraft, das deutsche Leben erblühte wie unter dem Sonnenlicht eines warmen Frühlingstages, während sich über

432

Frankreich die wilden Wetter entluden. Auch das Studentenleben hatte gewonnen, die alte wüste Roheit war gemindert, die Schönseligkeit der letzten Jahrzehnte hatte den Universitäten eine größere Innigkeit der kameradschaftlichen Beziehungen hinterlassen, das Bedürfnis nach großen und edlen Gefühlen war in den jungen Seelen mächtig geworden. Der Vater hatte reichen Anteil an den geselligen Freuden jener Zeit, an den Fahrten nach Lauchstädt, wo er die Aufführungen des Theaters von Weimar bewunderte und einige der Schauspieler kennen lernte, an den Besuchen in der Gartenwirtschaft des wunderlichen Dr. Bahrdt und an den Zusammenkünften auf den Wohnstuben der Studenten, von denen die seine, ein geräumiges Zimmer, viel in Anspruch genommen wurde. Als der neue Doktor nach vier Jahren in das Vaterhaus zurückkehrte, brachte er einen Schatz von Erinnerungen mit, die ihm sein ganzes späteres Leben verklärten. Denn für die Gebildeten seiner Zeit hatte das akademische Zusammenleben weit höhere Bedeutung, als in der Gegenwart. Wer damals aus dem freien Burschentreiben in die engen Verhältnisse der Heimat kam und in das Amt, welches er sich gewann, der bewahrte nicht nur in seinem Stammbuch die Freundschaftsversicherungen, die Symbola und die kurzen geheimnisvollen Andeutungen fröhlicher »Suiten«, an denen er Teil genommen, sondern auch in seinem Gemüt eine ideale Freundschaft für die Gefährten der schönsten Jahre, welche ihm das Schicksal gegönnt hatte. In einer Zeit, wo das Reisen noch beschwerlich und die Isolierung in dem Wohnort und Beruf viel größer war als jetzt, bildete die Genossenschaft der »Koätanen« einen Verband, welcher sich über die ganze Provinz erstreckte; sie saßen überall in den Städten und auf dem Lande als die kleinen Regenten ihrer Umgebung: Pastoren, Gymnasiallehrer, Juristen und Ärzte; jeder von ihnen wußte genau, wo die anderen hausten und wie es ihnen erging; und wer einmal reisen mußte oder in der Ferne irgendwie Rat und Beistand suchte, war sicher, alte treue Gesellen und bereitwillige Helfer zu finden, die sämtlich den liebsten Genuß darin fanden, bei einem guten Trunk die Freuden und Abenteuer der Studentenjahre immer aufs neue durchzusprechen. Auch ältere und jüngere Jahrgänge der Hallenser Kommilitonen wurden zu dieser stillen Bruderschaft gerechnet, sie hat nicht nur den geselligen Verkehr, auch das Geschäftsleben beeinflußt und nach dem Jahr 1806 sogar einen politischen Zusammenhang gefördert.

Ein Jahr nach seiner Heimkehr ließ sich der Vater als Arzt in der Kreisstadt Kreuzburg nieder. Das Einleben dort wurde ihm durch den Tod des Großvaters erschwert, denn er hatte jetzt um die Verheiratung von Schwestern und für einen jungen Bruder zu sorgen. Der neue Arzt fand in seinem Berufe viel zu tun, nicht nur bei Honoratioren und Bürgern, auch in den Dörfern der Umgegend; die Kranken erinnerten sich gern daran, daß er in irgend welchem Grade zur Verwandtschaft gehörte. Der angestrengteste Teil seiner Tätigkeit aber war jenseit der Landesgrenze. Das Herzogtum Warschau war damals preußisch, dort fehlten die Ärzte, und eilige Boten kamen Tagereisen weit geritten, um in schweren Fällen Hilfe zu holen. Da gab es für den Arzt oft lange Fahrten auf elendem Wege, durch Kieferwald und fußhohen Schnee in federlosen Wagen oder offenen Schlitten, der Reisende saß in einen dicken grauen Mantel oder in die Wildschur gehüllt, den Arzneikasten unter dem Sitz, Säbel und Pistolen zur Seite. Denn die Grenzwälder waren durch streifendes Gesindel unsicher und im Winter durch hungrige Wölfe. Diese unholden polnischen Gäste trabten damals zahlreich und gefürchtet durch die Wälder, sie kamen noch viele Jahre später über die Grenze und umheulten im Winterschnee die Dörfer, und die ersten Wölfe, welche ich als Knabe sah, lagen tot auf einem Karren vor dem Steueramt der Vaterstadt, wo dem Erleger das Schußgeld gezahlt wurde, für den Wolf zehn, für die Wölfin elf Taler. – War der Vater auf dem polnischen Gut angekommen, so fand er zuweilen einen wilden Haushalt und fremdartige Gewohnheiten, und ihm begegnete auch, daß ein störriger Edelmann, dem er einen Trank aus dem Arzneikasten gemischt hatte, die Flasche mißtrauisch betrachtete und frug: »was kostet's?« Als die Antwort nur die wenigen Groschen der Taxe nannte, warf er die Flasche verächtlich in die Stubenecke: »solcher Bettel kann nichts nutzen«. »Dann bin auch ich unnütz«, sagte der Vater und verließ das Haus. – Im Jahre 1807 wurde die Grenze gesperrt und die polnische Praxis doppelt beschwerlich. Für das Land kam eine Zeit des härtesten Druckes und unsäglicher Not, die an der Grenze am meisten gefühlt wurde. Den Städten aber bereitete diese Angstzeit einen großen Fortschritt, die Selbstregierung. Als die Städteordnung in Kreuzburg eingeführt wurde, bot die Bürgerschaft dem Vater das Amt des Bürgermeisters an, und er entschloß sich den neuen Beruf zu übernehmen. Ihm war trotz zehnjähriger Praxis nicht völlig gelungen die Gemütsruhe zu finden, welche der Arzt sich erwerben muß, wenn er nicht unglücklich

werden will; vor jedem schweren Fall raubte ihm das Gefühl der Verantwortung die Nachtruhe, und vollends seit dem Kriege schnürten ihm
die vielen Szenen von Armut und Not, die er als Arzt durchzumachen
hatte, das Herz zusammen. Das neue Amt nahm bald seine ganze Kraft
in Anspruch, er hatte nicht nur sich selbst in die Verwaltung, auch seine
Bürgerschaft in das Selbstregiment einzugewöhnen; die erhöhten Anforderungen, welche an die Stadt gemacht wurden, die Regelung der
Kämmerei, die Tätigkeit der Stadtverordneten, das Polizeiamt gaben viel
zu tun. Und kaum war die neue Ordnung wirksam geworden, da kamen
das schwere Jahr 1812 und die Freiheitskriege. Sie wurden auch für ihn
eine große Zeit hochgespannter Tätigkeit und innerer Erhebung. Ein
Jahr lang waren die Lieferungen, welche der Stadt und ihren Dörfern
zugemutet wurden, in die Ferne gegangen, jetzt brach der kriegerische
Schwall über die Grenze und flutete durch die Stadttore. Den französischen Flüchtlingen folgten russische Vortruppen, Schwärme von Kosaken
tummelten sich vor dem Rathause, Baschkiren zündeten auf dem Ringe
ihre Lagerfeuer an, ein fremder Heerhaufen drängte den andern, und
was der Stadt von dem rohen Volk zugemutet wurde, ging oft über das
Mögliche hinaus. Der Landrat des Kreises, ein alter Herr, verließ sich
gern auf den Bürgermeister, der unter ihm auch Kommandant des
Landsturmes geworden war, und es vergingen Monate, wo die anstren-
gende Tätigkeit durch Tag und Nacht fast unaufhörlich in Anspruch
nahm. Am widerwärtigsten war dabei der Verkehr mit den fremden
Verbündeten. Zwar die Verständigung gelang leidlich, da der Vater geläufig polnisch sprach, aber die Anmaßung und Raubsucht der niederen
Offiziere war im Anfange gar nicht zu bändigen; bis die Erfahrung
Hilfsmittel darbot. Die Flasche mit Wotka und der Tabakkasten standen
immer auf dem Tisch des Vaters, ein schwerer Kavalleriesäbel lehnte
an seinem Stuhl und ein großer Kantschu hing an seinem Arbeitstisch.
Diese Waffe hatte ihm ein höherer russischer Offizier, ein Deutscher,
geschenkt, damit er sie im Notfall gegen die Bundesgenossen gebrauche.
Der Gast hatte in einer Ecke zugesehen, wie ein junger russischer Offizier
tobend ohne Gruß in die Stube getreten war, um ungerechte Forderungen brutal geltend zu machen, da war er zornig aufgesprungen, hatte
den Frechen mit seinem Kantschu gehauen und hinausgeschleudert und
darauf dem Bürgermeister wohlwollend den Rat gegeben, dergleichen
Käuze in dieser Weise zu bändigen. Der Vater wies in späteren Jahren
das geflochtene Leder den Kindern und freute sich über den guten Erfolg,

den er zuweilen damit gehabt hatte. – Doch die Anstrengungen, welche ihm selbst zugemutet wurden, waren für den Mann in der Vollkraft der Jahre unwesentlich gegenüber den Leiden seiner Stadt. Seit sechs Jahren war alles kleiner und dürftiger geworden: der Staat, der Wohlstand der Bürger und Landbewohner, das Selbstvertrauen und die Unternehmungslust. Jetzt waren die Gesunden und Kräftigen im Heer oder in der Landwehr ausgezogen, die Angehörigen der Mehrzahl darbten und jammerten. Und ohne Ende kamen neue Zumutungen an die Zurückgebliebenen, die das Letzte nahmen, was noch vorhanden war. Kein Ackerbürger der Vorstadt konnte mit Sicherheit am Morgen darauf rechnen, daß er mit seinem letzten Pferde die Tagesarbeit auf seinem Acker vollenden würde. Knecht, Pferd und Wagen wurden in der nächsten Stunde zum Vorspann genommen, und es war sehr zweifelhaft, ob er sie je wiedersah. Die Fleischer, Bäcker, Tuchmacher, Gerber und Schuster sollten dem Staat liefern und wieder liefern, und niemand 437 wußte, woher die Bezahlung kommen sollte. Täglich kamen die Leute zum Vater und klagten, auch Männer rangen die Hände und weinten im Jammer um ihr Geschick. Oft war es nur eiserner Strenge möglich, das Unvermeidliche durchzusetzen. In den Sommermonaten von 1813, während der Kampf auf den Schlachtfeldern unentschieden hin und her wogte, schwand die Begeisterung, welche im Frühjahr die Herzen erhoben hatte; die furchtbare Empfindung, daß man das Letzte von Kraft und Habe darangesetzt habe und ohne Erfolg, nahm in den Seelen überhand. Die Menschen wurden nicht aufsätzig, aber sie gingen wortkarg, in schlechten Kleidern, mit bleichen Gesichtern einher und sahen scheu aus der Ferne nach den Boten des Rats. Da flog die Kunde von der Schlacht bei Leipzig durch das Land, die Freude und der Stolz, den dieser Sieg in die Seelen brachte, war für die armen Grenzkreise eine Rettung aus Verzweiflung, in Wahrheit der Beginn eines neuen Lebens. Seitdem ging in Kreuzburg alles leichter, die Menschen hofften wieder. Noch mußte ihnen länger als ein Jahr viel Hartes zugemutet werden, aber es wurde verhältnismäßig gern ertragen, und wenn der Vater über die Straße ging, liefen die Leute, die ihn sonst schweigend, mit stillem Vorwurf im Blicke gegrüßt hatten, freudig zu ihm heran, frugen nach Neuigkeiten und äußerten ihr gutes Vertrauen. Die gemeinsam erlebte Not und Erhebung wurde von da ab ein festes Band zwischen dem Bürgermeister und der Bürgerschaft, beide Teile hatten einander kennen gelernt. Denn auch der Vater hatte in dieser Zeit eine Kenntnis der

Charaktere und der Gemütsart jedes Einzelnen erhalten, die sonst am Ratstisch nicht so leicht gewonnen wird.

Der Friedenstörer Napoleon war gebändigt. Die Kreuzburger wagten wieder für ihr eigenes friedliches Gedeihen zu arbeiten, auch ihr Bürgermeister richtete sich seinen Hausstand neu ein, er heiratete. In dem Hause des Pastor Neugebaur lernte er die Schwester der Frau Pastorin kennen, meine Mutter Henriette Albertine Zebe, deren Vater Prediger in Wüstebriese bei Ohlau war.

Ihr war die erste Jugend in der Tätigkeit für andere vergangen, zuerst auf einsamem Pfarrhofe im großen, kinderreichen Haushalt ihres Vaters, der in zweiter Ehe verheiratet war, dann im Hause der Verwandten zu Kreuzburg. Kurz nach der Schlacht bei Waterloo war die Trauung der Eltern, im Jahre darauf, nachdem man das Friedensfest feierlich begangen hatte, wurde ich als ältester Sohn am 13. Juli 1816 geboren.

Der junge Haushalt blieb nicht immer in Kreuzburg. Die sechs Jahre des Bürgermeisteramtes waren um, der niedrige Gehalt war dem Vater bis dahin gleichgültig gewesen, jetzt mahnte eine neue Pflicht an die Zukunft zu denken. Er nahm deshalb die Wiederwahl nicht an, ließ sich die Physikalsgeschäfte des Kreises übertragen und zog als Arzt in die Nachbarstadt Pitschen, wo er liebe Freunde und die Mutter nahe Verwandte hatte. Und ihr kleiner Sohn wankte auf seinen Beinchen zuerst in Pitschen über das unebene Pflaster. Aber schon nach zwei Jahren wurde der Vater zurückgerufen. Die Kreuzburger boten ihm aufs neue den Posten ihres Bürgermeisters an, diesmal auf Lebenszeit und mit einem Gehalt, der für damalige Verhältnisse hoch war. Von da beginnen die Erinnerungen des Sohnes.

Seit alter Zeit waren in der Familie wegen des Minorates die Geburtsjahre des Vaters und des Hofsohnes durch einen Zeitraum von 40, ja von 50 Jahren getrennt; auch später setzte sich dies Verhältnis fort, mein Vater war, obgleich ältester Sohn 37, ich bin 42 Jahr jünger als der Vater, und seit der Geburt meines Vaters sind jetzt, wo ich dies schreibe, 112 Jahre vergangen.

Aber zu dem alten Scholzenhofe in Schönwald bestand auch bei Lebzeiten meines Vaters ein gutes Verhältnis. Der Vater, welcher von den Geschlechtsgenossen als ältester der Familie betrachtet wurde, besuchte zuweilen den Hof, und ich erinnere mich aus früher Kinderzeit noch deutlich, wie er in dem alten Balkenhause am weißen Holztische saß, ihm gegenüber die breitschulterige Gestalt des Hofbesitzers. Dieser

war jener jüngste Bruder, für den der Großvater zur Zeit Friedrichs II.
lange das Gut verwaltet hatte; jetzt aber war dem Gutserben das mächtige Haupt von einer Fülle schneeweißen Haares eingefaßt. Im Hofe
wurde gerade damals gegenüber dem hölzernen Wohnhaus ein neuer
Ziegelbau aufgeführt, denn der Alte wollte seinem Sohn das Gut übergeben und sich auf den Auszug setzen. Sein Sohn, von stärkerer Lebenskraft und klugem Bauernverstand, wurde im Kreise ein einflußreicher
Mann, er war auch ein unternehmender Landwirt, der als einer der ersten in der Gegend die Wasserröste des Flachses einführte. In lebendiger
Erinnerung ist mir der letzte Besuch auf dem Hofe, den wir abstatteten,
als ich von der Universität zurückgekehrt war und mich zum akademischen Lehramt vorbereitete. Mein Vater ließ den Wagen vor dem Hoftor
halten und wir traten durch die Nebenpforte ein. Am Brunnen stand
die Tochter des Hauses, eine zierliche Gestalt in der Dorftracht, sie
hatte den Arm über den Eimer auf dem Brunnentroge gelegt und
lauschte vorgebeugt den Worten eines hübschen jungen Mannes in
städtischer Kleidung. Es war der Schullehrer des Dorfes. Beide waren
in so warmer Unterhaltung, daß sie unser Kommen erst bemerkten, als
wir dicht neben ihnen standen. Der glänzende Blick, die geröteten
Wangen und der Schatten von Betrübnis, welcher das unschuldige
Antlitz des Mädchens überflog, als sie uns endlich erblickte, bewiesen,
daß wir störend gekommen waren. Der junge Mann verschwand, der
Hausherr wurde vom Felde geholt und der Besuch verlief in gebührender
Weise mit Kaffee und Besichtigung des Hofes. Zuletzt führte der Wirt   440
die Gäste mit Selbstgefühl zu dem massiven Getreidespeicher, den er
sich mitten im Hofe erbaut hatte. Wir stiegen die Treppe zum Schütt-
boden hinan und er zeigte den großen Weizenvorrat, einige hundert
Scheffel, die ganze Ausbeute des vergangenen Jahres, von der er sich
noch nicht getrennt hatte, obgleich die neue Ernte nahe bevorstand. Er
ließ die gelben Körner nachlässig von der Schaufel rinnen, wie der
Geldmann eine Handvoll Goldstücke aus seinem Kasten hebt und fallen
läßt, und frug bedächtig nach unserer Meinung, ob wohl der Preis des
Weizens nach der Ernte steigen werde. Da er mir die Ehre erwies, sich
dabei an mich zu wenden, so kramte ich vergnügt junge Weisheit aus,
die ich im Hause des Amtsrats Koppe zu Wollup eingesammelt hatte,
indem ich die Bedenken dagegen vorführte, daß der Landwirt überhaupt
in solcher Weise spekuliere. Er hörte mich geduldig an, indem er stolz
auf seinen Haufen sah. Als ich am Abend mit dem Vater wieder im

Wagen saß, sagte dieser: deinem Rate wird er nicht folgen, denn die Hoffnung eines möglichen Gewinnes ist durch das ganze Jahr seine heimliche Freude. Darauf begann ich von der Base und dem Schullehrer, und bat den Vater, bei Gelegenheit ein gutes Wort für die jungen Leute einzulegen; aber ich erhielt zur Antwort, das wäre ganz vergebens, es wäre gegen alles Herkommen und der Stolz des Hofes würde das nie gestatten. Ihr ist bestimmt, einen Hofwirt zu heiraten, auch wenn es ein alter Witwer sein sollte. Und ich zürnte dem harten Bauernhochmut.

Doch war der Schullehrer nicht der einzige ungehörige Gesell, der sich auf dem Hof zeigte. Als wir mit dem Scholzen durch die Wirtschaft gingen, kamen zwei Gestalten zum Vorschein, Männlein und Fräulein, beide in städtischer Tracht, die sehr verbraucht aussah. Sie blieben nebeneinander in der Entfernung stehen wie zwei Samojeden, welche darauf warten, den Zuschauern vorgeführt zu werden. Der Hofherr sah mit kaltem Blick nach ihnen hin und sagte, mit nachlässiger Handbewegung vorstellend: »Es ist der Sohn des Dichters Müllner, seine Frau ist eine Verwandte der meinen, sie leben jetzt bei uns.« Darauf ergab sich, daß es dem Herrn Müllner im Leben mit nichts geglückt war und daß er als Schiffbrüchiger in der Scholtisei einen Nothafen gefunden hatte. Die Gastfreundschaft versagte der Hof dem angeheirateten Mann nicht, aber die Behandlung war abfällig. Da der Hausherr sich nachher erkundigte, was denn eigentlich an dem Vater des Verwandten gewesen sei, berichtete ich so viel Rühmliches von diesem, als ich nach Wahrheit vermochte. Als aber vor unserem Abschiede der Samojede noch einmal herantrat und mir im Vertrauen erzählte, daß er von seinem Vater noch einige Kisten mit Briefen und Handschriften, den ganzen literarischen Nachlaß besitze, ob ich diese Sachen nicht durchsehen und vielleicht herausgeben wolle, da kam er nicht an den Rechten. Denn ich empfand schon damals starke Mißachtung gegen die gesamte Schnitzelliteratur, selbst wenn sie den Papierkorb größerer Männer ausräumt, als Adolf Müllner zu seiner Zeit gewesen war. Und ich versagte meine Hilfe. – Es scheint, daß auch andere Geschlechtsgenossen von dem Hochmut des Hofes nicht frei waren.

2. Kinderleben in Kreuzburg

Liebe alte Stadt! Es ist lange her, daß ich dich nicht gesehen habe, vieles hat sich an dir verwandelt, du bist jetzt Knotenpunkt von zwei Eisenbahnen, die Zahl der Einwohner ist zweimal so groß, als in meiner Kinderzeit, und stärker arbeitet in dir der Verkehr und das Geräusch des Tageslebens. Dem bejahrten Mann aber ist dein Bild, wie du vor sechzig Jahren warst, fester im Gedächtnis geblieben, als vieles andere, was ihm das spätere Leben entgegentrug.

Die Stadt liegt im Flachlande in einer weiten Lichtung, die Wälder sind klein geworden, aber die Kiefern fassen den Horizont noch immer mit einem dunklen Saume ein, und die Stadt ist deutsche Grenzstadt geblieben nicht nur gegen Polen, auch gegen den oberen Teil von Schlesien, denn auch nach dieser Seite beginnen gleich hinter der Stadt Dörfer mit polnisch redenden Landleuten.

Daß die Stadt als eine wehrhafte Grenzfeste erbaut worden, das war nach fünfhundertfünfzig Jahren noch überall zu erkennen. An der einen Ecke hatte auf kleiner Erhöhung die Burg der Kreuzherren gestanden, noch war der Raum abgeschlossen, darin ein Amtshaus, in dessen Räumen die königlichen Behörden ihre Aktenschränke aufgestellt hatten, und neben diesem ein alter viereckiger Ziegelturm, verfallen und unbenutzt, den zu besteigen verboten war. Oft sah der Knabe neugierig und scheu nach der Höhe zu einem wilden Strauch empor, zu welchem die Vögel den Samen an eine Fensteröffnung getragen hatten. Der Zufall hatte gefügt, daß auf derselben Stätte, wo einst die Ordensbrüder ein Hospital für arme Kranke unterhalten hatten, durch Friedrich den Großen ein Landarmenhaus für die Provinz Schlesien errichtet worden war; dicht neben dem Hofraum des Amtshauses erhob sich der mächtige Bau hoch über die Bürgerhäuser.

Doch Burg und Stadt waren nicht nur durch Mauer, Graben und Erdwall beschirmt gewesen, noch fester durch einen großen Teich und sumpfigen Wiesengrund, welcher einem Heerhaufen den Zugang nur auf der Landstraße gestattete.

Die beiden Tore der Stadt, das deutsche und polnische, standen noch mit ihren engen Gewölben, die Torflügel wurden jede Nacht geschlossen und durch Wächter behütet, aber sie öffneten sich bereitwillig dem verspäteten Reisenden. Während meiner Kinderzeit wurden sie niedergelegt und der breitere Zugang mit einem Gattertor versehen. In der Mitte der Stadt lag der große Ring, ein viereckiger Markt, in den die vier Hauptstraßen mündeten. In des Ringes Mitte stand das alte Rathaus und das Viereck der zwölf Häuser, welche in alter Zeit das Verkaufsrecht gehabt hatten. Abseits vom Markte war der Kirchhof mit der evangelischen Kirche. Nach demselben Plane sind mit Abweichungen in Einzelheiten die meisten Städte Schlesiens erbaut. Nicht alle. Es gibt auch solche mit häuserfreiem Marktplatz; offenbar entnahmen die erfahrenen Städtegründer des Mittelalters ihre Baurisse wenigstens zwei verschiedenen Überlieferungen. Ein wasserreicher Bach, die Stober, lief an einer Seite innerhalb der Stadtmauer dahin, dort hatten die Färber und Gerber ihre Stege und eine große Wassermühle arbeitete mit mehreren Rädern. Die Zeit hatte der Stadt genommen und gegeben, wiederholte Brände hatten die alten Straßen niedergelegt, fremdes Kriegsvolk hatte in jedem Jahrhundert geplündert, verwüstet, zerstört, aber alles Unglück der Vergangenheit war durch die unablässige Tätigkeit kleiner Bürger überwunden worden. Die niedrigen Häuser auf dem Markt und in den Hauptstraßen waren von Ziegeln und sorgfältig getüncht, auch vor den Toren mehrte sich die Zahl der sauberen Steinhäuser mit rotem Dach.

Zweimal in der Woche füllte sich der Markt mit den Wagen der Landleute, dann sah man ein Gewühl geschäftiger Menschen, kleine struppige Pferde, zahllose Getreidesäcke, die Bauerfrauen der nahen polnischen Dörfer in ihrer auffallenden Tracht, jüdische Händler, die sich gleich Aalen zwischen den Wagen hindurchwanden, und die Ratsdiener, wie sie im Amtseifer die Stöcke schwangen, um Ordnung zu erhalten.

Am Sonntag trug die Stadt ihr Festkleid, die großen runden Kiesel, mit denen der Markt und die Straßen gepflastert waren, erwiesen die höchste Glätte und Sauberkeit, welche ihnen möglich war. Von dem niedrigen Turme der Stadtkirche riefen die Glocken feierlich zu Kirche, und es war eine vergebliche Sehnsucht der Kinder, in die Blechmütze hinauf zu kriechen, die man dem alten Turm aufgesetzt hatte. In der Kirche war alles schmucklos, die weißgetünchten Wände vergraut und fleckig, nur um das Kanzeldach saßen dicke Rokoko-Engel aus Stuck in Weiß und Gold, ein wenig beschädigt, und mich dünkt, einem war die Trompete, die er blasen sollte, abgebrochen. An die kahle Wand war eine große Holztafel befestigt, auf welcher die Namen der Krieger aus dem Kirchspiel standen, welche in den Freiheitskriegen geblieben waren. Alles war wohl früher stattlicher und geschmückter gewesen, jetzt aber fehlte das Geld. Zwischen den Pfeilern ragten Holzgalerien, welche zum großen Teil nach altem Herkommen den einzelnen Handwerken gehörten; dicht neben der Kanzel war der Ratschor, darin saß ganz vorn der Vater und neben ihm der kleine Sohn so nahe dem Onkel Pastor, daß es möglich gewesen wäre, diesem mit leiser Stimme guten Morgen zu sagen, wenn die Würde des Ortes solche Höflichkeit erlaubt hätte.

Außerhalb der Stadtmauer aber dehnt sich weithin das Flachland, auf der deutschen und auf der polnischen Seite läuft die Straße wohl eine halbe Meile zwischen kleinen Häusern der Vorstadt und den Bauernhöfen der Kämmereidörfer, dann endet sie in tiefem Sande, denn Kunststraßen gibt es noch nicht in der Gegend. Am äußersten Ende der Menschenwohnungen gegen den Wald liegt von niedriger Mauer umgeben ein Kirchhof der Dorfgemeinde mit einer kleinen Kapelle. In dem wilden Hollunderbusch, der über die Mauer ragt, erspäht der Knabe das Nest eines Singvogels, es ist der letzte kleine Haushalt freundlicher Vögel, welche bei den Menschen wohnen. Von da waten Pferde und Menschen schwierig zwischen einzelnen kleinen Kiefern vorwärts. Der Sand ist heiß und bei jedem Schritt versinkt der Fuß bis über die Knöchel, es ist eine kleine Wüste, aber die Füße stapfen mutig in dem weichen Boden, denn dahinter liegt der Wald mit seinem Schatten und dem lockenden Geheimnis, das um ihn schwebt. Weit zieht sich der Forst entlang, zuerst dürftiges Niederholz, hier und da wächst ein Wacholderstrauch und etwas Moos in kleiner Niederung. Im Hochwalde aber ist der Grund glatt und braun von gefallenen Nadeln, Baumwurzeln laufen über den Fußsteig und da wo Regen von den Nadeln niederrieselt, haben sich wilde Beeren mit ihrem dunklen Laube angesiedelt. Gelbe Stämme und dunkle Föhrengipfel erfüllen die Luft mit würzigem Waldduft. Hier ist es still, nur zuweilen schreit der Häher und ein Krähenschwarm, der über den Bäumen fliegt. Und von der Straße, die durch zwei verfallene Gräben bezeichnet wird, tönt der Ruf des Fuhrmanns, der die müden Pferde unablässig antreibt. Langsam nähert sich der Lastwagen, seine graue Plane überdeckt die Waren, welche der Stadt zufahren, damit die Grenzleute in ihrer Abgelegenheit an den Genüssen der Fremde auch Anteil haben.

Wer aber seitwärts von der Straße in das Feld hinaustritt, dem sinken die niedrigen Dorfhäuser bald zum Horizont hinab und er steht zwischen

den Saaten auf einem Grunde, der fast so eben ist wie eine Tenne,
ringsum am fernen Rand des Horizonts von dunklem Waldringe um-
schlossen. Wenn das Auge über die Erde fliegt, so findet es wenig,
woran die Blicke haften wollen, hier und da geköpfte Weiden an den
Fahrwegen, im Felde selten noch einen wilden Birnbaum und darunter
einen kleinen Rasenfleck, wo Feldblumen blühen. Im Laube aber sitzen
und schwatzen die Feldsperlinge mit ihren Verwandten. Seit Urzeiten
haben ihre Familien auf diesen Bäumen freie Wohnung und freie Nahrung aus der Flur, und sie schreien deshalb in den Zweigen, zanken
sich übermütig wie nirgend sonst, und kehren sich wenig an den Menschen, der darunter tritt. Aber wer einige hundert Schritt weiter geht,
dem sinkt auch der Baum niederwärts zum Boden hinab und er steht
wieder auf der flachen Erdscheibe und sieht über sich die blaue Him-
melsglocke mit weißen Wolkenstreifen, welche im großen Bogen von
der Erde über ihn reichen und wieder bis zum Waldsaume hinab; er
erblickt wenig Erde aber viel Himmel, die Erde rund, der Himmel rund,
beide so lichtvoll und in so heiterer Helle, wie nur die weite Ebene im
Norden und Osten des deutschen Bodens dem Auge darbietet. Die
Weisen lehren seit mehr als hundert Jahren, in den Gebirgen müsse
man schöne Landschaften aufsuchen, und das Flachland will niemand
rühmen. Wer schauen will, mag in die Berge wandern, aber wer sich
wohlfühlen will und heiteres Licht für sein Leben begehrt, der findet es
auch dort, wo der Himmel von allen Seiten so tief hinabsteigt, daß der
Wechsel seiner Lichter alles wird und die Formen der Erde wenig.

Auf der anderen Seite der Stadt breitet sich eine weite Wasserfläche,
die dem Kinderauge unermeßlich scheint, es ist ein großer Teich, gegen
die Häuser durch hohen Damm begrenzt. In alter Zeit war das Wasser
ein Schutz der Stadt, jetzt liefert es gefällig große Weihnachtskarpfen.
Aber nur wenige Jahre staunt der Knabe im Herbst die Männer an,
welche mit großen Netzen durch den Schlamm waten. Dann wird die
Flut abgeleitet und die weite Fläche in Wiesen und Ackerland verwandelt,
der Damm dauert als Spaziergang für die Städter. Auch auf den anderen
Seiten läuft um die Stadtmauer und den trockenen Stadtgraben ein
Ringwall, er ist zur Hälfte mit starken Holzgerüsten besetzt, den Tuch-
rahmen, an welchen die Tuchmacher ihre Gewebe aufspannen, und die
blauen, grauen und weißen Tuchflächen stechen grell ab von dem grünen
Grunde und den alten Ziegelmauern. Aber die Holzrahmen zerfallen in
diesen Jahren, die Zahl der Tuchmacher wird kleiner.

Denn das Handwerk in der Stadt hat gegen die Ungunst der Zeit zu kämpfen. Einst waren die Tuchmacher und Strumpfwirker wohlhabende Innungen gewesen, sie webten und wirkten die blauen und weißen Röcke und die bunten Strümpfe für das Landvolk bis weit nach Polen hinein, aber der erschwerte Verkehr mit der Fremde und noch mehr der Beginn der Maschinenarbeit macht ihnen mit jedem Jahre den Verdienst geringer. Noch fehlt das Geld und die Kraft zum größeren Betriebe; die alte Zeit geht zu Ende, der Segen der neuen wird noch nicht sichtbar, es ist eine Periode des Rückganges und der ersten Versuche auf neuen Bahnen, in welche meine Kindheit fällt.

In dieser Stadt wuchs ich herauf, von lieben Eltern gehütet. Was mein Gedächtnis bewahrt hat, sind zuerst einzelne Augenblicke, die gleich Nebelbildern aus dem Dunkel aufleuchten. Der dreijährige Knabe sitzt neben dem Kindermädchen auf einer Bank vor dem Wohnhause der Eltern und sieht erstaunt über sich einen roten Nachthimmel und feurige Lohe, welche um die Dächer der Stadt dahin fährt. Das große Armenhaus steht in hellen Flammen, die über das Dach lodern, der Vater ist mit Spritzen und der Bürgerschaft beim Feuer, die Mutter rafft in der Wohnung mit fliegenden Händen das Wertvolle zusammen, den kleinen Sohn hat man aus dem Bett ins Freie getragen.

Das Armenhaus war damals eine große Bewahrungsanstalt für verkommene Leute, die nicht gerade gefährlich waren. Dort wurden in strenger Hauszucht einige hundert Männer und Frauen unterhalten, für jedermann kenntlich an grünen Tuchröcken, in denen sie an Sonntagen im Zuge nach der Kirche schritten. Zwei Blinde unter ihnen, denen die Hausordnung unerträglich wurde, hatten am späten Abend unter einer Treppe Feuer angelegt und waren dann aus dem Hause geschlichen, um zu entfliehen. Als sie in dem ummauerten Hofraum standen, fragte der eine: »Was aber soll aus der unschuldigen Stadt werden? sie wird bei dem starken Winde auch niederbrennen, die Bürger haben uns nichts zu Leide getan.« Da schritt der andere Blinde, während drinnen der Brandstoff schwälte, dreimal um das ganze Gebäude und sprach einen alten Feuersegen zum Schutz der Stadt, worauf beide durch ein Pförtchen ins Freie entwichen. Aber sie wurden wenige Tage darauf in der Umgegend an ihren grünen Röcken erkannt und gefangen eingebracht; ihr Prozeß, in dem auch der Feuersegen aufbewahrt blieb, wurde ein vielbesprochener Rechtsfall.

Das Gebäude stand bald in hellen Flammen, es brannte drei Tage, aber die Stadt blieb verschont. Da die unteren Treppen zuerst in Brand gerieten, war die Rettung der vielen eingeschlossenen Leute sehr schwierig und es gingen Menschenleben verloren. Die Geretteten aber wurden nicht zur Freude der Stadt für einige Jahre bei Bürgern untergebracht, bis ihnen ein neues Haus erbaut war. Dieses Bild eines Hausbrandes haftete fest in der Seele des Knaben.

Und wieder ein halbes Jahr darauf ist der Kleine am Morgen aufgewacht und findet sich erstaunt in einem fremden Bett, in der Wohnung seines Oheims, die älteren Cousinen stehen bei seinem Lager und erzählen, daß ihm daheim in der Nacht ein kleiner Bruder geboren worden ist. Der neue Weltbürger wird getauft, es sind viel schön gekleidete Leute in der Wohnung der Eltern und der ältere Sohn blickt in eine ungeheuere Tüte, die er in der Hand hält, große Erdbeeren von Zucker darin.

Der Knabe trägt die Tüte in die leere Nebenstube, kniet nieder und will zum lieben Gott beten für die Eltern und den kleinen Bruder. Aber wunderlich! Während er kniet, kommt ihm vor, als ob das nur Ziererei wäre, er hat ein Gefühl von Leere und von Unehrlichkeit, nimmt seine Tüte und steht wieder auf.

Später fühlt der Knabe sich glücklich im Besitze einer roten, gestrickten Mütze, von der er noch jetzt jede Masche und auf dem Deckel das Muster eines großen Sterns sieht. Diese wollene Mütze wird allgemein bewundert, sie ist bei artigem Gruß nicht leicht abzuziehen, aber sie dehnt sich und dauert, und er trägt sie noch als er mit dem Göckelhahn im Bilderbuch zur Schule geht. Dann hält der Kleine in seinen Händen eine hölzerne Puppe, die Lore, welche ebenso unvergänglich ist, wie die Mütze, sie hat einen harten schweren Kopf, und so oft die Farbe abgerieben ist, weiß die Mutter das Gesicht mit Ölfarbe wieder schön fleischfarben und rot zu malen. Aber die Farbe wird zuletzt uneben und Lore sieht blatternarbig aus zum großen Kummer der Kinder.

Denn ich bin nicht mehr allein. Auf dem Schoß der Mutter sitzt eine kleine helle Gestalt und greift mit den Händen nach mir. Die Hände sind so klein und das ganze Kerlchen ist so klein und es kann den Namen des Bruders nicht ordentlich aussprechen, aber die großen Augen sehen schon so warm, herzlich und treu nach mir hin, wie sie ein ganzes Menschenleben hindurch taten. Mein Bruder Reinhold ist dreieinhalb Jahr jünger als ich, ich lerne ein wenig um ihn sorgen, mein Spielzeug zu seiner Unterhaltung hergeben und ihn altklug belehren; und er purzelt und läuft um den Bruder herum, stopft Sand in meine winzigen Kochtöpfe und schüttet ihn wieder aus, hämmert mit dem Kopf der Lore zur größten Beschwer des Kunstwerks auf den Fußboden, und zieht meinem Hanswurst die bunten Lederflecken aus seiner Montur, bis er endlich lernt mit dem Steckenpferd den Tisch zu umkreisen und neben dem Bruder aus zerriebenen Äpfeln und Nüssen kleine Gerichte herzustellen. Zuletzt gehn wir beide Hand in Hand miteinander durch die Haustür in die Welt, wo große Hunde laufen und Pferde mit sehr großen Wagen über das Pflaster fahren; auch er trägt eine gestrickte Deckelmütze mit dem Stern, aber seine ist kornblumenblau, damit eine Verwechslung unmöglich werde. Und wenn die Leute uns freundlich anreden, und wir den Versuch machen, die Mützen zu ziehen, dann fühlt die Frau Bürgermeisterin bei dem Lobe der Fremden die holdeste und liebenswerteste Regung der Eitelkeit, den Stolz einer Mutter. Mein Bruder Reinhold war von seiner ersten Kindheit an ein Prachtkind, groß, stark und kraftvoll, und er behielt diese Eigenheiten auch im Mannesalter. Er hing warm an seinem Bruder und ich erinnere mich nicht, daß wir in unserem ganzen Leben jemals in Zwist geraten sind. Für die Mutter war er nicht leicht zu ziehen, denn der kräftige Knabe war von einer ganz ungewöhnlichen Heftigkeit, er ballte, sobald ihn etwas erzürnte, die kleinen Fäuste und geriet ganz außer sich. Ihm war in der frühen Kinderzeit nicht immer von Vorteil, daß er als der jüngere heranwuchs, denn er verkehrte fast nur mit den älteren Gespielen seines Bruders, die gegen den kleinen Kameraden nicht die Rücksicht übten, welche seine Jahre forderten. Aber seine Heftigkeit wurde durch Selbstbeherrschung später in einer Weise gebändigt, wie ich das sonst an keinem andern Menschen erlebt habe, denn als er ein Mann geworden, war der Grundsatz seines Wesens eine ruhige Kraft und gemessene Freundlichkeit.

Die liebe Mutter war eine helle Gestalt, welche sich und andern das Leben angenehm zu machen verstand, eine ausgezeichnete Wirtin, dabei von einer gewissen künstlerischen Begabung, erfindungsreich und anschläglich. Sie hatte nie Zeichnen gelernt, aber sie verfertigte sich selbst die Muster zu den Teppichen, die sie unternahm, sie hatte auch in der Landwirtschaft des Vaters schwerlich viel Zeit gehabt mit den seinen Handarbeiten der Frauen umzugehen, aber sie versuchte bis in ihr hohes Alter alles Neue, was in dieser Art gerade wieder aufkam: Kreuzstich,

Plattstich, Filet, Häkeln, alles was man nur stricken, nähen und sticken kann. Und was Bäckerei betrifft, Einsieden von Früchten und dergleichen, so war ihr niemand überlegen. Allerdings mit einer Beschränkung. Man kochte damals noch bei lustiger Herdflamme, die Maschine und Steinkohle lagen im Schoße der Zukunft, und ihr war deshalb das ganze Leben lang ein Kummer, daß die Torten, welche sie in immer neuen Stoffmischungen zu schaffen bemüht war, gern wasserstriemig wurden. Ihren Knaben freilich war das gar nicht leid, denn diese erhielten dann in sehr kleinen Bissen den Löwenanteil. Bei aller Arbeit wurde der älteste Sohn ihr Vertrauter, und ich wundre mich, daß ihm keine Schürze über seine männliche Tracht zugemutet ward, er stampfte die Gewürze, rieb als Gehilfe zu Weihnachten den Mohn mit einer großen runden Keule, lief Knäuel wickelnd um die Stühle, entblätterte Krautköpfe für den Hobel, und lernte auch Lichte in Zinnformen gießen, denn damals gab es noch kein Stearin, und die Putzschere war ein unentbehrliches Werkzeug, dessen Handhabung durch die Kinder zuweilen den Abendbesuch in plötzliche Finsternis setzte. Das störte nicht sehr, man zündete das Licht in der Küche mit Schwefelfäden und Pinkfeuerzeug wieder an; bis endlich die roten Fläschchen mit Stupfhölzern erfunden wurden, welche aber der Vater als eine Neuerung wegen des spritzenden Vitriols nicht billigte. Er selbst trug in der Westentasche immer Stahl, Stein und Schwamm und unterrichtete die Knaben vorsorglich im Gebrauch zum Nutzen ihrer Männerjahre. Du liebe Zeit!

Da in dem neu bezogenen Hause ein winzig kleiner Hofraum von wenigen Quadratfuß vorhanden war, so bestand die Mutter darauf, eine Bank hinein zu setzen, begann Gärtnerei in Topfgewächsen, unternahm sogar Hortensien zu ziehen, und verwandelte den Raum nach wenig Jahren in einen ganz von Blumen umschlossenen Aufenthalt, in welchem der Herr Bürgermeister die Pfeife rauchte, auch die beiden Knaben noch Platz auf Stühlchen fanden und die Mutter fröhlich bei ihrer Handarbeit an neue Unternehmungen dachte. Ob die Kleider der Kinder jemals Geld gekostet haben, ist zweifelhaft; die Mutter schnitt und nähte aus der Garderobe des Vaters jede Art von Kleidungsstücken, und wußte ihnen durch schöne Säume und besonderen Schnitt ein stattliches Aussehen zu geben, das alle Hausmütter zu achtungsvoller Anerkennung zwang. Sie hatte einen unermeßlichen Schatz bunter Fleckchen von Seide und Tuch, dazu einen großen Beutel mit Knöpfen von den wunderlichsten Formen aus der Zopfzeit, so daß für die Kinder das Betrachten und Sortieren ein oft erbetener Genuß wurde.

Zwischen den Haushaltungen der Stadt und den Ackerbürgern der Vorstädte bestand ein gewisses landwirtschaftliches Tauschverhältnis, welches zur Folge hatte, daß auch wir alljährlich für den Sommer einige Quadratruten Ackerland in der Flur zur freien Benutzung erhielten. Auf diesem Erdflecke waltete die Mutter, die freilich in dem großen Pfarrhofe ihrer Heimat an Höheres gewöhnt war, wie ein weiser Feldherr, der auch eine kleine Macht ehrenvoll auszunutzen versteht. Es ist unglaublich, was sie alles darauf zu ziehen wußte, nicht nur den Bedarf von Kartoffeln, auch hochgeschätzte Gemüse, das Verschiedenartigste stand beieinander, alles gedieh, und der Fleck war schon von weitem durch die bunten Blättergebilde, welche sich in der Sonne blähten, erkennbar. Dies aber war kein Vorteil, denn gerade das Liebste, die Gurken, wurde ihr alljährlich gestohlen, nur die Kürbisse dauerten zum Trost der Kinder, weil sie wenig begehrt waren. Demungeachtet ließ die Mutter von ihren Pflanzungen nicht ab. Oft ging sie am frühen Morgen eilig hinaus, besorgte selbst das Gießen und war wieder zur Stelle, bevor wir aus den Federn stiegen. Wenn aber der Tag der Ernte kam, war nicht nur die Hausfrau glücklich, trotz ihrem geheimen Kummer über das Verlorene, noch mehr die Kinder. Denn dies war der einzige Tag im Jahre, wo wir bei kleinem Feuer im Freien Kartoffeln rösteten, die sogleich gegessen wurden und den Mund schwarz färbten, und wo wir bei warmem Wetter eine Weile barbeinig auf dem Felde umherlaufen durften. Die Freude darüber war wohl deshalb so groß, weil der Marsch auch geheimen Schmerz bereitete, denn die Stoppeln stachen sehr in die kleinen Füße.

Die meisten Kinderspiele des Jahres wurden von uns geübt, der Drache flog, der Mönch brummte, die Bleisoldaten marschierten auf dem Fußboden und was die Händler, welche »Spilleleute« hießen, von geschnitzter Holzware an den Jahrmärkten ausstellten, wurde so lange sehnsüchtig betrachtet, bis wir davon heimtragen durften. Am liebsten aber spielten wir mit bunten Bohnen, welche nach verschiedenen Regeln in ein rundes Loch geschoben und geworfen werden mußten, denn die kleinen Kugeln von Marmor und Ton waren bei uns nicht zu haben. Auch im geheimen Verstecken übten wir uns. An einer Ecke des Hofes wurde ein tiefes Loch gegraben, die Wände sorgfältig mit flachen Steinen und Moos bekleidet und in diesem Raume vieles Gute niedergelegt, das begehrlichen

453

Blicken entzogen werden konnte, vor allem Obst; aber auch Lore und der Hanswurst mußten sich oft gefallen lassen, in der finsteren Höhlung zu kauern. Die Öffnung wurde mit großer Kunst verdeckt, so daß sie niemand finden konnte, doch drang zuweilen eine Maus räuberisch hinein. Diese geheimen Niederlagen, welche Mauken hießen, waren ein alter Kinderbrauch, wohl noch eine Nachahmung der kriegerischen Verstecke von Proviant und Lebensmitteln in längst vergangener Zeit.

Für uns war die Schwierigkeit nur, das Geheimnis zu bewahren. Dies sollte unverbrüchlich sein, jedesmal wurde feierlich darüber verhandelt und jeder Eingeweihte in Pflicht genommen. Immer aber war das Entzücken über unser höheres Wissen so übermächtig, daß wir wenigstens die Mutter in das Vertrauen ziehen mußten.

Viele Wochen vor Weihnachten sind die Knaben in emsiger Tätigkeit, denn als ein Hauptschmuck des Festes wird nach Landesbrauch das Krippel aufgestellt, Bilder der Krippe, in der das Kindlein liegt, mit Maria und Joseph, den heiligen drei Königen, den anbetenden Hirten mit ihren Schafen und darüber der glitzernde Stern und Engel, welche auf einem Papierstreifen die Worte halten: »*Gloria in excelsis*«. Die Figuren kauften die Kleinen auf Bilderbogen, schnitten sie mit der Schere aus und klebten ein flaches Hölzlein mit Spitze dahinter, damit die Bilder in weicher Unterlage hafteten. Der heiligen Familie aber, dem Ochsen und Eselein wurde ein Papphaus mit offener Vorderseite verfertigt, auf dem Dach Strohhalme in Reihen befestigt, der Stern war von Flittergold. Das Waldmoos zu dem Teppiche, in welchen die Figuren gesteckt wurden, durften wir aus dem Stadtwald holen, dorthin zog an einem hellen Wintertage die Mutter mit den Kindern, begleitet von einem Manne, der auf einer Radeber den Korb für das Moos fuhr. Es war zuweilen kalt und die Schneekristalle hingen am Moose, aber mit heißem Sammeleifer wurden die Polster an den Waldrändern abgelöst und im Korbe geschichtet, daheim auf einem großen Tisch zusammengefügt und an zwei Ecken zu kleinen Bergen erhöht. In der Mitte des Hintergrundes stand die Hütte, über ihr schwebte an seinem Drahte der Stern, auf den beiden Seiten hatten die Hirten und Herden mit den Engeln zu verweilen. Die ganze Figurenpracht wurde durch kleine Wachslichter erleuchtet, welche am Weihnachtsabend zum erstenmal angesteckt

wurden.

Wenn die Lichter brannten und die Engel sich bei leichter Berührung wie lebendig bewegten, dann hatten die Kinder zum erstenmal das selige

Gefühl, etwas Schönes verfertigt zu haben. Während des Festes wurden dann ähnliche Arbeiten kleiner und erwachsener Künstler besehen, denn fast in jedem Haushalt stand ein Krippel, und mancher wackere Bürger benutzte seine Werkstatt, um dasselbe durch mechanische Erfindungen zu verschönen; man sah auf den Bergen große Windmühlen, deren Flügel durch rollenden Sand eine Zeitlang getrieben wurden, oder ein Bergwerk mit Grubeneinfahrt, in welchem Eimer auf und ab gingen, und häufig stand ganz im Vordergrund ein schwarz und weiß gestrichenes Schilderhaus mit rotem Dach und davor die preußische Schildwache. Aber diese Zusätze waren dem Knaben niemals nach dem Herzen, er hatte die dunkle Empfindung, daß sie sich mit den Engeln und den heiligen drei Königen nicht recht vertragen wollten.

Und wieder eine Kinderfreude. Die Mutter hat einen kleinen Vogel lebendig gemacht. Im Pastorgarten sah ich vor mir auf der Erde etwas Nacktes, ein Sperlingskind, das aus dem Neste gefallen war, ich hob es auf und als ich sein Herzchen zucken fühlte, wurde mir weh zu Mute und ich trug es, selbst zitternd und in Tränen, nach Hause. Die Mutter behandelte den Zufall mit sichrer Überlegenheit, verfertigte ein Nest aus Watte, kochte ein Ei und brachte etwas von dem zerhackten Inhalt mit einem Federkiel in das winzige Geschöpf. Dies gewann neuen Lebensmut und wurde durch fortgesetzte richtige Behandlung dem irdischen Dasein erhalten. Ich aber empfand einen glückseligen Schauer, als ich ihm selbst die Nahrung eingeben durfte und beobachtete, wie sich allmählich der nackte Leib mit Flaum und kleinen Kielen bekleidete. Matz wuchs und erhielt sein Federkleid, er flatterte mir auf den Kopf, saß auf meiner Schulter und wurde bald mein vertrauter Geselle, der alle Scheu verlor und in der Stube den ganzen Tag um mich herum hüpfte. Als er ziemlich herangewachsen war, mahnte die Mutter, den Kleinen wieder ins Freie zu bringen, ich trug ihn traurig in den Pastorgarten und setzte ihn auf einen Baum, dort aber duckte er sich kläglich zusammen und fand bei dem Spatzenvolk des Gartens schlechten Willkommen, denn dies wilde Gesindlein kam herangeflogen und schrie so zornig gegen mein armes Findelkind, daß dieses entsetzt immer wieder zu mir zurück flog. Endlich wurde beschlossen, daß ich den Vogel behalten durfte, und ich trug ihn seelenvergnügt in unsere Stube zurück. Dort blieb er den ganzen Sommer mein Spielkamerad. Aber ihn erreichte im Winter das Schicksal. Durch einen Spalt der Türe sprang die Katze des Nachbars herein, Matz war im Nu in ihren Krallen und gemeuchelt.

Ich stürzte auf die Mörderin zu – ich sehe noch jetzt die wilden Augen – und entriß ihr den Vogel, aber er war tot. Das war der erste große Schmerz meines Lebens, so herzzerreißend, daß auch die Mutter, die mich fest in den Armen hielt, nichts dagegen vermochte. Ich habe seit der Zeit nie wieder ein Tier zu meinem Hausgenossen gemacht, aber die gute Freundschaft zu dem großen Volk der Vögel ist mir geblieben, und die Verwandten meines kleinen Gespielen behaupten noch heut in meinem Bereich unbeschränkte Freiheit für Haushalt, Kinderzucht und Kirschenessen, sie piepen seither auch oft genug aus meinen Büchern.

3. Eindrücke aus der Fremde

Wenn der Sohn den Vater auf einem Spaziergange begleiten durfte, so bemerkte er wohl die Achtung, mit welcher die Leute grüßten. Der Vater hatte viele als Kinder gekannt und als Arzt behandelt. Er sprach oft an, und die Männer frugen ihn um Rat und freuten sich ihm zu zeigen, was in ihrem Hause und Geschäft sehenswert war, nur die Bäuerlein, welche am Ende der Markttage mit wankendem Schritt heimwärts zogen, wichen im großen Bogen aus.

Wie beliebt aber auch der Vater bei den Bürgern war, er behielt im Verkehr eine Zurückhaltung, welche jede Vertraulichkeit ausschloß, und die Sünder gegen die Stadtordnung wußten wohl, daß er gewaltig gegen die Missetäter losbrechen konnte. Die volle Wärme seines Gemüts kam nur gegen Weib und Kind zu Tage, gegen die Söhne war er von immer gleichbleibender Milde und Freundlichkeit, die Strafen vollzog die Mutter, sie war Mahnerin und Vertraute, der Vater aber, der doch nie schalt, gefürchtet und verehrt. Er hatte in der Jugend schönes, kastanienbraunes Haar gehabt, lange trug er es im Zopf, den die Mutter aufbewahrte und den Kindern zuweilen als Familienkleinod zeigte; später quollen ihm die Löckchen unter dem Hut hervor, sie wurden früh silbergrau, und die Hände der Kleinen griffen gern danach. Ich habe meinen Vater nur mit ergrautem Haar gekannt. Er sah sehr würdig aus, wenn er unter seinem Zylinderhut, der in der Form altmodisch, aber ein seines Kunstwerk des Hutmachers war, über die Straße schritt, hoch aufgerichtet, in langem Überrock, in der Hand einen starken, oben gekrümmten Bambusstock, auf den er viel hielt, – er war ein Erwerb aus der hallischen Zeit, und die Knaben wurden nicht müde, ihn zu bewundern.

Es war natürlich, daß der kleine Sohn des Bürgermeisters zu der bewaffneten Macht der Stadt in ein freundliches Verhältnis trat. Da 458 Kreuzburg damals keine Garnison hatte, so war der berittene Gendarm des Kreises die stolzeste kriegerische Gestalt. Die Stadt selbst aber wurde von zivilen Gewalten behütet. Diese waren die beiden Ratsdiener mit der Dienstmütze, dem roten Kragen und einem dicken Rohrstock in der Faust, sie sahen stattlich aus und waren das Schrecken der Vagabunden und der trunkenen Landleute aus den polnischen Dörfern; einer war lang, der andere kurz, der kleinere aber trug als früherer Husar noch seinen mächtigen Schnauzbart, er hatte im Felde die schwere Kunst erlernt, zu trinken ohne aus dem Gleichgewicht zu kommen, war ein furchtloser und heftiger Mann, Tyrann der Straße und in Polizeisachen die rechte Hand des Bürgermeisters. Der Wachtdienst in der Stadt und an den Toren wurde von den vierundzwanzig Jüngsten besorgt. Nach der neuen Städteordnung sollten nämlich die jüngsten Bürger diesen Dienst versehen, da aber Stellvertretung gestattet war und gerade die jungen Bürger die Nachtwachen ungern ertrugen, so wurde die Stellvertretung bald allgemein, und die, welche die jüngsten hießen, waren in Wirklichkeit bedächtige Grauköpfe, welche in ihrem Handwerk zurückgekommen waren – die meisten Tuchmacher – und sich jetzt mit der kleinen Entschädigung durchbrachten. Sie trugen um ihren langen Rock einen schweren Säbel, als Anzeichen, daß sie zu fürchten waren, erwiesen sich aber stets als der ruhigste und friedfertigste Teil der Bürgerschaft. Den Schlaf machten sie bei Tag und Nacht in anspruchsloser Weise ab, bei Tage saßen sie auf der Bank der Wache neben dem Rathause, bei Nacht saßen sie an den verschlossenen Stadttoren oder wandelten langsam und niemandem schädlich durch die Straßen. Aber jeden Morgen und jeden Abend um acht Uhr lärmte die Rassel an der Haustür des Bürgermeisters, der Gefreite brachte den Rapport über die Ereignisse der letzten zwölf Stunden und begann jedesmal mit den Worten »Herr Bürgermeister, 's ist weiter nichts Neues«, auch wenn in Wahrheit etwas 459 Aufregendes gemeldet werden mußte, ein ertappter Dieb oder ein Feuerschein am Horizont. Der Vater hörte den Bericht ernsthaft an und entließ mit einer Mahnung zur Wachsamkeit, welche ebenfalls im Laufe der Jahre formelhaft geworden war. Doch wußten die Wächter, daß es mit dem Dienst streng genommen wurde und daß der Bürgermeister selbst nicht selten zu später Nachtzeit in die Ratswache und an die Tore kam, um nachzusehen, ob alles in Ordnung war. Für außerordentliche Fälle galt der Stadt die Schützengilde als Hilfstruppe, sie war nach der Städteordnung auch für die Sicherheit der Gemeinde neu eingerichtet worden, und am Tage des Königschießens marschierten die wirklichen vierundzwanzig Jüngsten stolz hinter den grünen Uniformen der Büchsenträger.

Es war feste Ordnung in der Stadt, in der Verwaltung Pünktlichkeit und Sorgfalt, den Bürgern gegenüber ein altfränkisches, väterliches Regiment. Nur ein Nachtbrand in der Vorstadt oder auf nahem Dorfe störte zuweilen die Ruhe. Dann rief die kleine Feuerglocke auf dem Ratsturm mit gellendem Ton die Bürger zusammen. Die Spritzen wurden aus ihrem Haus am Markte geschoben, die plumpen Wasserbottiche fuhren auf ihren Schleifen hinterher, die Leute rannten mit ledernen Eimern der Brandstätte zu. Der Vater war einer der ersten auf dem Platz, er leitete die Ordnung des Löschens und blieb zur Stelle, bis er jede Gefahr beseitigt sah. Auch die Kinder wurden von der Unruhe erfaßt, sie waren nicht im Bett und schwer im Zimmer zu halten.

Der Vater erkrankte. Es war ein Leiden, welches eine Operation nötig machte, und wir reisten deshalb in kleinen Tagesfahrten die dreizehn Meilen bis Breslau, wo wir einige Wochen verweilten. Aber die Erinnerungen an die große Stadt, welche die Seele des Kindes bewahrt hat, sind nur spärlich. Eine enge dunkele Gasse mit himmelhohen Häusern, in der wir wohnten, Gedränge der Menschen auf den Straßen, ein großer Hofraum, in welchem ein Wagenbauer einen Kutschwagen braun lackierte, ich stand täglich dabei und sah der sorgfältigen Arbeit bewundernd zu. Zuweilen war von einer großen Illumination die Rede und von einer silbernen Wiege, welche die Stadt der neuen Kronprinzeß Elisabeth geschenkt hatte. Mir schien es natürlich, daß die Königskinder in silbernen Wiegen lagen. Dann war ein kleiner rundlicher Knabe – er war ein Enkel jenes Hermes, welcher »Sophiens Reise« geschrieben hat, und wir müssen wohl irgendwie mit der Familie verwandt gewesen sein, denn es bestand ein Besuchsverhältnis – dieser wies mir viele große Bilderbücher, darunter eine Sammlung von Karrikaturen auf Napoleon, und ich sehe noch ein Blatt vor mir, den Kaiser auf einem Berge von Menschenschädeln. Das Bild war mir widerwärtig, nicht weil mir der böse Mann leid tat, dessen Aussehen ich bereits kannte, sondern weil es so garstig aussah. Wir alle waren froh, als der Vater geheilt mit uns heimkehrte.

Und wieder ging es fort in stillem Frieden. Nur selten sandte die Fremde Unerhörtes in die alten Ringmauern. Einst war der Tag einer Ratssitzung, die Mutter hatte gerade eine Gans gebraten und die Kinder erwarteten ungeduldig die Heimkehr des Vaters. Es schlug zwei Uhr, und er kam nicht. Im Hause entstand Aufregung, endlich wurde der älteste Sohn in das Rathaus geschickt, um sich bei den Dienern zu erkundigen. In der Vorhalle standen der Gendarm und einige von den Jüngsten mit ihren großen Säbeln, an der Tür der Ratsstube die Diener, und ihre Gunst erlaubte dem Knaben einen Blick in den ehrwürdigen Raum. Dort sah er sehr Befremdliches. Um den grünen Ratstisch saß der ganze Magistrat in feierlichem Schweigen, der liebe Vater obenan mit strengem Antlitz; auf dem Tisch lag ein ungeheurer Haufen Goldstücke, ein märchenhafter Anblick, und der Kämmerer war mit dem Ratsschreiber beschäftigt, den Schatz auf einer Wiege zu wiegen, in große Leinwandbeutel zu packen und zu versiegeln. Außerhalb der Schranke aber standen unter Bewachung zwei fremde Männer mit braunem Angesicht, schnurrbärtig, rote Mützen mit blauen Quasten auf den Köpfen, dem einen waren die Hände auf dem Rücken zusammengebunden. Dies waren zwei Griechen, oder solche, die sich dafür ausgaben, der eine, welcher etwas deutsch sprach, der Dolmetsch des andern. Sie waren in eigenem Wagen zugereist und hatten am Morgen ihre Pässe dem Vater zum Visieren gebracht. Bei der Durchsicht erinnerte sich dieser, daß er früher einmal den Namen des Fremden in einem Steckbrief des Amtsblattes gelesen hatte, er schlug nach und fand, daß die Verhaftung des Griechen befohlen wurde, weil er unter dem Vorgeben, Lösegeld für seine Familie zu sammeln, die in türkischer Gefangenschaft sei, bettelnd umherzog. Seit dem Erlaß des Steckbriefes waren mehrere Jahre verflossen und der Vater freute sich im stillen seines guten Gedächtnisses. Als nun aber dem Fremden auf dem Rathause mitgeteilt wurde, daß er nicht weiter reisen dürfe, bevor von der Regierung seinetwegen Bescheid eingegangen sei, geriet er in Wut und brachte ganz unsinnig eine Waffe zum Vorschein, mit welcher er den versammelten Rat der Kreisstadt zu bedrohen wagte. Dies auffällige Benehmen machte der Höflichkeit ein Ende und erregte Argwohn, sofort wurde sein Kutscher, auch ein Fremder, verhaftet und der Wagen durchsucht. Es ergab sich sehr Bedenkliches. Der Wagen war eigens zu einem Versteck ge-

461

heimnisvoller Dinge gebaut, mit doppeltem Boden und verborgenen Behältern, in denen der schon erwähnte Goldschatz lag, Geldstücke aus aller Herren Ländern, wie sie kein Kreuzburger jemals gesehen hatte, außerdem aber Verzeichnisse vornehmer Spender von Geldgeschenken, ebenfalls aus aller Welt, und große Stöße von Briefen und Schriftstücken, sämtlich in griechischer Kurrentschrift, welche am Orte niemand zu deuten wußte. Dies machte den Fall besonders geheimnisvoll und erregte Mutmaßungen.

Die Fremden wurden unter Bewachung in einer Herberge untergebracht, das Gold in der Ratstruhe unter Siegel gelegt, die Ballen mit Papieren aber einer hochlöblichen Regierung nach Oppeln zur Entzifferung nebst dem Berichte zugeschickt. Schleunig kam als Antwort ein Schreiben mit höchster Billigung des Geschehenen und mit Gebot zur strengsten Überwachung der Fremden, dann zog sich die Sache in die Länge, die Griechen saßen als zornige Querulanten und wurden durch unablässige Beschwerden lästig. Endlich nach langer Zeit kam der unerwartete Befehl, man solle dem Fremden alles Geld und seine Papiere zurückgeben und ihn mit Zwangspaß über die Grenze schicken. Jahrelang hatte der Mann durch ganz Europa die griechische Erhebung ausgebeutet; jetzt hatte er entweder verstanden, Schonung zu gewinnen, oder man wußte überhaupt nicht, was man mit ihm und seinem Gelde anfangen sollte. Der Vater hatte Mühe und Ärger umsonst gehabt, Vorteile nur der Gastwirt, über dessen hohe Rechnung der Fremde sich zuletzt noch ungebärdig beschwerte, als er den Staub von seinen Füßen schüttelte. Dies waren die ersten Eindrücke, welche das moderne Hellenentum auf den Knaben machte.

Harmloser waren die Grüße aus aller Welt, welche die wandernde Kunst in die Stadt brachte. Zuweilen reiste ein Maler zu, welcher die Güte hatte, gegen mäßiges Entgelt die Köpfe ansehnlicher Männer und Frauen in Öl abzuschildern. Dann freute sich der ganze Kreis von Bekannten, wenn man die Gemalten zu erkennen vermochte. So kam auch ein schöner großer Mann mit schwarzem Bärtchen, der den Frauen sehr gefiel und deshalb in seiner Kunst achtungsvolle Bewunderung fand, bis ihm die Erfolge dadurch gestört wurden, daß er sich als ein großer Nachtwandler erwies. Denn er sprang in einer Mondscheinnacht mit gellendem Schrei aus dem Oberstock des Gasthauses auf das Pflaster, glücklicherweise ohne sich zu beschädigen, und lief im Hemde nach dem Stadttor, wo ihn endlich der Nachtwächter zum Stehen brachte.

Doch beruhigte er sich wieder, verheiratete sich auch in der Stadt und gewann die Nachtruhe eines ehrlichen Bürgers. Häufiger ließ sich die Muse der Musik durch Künstler auf allen möglichen Instrumenten vernehmen vom Brummeisen bis zur Trompete, aber die Gitarre und Flöte waren noch besonders geachtet. Größeren Genuß hatten die Kinder an dem wandernden Volk der Seiltänzer und Kunstreiter; waren diese mit guten Zeugnissen versehen, so erwies sich der Magistrat als wohlwollend. Dann wurde in der polnischen Vorstadt vor dem Salzmagazin eine künstliche Schranke aus Stricken errichtet und darin die Seile gespannt, die kleinen Kinder tanzten auf den niederen Seilen, während Väter und Mütter darunter hingingen, um die etwa fallenden aufzufangen. Aber sie fielen nicht, sondern bewegten die Beinchen unter allgemeiner Bewunderung und sammelten dann die Gröschel, welche ihnen die Kinder spendeten. Und erst Bajazzo! Oft habe ich seitdem diesen Charakter der Sägespäne gesehen, aber niemals war er so unsäglich lustig, wie in Kreuzburg, wenn er sich in der Luft überschlug, mit den Stühlen Purzelbäume schoß und immer wieder von dem Pferde, auf dem er durchaus reiten sollte, in den Sand fiel; er konnte aber ganz gut reiten. Dann die klugen kleinen Pferde! Wenn ihr Herr ihnen ein Kartenblatt auf den Boden legte, so gaben sie durch Scharren mit dem Fuße genau die Zahl der Kartenzeichen an, und wenn der Herr frug, welches das artigste Kind in der Gesellschaft sei? so blieb das Pferd vor dem Knaben des Bürgermeisters stehen und begrüßte ihn durch ein Kopfnicken. Der Kleine wurde vor Scham rot, aber er ging dann schüchtern zu dem Pferde und versuchte es zu streicheln.

Sehr berühmten Künstlern wurde wohl auch gestattet, das große Seil aus dem obersten Turmloch bis auf den Markt zu spannen und darauf die Großmutter im Schiebkarren zu fahren, wir wußten aber, daß dies nur eine Puppe war. In dieser gefährlichen Tätigkeit sah ich den bekannten Kolter, von dem in Kreuzburg die Sage ging, daß kurz zuvor Großfürst Konstantin in Warschau heimlich einen andern Künstler angestiftet hatte, dem Kolter, als dieser mit dem Karren vom Turme herabkam, mit einer andern Großmutter auf dem Seil entgegenzufahren. Als die beiden auf der Höhe zusammentrafen, verlor der andere den Mut, da rief der stolze Kolter »bücke dich«, warf seinen Karren zur Erde, setzte im gewaltigen Sprunge über den Nebenbuhler weg und kam, ohne das Gleichgewicht zu verlieren, auf dem Seile herab. Einen Mann von solchen Eigenschaften ehrte auch der Vater, und ich erinnere mich, daß

Kolter mit seiner Frau in der guten Stube den Eltern gegenüber saß und ein Glas Wein vor sich hatte.

Alljährlich unternahm nach längerer Erwägung die Familie wenigstens einmal eine Vergnügungsreise nach der Stadt Pitschen. Für uns Kinder gehörten die zwei Meilen Fahrt und der Aufenthalt bei werten Freunden der Eltern zu den großen Festfreuden des Jahres. Ich eilte dann mit kleinen Gespielen sobald als möglich auf den Sandberg, der nahe der Stadt hinter den letzten Scheunen lag, dort suchte ich stundenlang nach kleinen gerundeten Kieseln, auf denen sich gerade dort schöne moos-ähnliche Zeichnungen fanden, und nach Feuersteinknollen, welche mit vieler Mühe aufgeschlagen wurden, weil zuweilen eine Versteinerung darin saß. Von der Höhe starrte ich neugierig auf die schwarzen Wälder in der Ferne. Dort drüben lag Polen, das unheimliche Land, von dem daheim oft die Rede war.

Zur Seite aber sah man die Stadt hinter ihrer Mauer, über welche noch einzelne Türme ragten. Der Ort ist die älteste der drei Städte im Kreise, kein Chronist, keine Urkunde weiß zu sagen, wann er entstand; er war als Straßensperre gegen Polen bereits vorhanden, als im dreizehn-ten Jahrhundert die Besiedelung der Umgegend mit deutschen Kolonisten erfolgte. Seitdem war der Wald, welcher ihn von dem Binnenlande ge-schieden hatte, fast ganz verschwunden, auch die Stadt hatte man irgend einmal nach demselben Plane wie Kreuzburg aufgebaut, in der Mitte den Ring mit Rathaus und Kaufhäusern, die vier Gassen, welche von den Toren nach dem Markte führten, und seitwärts den Kirchhof mit Kirche und Pfarrhaus. Aber immer noch bestand der Ort abseits vom Verkehr der Landschaft, einsam an seinen Sandhügeln. Ihm gegenüber achtete sich Kreuzburg als Großstadt. Die Pitschner betrieben noch in der Mehrzahl Ackerbau wie im Mittelalter, der Verkehr mit Polen war gering, wahrscheinlich zumeist Schmuggel in den Händen weniger jüdi-scher Kaufleute, in der Stadt ragte mitten unter Häusern noch der hohe Balken eines Ziehbrunnens mit dem Eimer an der Kette, was bei uns ganz unerträglich gewesen wäre. Auch die Schützengesellschaft von Pitschen hatte bei ihrem Königschießen noch altväterischen Brauch. Dem Zug voran schritt ein Narr mit einer langen Schlittenpeitsche, welche die Waden der andrängenden Straßenjungen geschickt zu treffen wußte, dann kamen zwei Mohren, welche Hörner bliesen, aber wer je-mals schwarzen Peter gespielt hatte, wußte recht gut, daß ihre Farbe durch Korkstöpsel hergestellt war; hinter ihnen tanzte und sprang auf offner Straße der Zieler die große Scheibe auf dem Rücken, ihm folgte der Hauptmann unter einem ungeheuern Hahnenfederbusch, und nach diesem marschierte eine kleine Zahl Schützen in Uniform, seltsamen Erbstücken mit sehr hohem Kragen. Es waren der Schützen vor den Augen des Knaben sehr wenige, bei uns in Kreuzburg wimmelte es beim Königschießen von Uniformen.

Aber wie altväterisch die bewaffnete Macht der Pitschner auch einherzog, sie war in Wahrheit mit kriegerischem Mut erfüllt und hatte diesen zuweilen in ernstem Kampf erwiesen. Denn seit undenklicher Zeit stand Pitschen ganz für sich allein auf Kriegsfuß mit Polen. Wenn die Waffen durch ein Jahr geruht hatten, so wurden sie doch zur Zeit der Heuernte ergriffen.

Jenseit der Stadt lag hinter dem Stadtwald eine Wiesenfläche zwischen 466 einem breiten Graben und dem Grenzbach, welchen alte Leute von Pitschen in meiner Kinderzeit mit halbdeutschem Namen Briesnitz nannten, der sonst aber Prosna heißt. Der Wiesengrund gehörte zum Teil der Kämmerei, zum Teil einzelnen Bürgern der Stadt. Sein jährlicher Ertrag von 300–500 Taler war in jener armen Zeit den Besitzern von hohem Wert. Und gern hätten sie friedlich ihr Heu gemäht, aber dies war nicht möglich; denn um diesen Grund bestand ein uralter Streit zwischen Pitschen und Polen, beide erhoben Anspruch darauf. Doch waren diese Wiesen nicht die einzige Stelle, wo die Polen Streit wegen der Landesgrenzen erregten. Auch weiter aufwärts bis in den Kreis Lublinitz hatten die Rittergüter ähnliche Kämpfe um ihre Wiesen am Grenzwalde zu bestehen. Allerdings hatte schon im sechzehnten Jahrhundert ein Vertrag zwischen Herzog Georg von Liegnitz und Brieg und König Stephan von Polen die Grenze festgesetzt, aber die Polen hatten sich wenig an den Vertrag gekehrt und durch fast zweihundert Jahre versucht, Heuraub zu üben, bis unter Friedrich dem Großen General von Lossow 1773 die alte Grenze wieder herstellte und Grenzpfähle mit dem preußischen Adler längs der Prosna aufrichtete. Doch als im unglücklichen Kriege von 1806 Südpreußen verloren ging, hieben die Polen bei Nacht die Pfähle wiederholt ab und setzten ihre weißen Adler so, daß die Wiesen auf polnischer Seite lagen. Damals hatten sogar die Franzosen, welche die Grenze besetzt hielten, für die Pitschner Partei genommen und die Grasdiebe durch Schüsse vertrieben. Seitdem entbrannte fast alljährlich in der Heuernte der Kampf. Zwar die Arbeit des Mähens und Wendens überließen die Polen willig den Deutschen, wenn aber das Heu eingeholt werden sollte, wurden sie raublustig. Dann suchten beide Parteien einander zuvorzukommen. Die Pitschner fuhren mit ihren Gespannen und mit tapfern Bürgerschützen vor Sonnenaufgang zur Grenze und stellten Posten aus, warfen das Heu auf die Wagen und schafften diese so schnell als möglich heim. Trafen nun beide Parteien zusammen, so erhob sich wildes Geschrei und Balgerei und es wurden Gewehre abgefeuert, bis der schwächere Haufen wich. Zuweilen aber waren die Polen eher zur Stelle, dann wurden die Wächter, welche Pitschen ausgesetzt hatte, gefangen, gemißhandelt, fortgeschleppt, das Heu genommen und die Brücke, welche vom Stadtwalde über den Graben zu den Wiesen führte, zerstört.

Seit dem Jahre 1822 wurde die Erbitterung beider Teile der Regierung bedenklich, denn auch die Polen erhoben helle Klage, der Bürgermeister von Pitschen sollte eigenhändig in der Prosna einen polnischen Ochsen erschossen und seine Bewaffneten sollten eine polnische Frau getötet haben. Dagegen verteidigten sich die Pitschner wie die Löwen und klagten: erst mausen sie das Heu und dann lügen sie unmenschlich, und sie behaupteten, der Ochse habe räuberisch auf ihren Wiesen geweidet und die Frau sei als Heudiebin bei Nacht vor ihnen geflohen und in der Prosna ertrunken. Die Polen rächten sich dadurch, daß sie einen unschuldigen Bürger, der in Geschäften durch das Dorf Woiczin kam, erbärmlich zerschlugen und zu dem Geistlichen, ihrem Anführer schleppten, dort wurde er wieder gemißhandelt und mit Vergeltung und Tod bedroht. Die Behörden der Grenzkreise auf beiden Seiten vertraten das Recht ihrer Landsleute, die preußische Regierung aber schickte Kommissare, welche untersuchten und berichteten.

Man war jedoch damals in Berlin ängstlich bemüht, der Nachbarregierung nicht lästig zu sein. Die Gendarmen versagten den Pitschnern ihre Beihilfe, und man erzählte sich, der kommandierende General Zieten, welcher die Geschäfte des Oberpräsidenten versah, habe ihnen überhaupt verboten, sich in diesen Streit mit Rußland einzumischen. Nach vielen Protokollen und Gutachten wurde endlich, um des lieben Friedens willen, von Berlin aus entschieden, daß die Pitschner den Polen alljährlich den Wert des halben Heuertrages herauszahlen sollten. Da diese Entscheidung in jedem Fall ungerecht war, erhob sich unter den gekränkten Bürgern laute Wehklage. Doch mußten sie gehorchen. Nur wurde auch jetzt nicht Friede. Neue Klagen über polnische Übergriffe kamen an die preußischen Behörden, diese schrieben wieder nach

Wielun und Warschau, die späte Antwort war regelmäßig: an den Polen sei keinerlei Schuld zu finden. Und so zog sich eine öde Schreiberarbeit aus einem Jahr in das andere, während die polnischen Beschwerden über die ungenügende Zahlung und die Kämpfe um das Heu fortgingen. Einmal brach während der Heuernte in Pitschen ein großes Feuer aus, die Besitzer der brennenden Häuser standen zum Teil auf Wache an der Prosna. Sie rannten heimwärts um zu löschen, auch von den benachbarten Dörfern kamen die Spritzen hilfreich herzu. Aber auch die Polen sahen den Feuerschein über der Stadt und rückten in Masse aus, um die Verwirrung der Gegner zu benutzen und sich des Heues zu bemächtigen. Und von den Wiesen kam der Alarmruf nach der Stadt: »Die Polen brechen über die Grenze.« Da riefen die Bürger vor ihren brennenden Häusern: »Fort zu den Wiesen«, sie baten die hilfreichen Nachbarn, allein das Feuer zu löschen, ergriffen ihre Waffen, verjagten die Diebe und retteten ihr Heu.

Die Pitschner hatten für die gesetzliche Seite ihres Widerstandes einen guten Berater in ihrem Stadtrichter Konrad. Er war ein tapferer, feuriger Mann, natürlich auch Hallenser, und der nächste Freund des Vaters, an dem er mit großer Wärme hing. So oft ihn irgend etwas beschäftigte und aufregte, kam er die zwei Meilen nach Kreuzburg herübergefahren. Als das Ministerium des Innern einmal von ihm verlangt hatte, er solle wegen der Teilung des Wiesenertrags zwischen Pitschen und den Polen mit den Bürgern verhandeln, verweigerte er dies mannhaft, denn die Forderung der Polen sei gegen alles Recht der alten Urkunden und gegen die Hypothekenrechte, die auf den Wiesen seit längerer Zeit ruhten, und diese Weigerung hatte für den Augenblick den Erfolg, daß das Ministerium eine bereits erlassene Verfügung zurücknahm.

Da der Freund noch im guten Mannesalter starb, verlor der Vater viel von dem, was ihm Frische und Frohsinn erhalten hatte; er trug das Leid in seiner Weise still, erst in späterer Zeit merkte der Sohn, wie groß der Verlust gewesen war.

Oft, wenn ich als Knabe dem Männergespräch zuhörte, wehte etwas von dem Wiesengras der Prosna, von dem Ärger über den Hohn der Woicziner, von Trauer über die preußische Lammesgeduld und die endlose Schreiberei der Beamten in meine Seele, dort bewahrte ich es still.

Aber noch von anderer Seite wurde unser Haushalt an den Streit der Nachbarschaft erinnert. Man hatte endlich zu Berlin ein Einsehen, –

469

Merkel war wieder Oberpräsident, auch er ein Studienfreund von Halle – es wurde mit der polnischen Regierung verhandelt und von jeder Seite ein Kommissar erwählt, um die Ansprüche der Streitenden zu prüfen und neue Grenzpfähle zu stecken. Deshalb kam zu uns als Besuch ein hagerer Mann mit faltigem Gesicht, der russische Staatsrat Falz, wieder ein Universitätsfreund. Er war als junger Beamter von Südpreußen in das russische Polen verschlagen worden, dort zu Rang und Ehren gelangt und jetzt von Warschau abgeschickt. Auch der preußische Kommissar ließ sich sehen, dies war der vielgenannte Regierungsrat Neigebauer, der seinen Namen gern französisch aussprach, ein geckenhafter Geselle, der später als diplomatischer Agent in den Donaufürstentümern und als Schriftsteller geringen Ruhm gewonnen hat. Die Herren arbeiteten lange, sie hatten in Pitschen ein Standquartier und bereisten von dort die Grenze; der Winter kam heran, bevor für die Pitschner die Frage entschieden wurde. Die Nachbarn mußten wohl in ihrer gerechten Sache guten Erfolg gehabt haben, denn sie wurden vergnügt und veranstalteten eine große Schlittenfahrt nach der Grenze, wobei sie in dem berechtigten Streben etwas Ungewöhnliches zu leisten, den großen Federbusch des Schützenhauptmanns dem Pferde eines Prachtschlittens aufsteckten, in welchem weiß gekleidete Jungfrauen saßen. Die Jungfrauen aber zogen an Ort und Stelle feierlich die Schleife mit den Pfählen längs der Grenze eine Strecke entlang. Darauf wurde zu Ehren der Kommissare im Gasthof des Ortes ein großer Ball veranstaltet, und als die beiden Herren am späten Abend durchfroren in ihr Quartier zurückkehrten, vermochten sie wegen der Tanzmusik und Fröhlichkeit nicht einzuschlafen und erfuhren auf ihre Beschwerden, daß dies ja ein Ball sei, der ihnen zu Ehren gegeben würde.

Zuletzt darf nicht verschwiegen werden, daß diese feierliche Regelung der Grenze die polnischen Übergriffe keineswegs bändigte. Wenn auch der Streit um die Stadtwiesen gestillt war, so wurden die der benachbarten Rittergüter nach wie vor alljährlich heimgesucht, die Polen trieben ihre Herden herauf, zogen sich, wenn die Gutsherren zum Schutze ihres Eigentums herauskamen, hinter den Bach zurück, schmähten und höhnten. Und die Klagen sowie die Schreiben der Beamten liefen nach wie vor nutzlos hin und her. Die Bitten der Geschädigten, daß man ihr Recht besser schützen möge, blieben lange erfolglos, auch der Gebrauch von Waffen zur Abwehr wurde ihnen verweigert. Als der deutsche Förster eines Rittergutes einst einen Grasdieb durch einen Schuß verwundet hatte, erhielt er Festungsstrafe, und der loyale Gutsherr, welcher Weib und Kind des Verurteilten erhalten mußte, damit sie nicht verhungerten, soll zuletzt in seiner Not der Regierung erklärt haben, daß er keine Steuern mehr zahlen werde, wenn der Staat ihm sein Eigentum nicht zu verteidigen vermöge. So zog sich die Fehde hin bis über das Jahr 1840, und ich vermag nicht anzugeben, wann sie geendigt hat.

471

4. Die Schule

Als ich sechs Jahre alt war, fing ich an ein wenig in die Schule zu gehen. Mein Oheim, Pastor Neugebaur, hatte sich gegen die Eltern erboten, den Unterricht selbst zu übernehmen. Ihm war das Lehren von je eine Freude gewesen, schon als armer Knabe hatte er sich durch Stunden, die er gab, fortgeholfen, und es ist wohl möglich, daß er darin völligere Befriedigung fand, als im Predigen. Ich blieb bis zum Abgang auf das Gymnasium in seiner Lehre, zugleich mit seiner jüngsten Tochter und in der letzten Zeit mit meinem Bruder. Der Oheim war ein kleiner, untersetzter Herr mit einem mächtigen, ovalen Kopf und großen Ohren, auf denen ein schwarzes Sammetkäppchen saß. Er geriet leicht in Eifer und war von den Mitgliedern seiner Gemeinde, welche dem geistlichen Oberhirten Ursache zur Unzufriedenheit gegeben hatten, besonders von dem weiblichen Teil, sehr gefürchtet. Er sprach ausgezeichnet polnisch, was für den Geistlichen in Kreuzburg unentbehrlich war, denn damals wurde noch jeden Sonntag Vormittag deutsch und polnisch gepredigt. Mit einem Diakonus sorgte er für die geistlichen Bedürfnisse seiner großen Gemeinde, es gehörten auch einige Dorfschaften aus dem Kreise Rosenberg zu seinem Sprengel, fremdartige polnische Leute in auffallender Tracht, welche mehrere Meilen zur Kirche herkamen, vielleicht die Nachkommen eines Hussitenhaufens, der sich in alter Zeit an der Grenze festgesetzt hatte. Der größte Teil der Stadtbewohner war evangelisch, die kleine katholische Kirche in der Vorstadt, ein alter Holzbau, stand unter einem Kuratus, sie wurde zu meiner Zeit schöner in Ziegeln errichtet. Obschon Friede unter den Konfessionen war, bewachte doch jeder der geistlichen Hirten scharf seine Herde und blickte argwöhnisch auf Eroberungsversuche der andern Kirche. Wir Kinder lernten während der Schulstunden auch einiges von dem Verkehr des Predigers mit der Gemeinde und den Geschäften seines Amtes kennen, wir vernahmen

472

die Verhandlungen mit dem Glöckner, den Lehrern und den Sündern, wir suchten in alten Kirchenbüchern die Geburten und Todesfälle für die auszustellenden Zeugnisse, und zählten jeden Montag die Pfennige des Klingelbeutels; es war immer wenig genug darin, die falschen Geldstücke fehlten nicht, und vollends die Knöpfe, welche Arme aus Scham statt des Geldes hinein gesenkt hatten, machten das Pastorat unwillig. Für seine Zöglinge aber war der Oheim der sorgfältigste und gütigste Lehrer, und ich denke, auch ein guter Lehrer, obgleich seine Methode wahrscheinlich jetzt Widerspruch finden würde. Lesen lernte ich schon als sehr kleines Männchen, dazu hatte die Mutter geholfen und der bereits erwähnte Göckelhahn, welcher dem letzten Blatt des ABC-Buchs rot und schwarz aufgedruckt war und zu meiner Zeit noch mit ins Bett genommen wurde. Wenn der Kleine gut gelernt hatte, fand er am andern Morgen im Buche das Gröschel, welches der Hahn ausge- kräht hatte. Wieder ist mir aus der Dämmerzeit meiner frühen Kinder- jahre ein Augenblick deutlich geblieben, ich fühle noch die schöne ge- hobene Freude, die ich hatte, als ich für mich allein die erste kleine Geschichte las und den Sinn verstand.

Fast zugleich mit deutschem Lesen und Schreiben lernte ich die ersten lateinischen Vokabeln, ich erinnere mich gar nicht mehr, wann der la- teinische Unterricht angefangen hat, aber *mensa* und *amo* habe ich wahrscheinlich aufgesagt, bevor ich sieben Jahre alt war; bald wurde lateinisch übersetzt. Auf den kleinen Bröder folgte Eutropius, und in das junge Gehirn zogen die Gestalten der römischen Geschichte ein, in welcher der Oheim gut bewandert war. Als nun die Zeit kam, wo ich daheim Campes Robinson mit Begeisterung las, ergab sich, daß in der Bibliothek des Oheims eine lateinische Übersetzung des Robinson vor- handen war, und sofort arbeitete ich mich in der Stunde durch das be- hagliche Latein des starken Buches vom Anfang bis zum Ende; dann kam Nepos an die Reihe und mancher andere, zuletzt neben Vergil noch Cicero *de officiis*. Diese Hinterlassenschaft des Altertums war sehr langweilig, aber sie wurde unbarmherzig durchgelesen. Auch etwas Griechisch lernte ich, doch machten die unregelmäßigen Verba Beschwer- de.

Der Oheim gab wenig auf die deutschen Stilübungen. Ob ich jemals einen deutschen Aufsatz verfertigt habe, ist mir zweifelhaft. Doch muß dieser Umstand meiner Schreibelust nicht hinderlich gewesen sein, denn ich begann mit etwa zehn Jahren meinen ersten Roman, eine Robinso-

473

nade, worin ein Vater mit seinen Kindern auf eine wüste Insel verschlagen wurde. Dort entdeckten die Kinder viel Seltenes und Abenteuerliches, dabei entwickelte sich als Lieblingsgestalt des Dichters der eine Sohn Jack, er fand immer das Beste, wurde mit allem fertig und war stets guter Laune, und ich neige mich zu der Ansicht, daß er Stammvater der unartigen Knaben war, welche unter den Namen Kunz, Bolz, Fink später um meinen Schreibtisch tanzten.

Für die Naturwissenschaften blieb der Unterricht ungenügend. Nur Bücher mit Bildern, welche die Tante zuweilen aus ihrem Bücherschatz lieh, gaben Anschauungen, darunter die elf Bände des Schlesischen Naturfreundes. In den alten Sprachen aber war ich später gut daran, ich hatte von dem behenden Lesen den Vorteil, daß mir auch die Spätlateiner und die Mönche des Mittelalters, mit denen ich mich manches Jahr unterhalten mußte, leichter verständlich wurden.

Der Haushalt des Pastors war wunderlich, und auch wir Kinder merkten das. Der Oheim herrschte vorn im Hause bei seiner Pfeife, den Kirchenbüchern und Predigten, die Tante hinten auf der Gartenseite, es waren zwei getrennte Welten, die Töchter besorgten den Haushalt. Meine Tante, die älteste Schwester meiner Mutter, hatte sich ganz von dem Verkehr mit Menschen zurückgezogen und der Blumenzucht ergeben, es war aber nicht unser gewöhnlicher Gartenflor, welchen sie zog, sondern das Neueste und Seltenste; sie stand mit den großen Handelsgärtnern zu Breslau und anderswo im Geschäftsverkehr, erhielt viel Unerhörtes von Knollen, Zwiebeln und Samen, und verstand dies meisterhaft zur Blüte zu bringen. Unter großen Schwierigkeiten. Denn da sie kein Glashaus hatte, mußte sie im Treibkasten und in der Stube auch anspruchsvolle Fremdlinge herausbringen, welche solchen Aufenthalt ungern ertrugen. Deshalb waren alle Räume, bei denen der Widerstand des Oheims nicht hinderte, mit Blumentöpfen vollgesetzt, zum Gehen und Sitzen blieb nur wenig Raum, und wir Kinder wurden in allen Bewegungen zur größten Vorsicht genötigt. Ich befürchte, daß diese Herrschaft des Pflanzenreiches in den Stuben für die Gesundheit der Tante und der Kinder nachteilig gewesen ist. Die Tante trug den Kopf immer verbunden, auch die Cousinen blieben kränklich. Aber die Tante, welche sehr klug und sehr eigenwillig war, ließ sich von niemandem drein reden. Irdisches Glück empfand sie wohl nur, wenn eine Amaryllis aufblühte oder eine Begonie ihre Blätterpracht entwickelte. Und diese Leidenschaft gewann mit den Jahren immer größere Herrschaft.

474

Von vier Kindern waren zwei Töchter am Leben geblieben, die jüngste, Julie, ein halbes Jahr älter als ich, war nicht nur meine Gefährtin beim Lernen, die meinetwegen sogar ein wenig Latein trieb, sie wurde auch meine Gespielin, so weit ihr die Tante das Ausgehen gestattete, und die beste Freundin meiner Kinderjahre. Ein Mädchen von ungewöhnlicher Geisteskraft, zuverlässig und charakterfest, die immer mehr um mich als für sich selbst sorgte. Sie war groß, nicht hübsch, ihre bleichen Wangen entbehrten seit frühester Zeit den Rosenhauch der Gesundheit, und ihr fehlte schon früh die anmutige Beweglichkeit, welche dem Kinde im fröhlichen Treiben mit seinesgleichen zugeteilt wird, aber das Klare und Lautere ihres Wesens machte sie zu einer sichern Freundin und zur klugen Beraterin aller, die ihr näher standen. Auch in späteren Jahren, wenn ich von der lateinischen Schule und der Universität nach Hause kam, blieb Julie meine Vertraute, mit der ich am liebsten über alles verhandelte, was mich gerade beschäftigte, und oft war ich erstaunt über die Schnelle ihres Verständnisses und die Sicherheit ihres Urteils. Die zarte, anspruchslose Schwesterliebe aber, die sie mir unverändert bewies, lernte ich in ihrem vollen Wert erst schätzen, als sie selbst uns verloren war. Da sie nach dem Tode ihrer Eltern vor der Wahl eines Berufes stand, entschied sie sich mit einem Zug von Schwärmerei, gegen den ich vergeblich ankämpfte, für die Krankenpflege, und zwar für solche, welche die härtesten Anforderungen an den Menschen stellt, sie wurde Oberpflegerin der großen Irrenanstalt zu Leubus, und stand eine Reihe von Jahren dem schweren Amte vor. Ein Jahr vor ihrem Tode besuchte sie mich noch in Siebleben, Hand in Hand, wie in unserer Kinderzeit, zogen wir auf den Waldwegen dahin um die Wartburg, die sie vor allem gern sehen wollte. Damals hatte sie sich so innig des Wiedersehens gefreut, und wir hatten während dieser Tage die kleinen Erlebnisse unserer gemeinsamen Vergangenheit so herzlich durchgesprochen. Über ihren Beruf sprach sie sich heiter und zufrieden aus, als ich mahnend daran rührte, und nur einigemal fiel mir auf, daß ihr Blick starr in die Ferne sah, als erwartete sie aus dem wogenden Nebel irgend etwas Beängstigendes, Fürchterliches. Es war der Feind, dem sie bald darauf erlag.

Während mich zu Kreuzburg die treue Sorge des geistlichen Oheims mit gelehrtem Wissen begabte, sorgte noch eine andere Lehrerin, welche als sehr ungeistlich betrachtet wurde, für meine Bildung, indem sie eine Fülle von Bildern, Anschauungen und Empfindungen in die junge Seele leitete. Dies tat die Bühne einer wandernden Gesellschaft, welche in meiner Vaterstadt aufgeschlagen wurde. Ganz dieselbe Einführung in dramatischen Wirkungen haben fast alle meine literarischen Zeitgenossen erfahren, welche in dem deutschen Stilleben von 1815–1840 heranwuchsen. Für die Jugendbildung dieser Zeit ist das kleine Stadttheater ebenso bedeutsam, wie die Einwirkung des Lauchstädter auf die Studierenden des früheren Geschlechtes war. Was freilich den jungen Zuschauer am meisten förderte, waren nicht die großen Effekte, durch welche die Phantasie am heftigsten erregt wurde, sondern die faßliche Darstellung der Menschenwelt, der verständliche Zusammenhang zwischen Schuld und Strafe, Sprache und Verkehr der verschiedenen Lebenskreise, die Besonderheiten der Charaktere auch Vortrag, Gebärde, Trachten, selbst bei einer unvollkommenen Darstellung. Von solchem Erwerb gibt sich das Kind keine Rechenschaft, er ruht ihm in der Seele gleich den Beobachtungen des eigenen Tageslebens, aber er beeinflußt ihm fortan Urteil, Verständnis der Dinge, das eigene Benehmen.

Ich war zehn Jahre alt, als die Gesellschaft eines Herrn Bonnot in Kreuzburg erschien. Sie war wohlbeleumdet, denn sie hinterließ beim Abschied keine oder doch nur wenig Schulden, die Kostüme gefielen als neu und sauber, es war sogar eine vollständige Ritterrüstung darunter, so daß der Held, welcher hineingesteckt wurde, aussah wie ein ungeheurer Silberkäfer. Man rühmte auch das Spiel, wenigstens in den Hauptrollen. Der Direktor, welcher eine unregelmäßige Nase hatte, spielte ausgezeichnet die Bösewichter, der Komiker war unwiderstehlich, auch Würde und Adel fehlten nicht, sie wurden durch den Heldenspieler Spahn und Frau vertreten. Dies waren ernsthafte, ordentliche Leute, was ihnen von den Zuschauern hoch angerechnet wurde und auch der Würdigung ihres Spiels zu Gute kam. Denn der ehrliche Deutsche glaubt von seinen Lieblingen auf der Bühne ungern Nachteiliges aus ihrem eigenen Leben, und wo er dies Leben als still, ehrbar und liebenswert rühmen kann, entsteht im Laufe der Zeit zwischen ihm und den Darstellern ein besonderes gemütliches Verhältnis, das sich zuweilen mit rührender Zartheit äußert.

Meine Eltern besuchten oft die Vorstellungen, dem Vater waren sie wohl der liebste Genuß, der ihm seither nur selten zu Teil geworden war. Auch ich durfte manchmal die Eltern begleiten und ich erhielt reichlich die starken Einwirkungen der dramatischen Kunst, welche eine Wanderbühne geben konnte. Zwar die Lust- und Schauspiele, wie

»Deutsche Kleinstädter«, »Menschenhaß und Reue« haben in mir geringe Spuren hinterlassen, dafür war ich wohl zu jung; größere die Zauberpossen, in denen auch gesungen wurde, die größten aber Stücke wie »Aballino«, der Klingemannsche »Faust«, »die Waise von Genf«. Dieses Stück, in welchem ein verruchter Bösewicht mit seinem Dolche ein hilfloses Mädchen vom Anfang bis gegen das Ende verfolgt, erregte mir ein Entsetzen, das ich noch heut nachfühle, und einen Abscheu gegen die Quälerei Unschuldiger in den Darstellungen jeder Kunst. Dieser Abscheu vor dem Häßlichen, d.h. vor Wirkungen, welche beängstigen und quälen, ohne zu erheben, ist mir durch das ganze Leben geblieben und hat mich später gegen alle Poesie der französischen Romantiker verhärtet.

Aber was ich selbst durch diese Wanderbühne für mein Leben gewann; eine gewisse Schulung dramatisch zu empfinden, vielleicht für die Zukunft die Möglichkeit dramatisch zu gestalten, das galt mir damals wenig. Größere Bedeutung als die Stücke hatte für mich ein kleines Mädchen, welches die Kinderrollen spielte, Albertine Spahn. Das anmutige Kind war einige Jahre jünger als ich, mit Staunen sah ich zu, wie sie als Elfe, Ritterkind, Bauernmädchen sich so zierlich und sicher vor den Lampen bewegte, wie sie tanzte und mit ihrem seinen Stimmchen sang. Aller Zauber, den die Kunst der Bühne auf den Menschen auszuüben vermag, war für mich in dem Kinde verkörpert, und alles Entzücken, das der Begeisterte vor dem Kunstwerk empfindet, wandte ich ihrer kleinen Person zu. Auch als ich sie außerhalb der Kulissen sah und mit ihr sprechen durfte, betrachtete ich sie immer mit tiefer Verehrung und war glücklich, wenn sie mich freundlich anlachte. Dies Gefühl von ehrerbietiger Scheu behielt ich auch, nachdem wir gute Kameraden geworden waren, wenn sie nicht verschmähte, meine kleine Steinsammlung zu betrachten und einen merkwürdigen Federbusch von seinen bunten Glasfäden zu bewundern, den der Vater in Verwahrung hatte und nur bei besonderer Gelegenheit zum Schauen darbot. Als die Gesellschaft Kreuzburg verließ, bat ich die Mutter um ein Geschenk für die Kleine, ich trug ihr ein Halsband zu und legte es ihr um. Sie gab mir einen leisen Kuß, es war der erste und letzte meiner unschuldigen Liebe. Aus einer anderen Stadt sandte sie mir als Gegengabe einen Geldbeutel, auf welchem Gurkenkerne mit blauen Perlen sehr schön zu kleinen Sternen gefaßt waren. Ich habe ihn so lange bewahrt, bis die Kerne von eingedrungenen Käfern zerbissen wurden. Viele Jahre später, da ich mich bereits als dramatischer Schriftsteller versucht hatte, fand ich auf einem Theaterzettel aus Hamburg ihren Namen. In einem Briefe frug ich die Schauspielerin, ob sie meine Gespielin aus der Kinderzeit sei, und erhielt durch eine Freundin, welche sich in Hamburg nach ihr erkundigte, die Bestätigung. Wieder vergingen Jahre, ich war längst verheiratet und Redakteur der Grenzboten, da wurde mir berichtet, daß mein Theaterkind aus Kreuzburg als Frau eines namhaften Charakterspielers nach Leipzig gekommen sei. Sie war Mutter einer zahlreichen Familie und Gattin eines wüsten Gesellen, ihre Lebenskraft und Kunst waren unter der Ungunst ihrer häuslichen Verhältnisse gebrochen. Ich sah sie einmal im Theater in einer kleinen Nebenrolle und nichts in ihrem Wesen erinnerte mich an das Kind. Da ließ ich ihr durch einen Bekannten sagen, daß ich unsere Kinderzeit in treuer Erinnerung bewahre, sie selbst habe ich nicht wieder gesehen. Ich hätte ihr in nichts nützen können.

Aber Thalia war nicht die einzige Göttin, welche leise an das Haupt des Knaben rührte, auch von der Muse der Tonkunst wurde ich als Opfer bekränzt. Der Vater spielte ein wenig die Violine und blies besser die Flöte, und wenn gegen Abend aus seiner Stube die weichen Töne in unser Ohr drangen, zogen wir, Mutter und Kinder, uns leise in seine Nähe und hörten andächtig zu. Auch die Mutter lehrte sich selbst in ihrer unternehmenden Weise die Griffe und leichtere Stücke auf der Gitarre. Außerdem aber war als hochgeschätzter Hausbesitz eine große Konzertgeige vorhanden. Sie trug in ihrer Höhlung den Zettel »Kaspar Göbler, Lauten- und Geigenmacher zu Breslau 1756«, ihr Klang war in den Mitteltönen ungewöhnlich voll und schön, in den tiefen schwächer, und in den hohen schrie sie, – Mängel, die bei einem spätern Umbau beseitigt wurden. Nun war ich auch da, und der Vater legte mir zuweilen prüfend die Geige in den kleinen Arm mit dem innigen Wunsch, daß ich dereinst ihrer würdig werden möchte. Sobald also die kleinen Finger die Saiten zu drücken vermochten, wurde mir eine Übungsgeige gekauft und ein alter Stadtmusikus als Lehrer geworben. In seiner Zucht geigte ich einige Jahre unter vielen Fingerknipsen ohne große Freude. Als aber die Theatergesellschaft von Kreuzburg schied, blieb ihr Kapellmeister Zoche bei uns zurück in der Absicht, seiner zahlreichen Familie durch Unterricht ein ruhigeres Heimwesen zu gewinnen. Dem Vater war das gerade recht, er verschaffte dem neuen Anwohner ein altes Piano für den Unterricht und gab mich in seine Lehre. Die Sache ließ sich gut

an. Mein Herr Zoche war ein fester Musiker von der alten Schule, der
alle erdenklichen Instrumente von der Harfe bis zum Serpent zu behandeln vermochte. Ich betrachtete ihn anfänglich mit Befremden, denn
sein Gesicht war seltsam von den Pocken zerrissen, doch er war gütig
gegen mich, knipste niemals und wir wurden bald gute Freunde; er
legte mir sogleich die große Geige unter das Kinn – später stellte sich
sogar eine Bratsche ein –, und ich geigte unter ihm wieder einige Jahre
tapfer darauf los, gewann auch ziemliche Fertigkeit, aber mein Gehör
blieb unsicher, und ich habe für mein späteres Leben wenig anderes
von dieser Beschäftigung bewahrt, als die Erinnerung an meinen guther-
zigen Lehrer.

Wenn ich meine Schulzeit von täglich vier Stunden hinter mir hatte,
erhielt ich von der Mutter die Vesper und war aller wissenschaftlichen
Sorge enthoben, denn Schularbeiten daheim mochte der Oheim nicht
leiden. Dann schwärmte ich leicht beschwingt und glückselig mit meinen
Gespielen umher oder trieb im Hause lustige Künste, gewöhnlich mit
dem kleinen Bruder zusammen, wir schnitzten und pochten, waren sehr
tätig in Buchbinderei und malten Bilderbogen aus, wozu der Farbekasten
mit Muscheln verwandt wurde, der für Kinder weit bequemer ist, als
der neue Tuschkasten. Waren wir emsig über solcher Arbeit, dann kam
wohl auch der Vater nachsehn, ob wir die Sache recht anfingen, er
lehrte uns Tischlerwerkzeuge gebrauchen, Pappkästchen ausmessen und
zusammenfügen, Federn schneiden, und mit der Heftnadel jede Art von
Naht herstellen. Immer aber war die Mutter als guter Kamerad bei der
Hand, sie half uns und wir halfen ihr, wo sie uns brauchen wollte. In
der Dämmerstunde saß der Vater bei uns andern in stillem Behagen
und wir erbaten unaufhörlich Geschichten, der Vater wußte viel aus
seinem Leben zu erzählen, die Mutter aber teilte am liebsten mit, was
sie kurz vorher selbst gelesen hatte. Sie las gern. Natürlich als Pastor-
tochter vor allem in dem Familienbuch jener Jahre, den »Stunden der
Andacht«, aber auch was irgend von gedruckter Poesie in ihren Bereich
kam. Die Märchen standen nicht in besonderer Gunst, sie wurden fast
nur durch die Dienstleute den Kindern beigebracht, von den Eltern
wurden solche Geschichten geschätzt, welche sich wirklich hätten ereig-
nen können. Schiller war lange nicht so bekannt, als er in den nächsten
Jahrzehnten wurde, und der Name Goethe wurde nur selten genannt.
Ihre Gedichte besaßen wir nicht. Der Vater hatte Lieblingsbücher, die
er gern las, vor allem Hallos glücklichen Abend von Sintenis. Die Erzie-

hung der Fürsten zu Humanität und Menschenliebe war damals die Sehnsucht redlicher Freunde des Vaterlandes, von ihr hing, wie man annahm, das Glück der Völker ab. Auch Lafontaine stand in hohen Ehren und einige Stücke von Iffland: »Verbrechen aus Ehrfurcht« und »Der Spieler«, diese als Erinnerungen an die Aufführungen der Schauspieler von Weimar. Oft erzählte der Vater von dem erschütternden Eindruck, den solche Theaterabende auf alle Zuschauer gemacht, es waren die höchsten Wirkungen, welche ihm die Kunst in die Seele gedrückt hatte. Denn was das lebende Geschlecht begehrte, war weniger die heitere Schönheit, als die moralische Tendenz, alles, was den Menschen in Stunden der Versuchung fest machen konnte. Dem Hausgebrauch aber dienten behaglichere Geister: van der Velde, Tromlitz und Clauren. Als willkommene Wochengabe wurde der anspruchslose »Hausfreund« gehalten, den der Breslauer Dichter Geisheim herausgab. Er war das literarische Ereignis, von dem wir Kinder am meisten erfuhren. Im Anfange stand ein Gedicht, das mehr bürgerlich als gewaltig war, dann eine Geschichte, die sich durch einige Nummern zog, dann moralische Betrachtungen über Menschenleben, welche als Hobelspäne aus der Werkstatt der Redaktion dargestellt wurden, und zuletzt die immer hochgeschätzten Rätsel. Diese kleinen Nüsse aufzuknacken war die regelmäßige Wochenfreude. Als ich in späteren Jahren zugleich mit 482 dem Herausgeber Mitglied des Breslauer Künstlervereins war und den Musen diente, konnte ich ihm manches Gedicht aufsagen, das der Alte in früheren Jahren aus dem Ärmel geschüttelt hatte. Einmal kam eine Nummer, deren Rätsel durchaus nicht aufzulösen war und deren Geschichte in den späteren Wochen nicht recht zu Ende geführt werden konnte, auch die Gedankenspäne darin waren wunderlich. Damals hatten Geisheims Freunde, Wilhelm Wackernagel und Hoffmann von Fallersleben ihm zu seinem Geburtstage den Schabernack gespielt, hinter seinem Rücken falsches Manuskript in die Druckerei zu schaffen, sie hatten auf gut Glück eine Geschichte angefangen und beliebige Sätze zum Rätsel zusammengereimt. Da der sorglose Dichter gewohnt war, die Korrektur durchaus seiner Druckerei zu überlassen, so sah er erst, als ihm die gedruckte Nummer ins Haus gebracht wurde, daß er dem Publikum für Unsinn verantwortlich wurde, und daß er für die nächste Woche Fortsetzung einer seltsamen Geschichte zu schreiben hatte und die Lösung eines sinnlosen Rätsels mitzuteilen. Doch wir in Kreuzburg erfuhren das nicht und lasen in gutem Vertrauen zu unserem kleinen Hausfreunde weiter.

Wie einfach war doch der ganze Haushalt, obgleich die Eltern, nach den Verhältnissen jener Zeit, in mäßigem Wohlstande lebten. Die Papiertapete galt für einen Luxus, den wir in keiner Wohnstube hatten, die Wände waren mit bunter Kalkfarbe blau, rosa, gelb getüncht, eine kleine gemalte Rosette an der Decke der »guten« Stube wurde sehr bewundert. Auch das Streichen der Fußböden war noch ungebräuchlich, und zur großen Beschwer der Familie und der Dienstmädchen blieb ein ewiges Scheuern der weißen Dielen notwendig; die Möbel standen gradlinig und einfach, kaum ein altes Stück in Rokoko darunter; zu Mittag nur ein Gericht, am Abend erhielten die Kinder selten ein Stück Fleisch, häufig Wassersuppe, welche die Mutter durch Wurzeln oder einen Milchzusatz anmutig machte. Wein wurde nur aufgesetzt, wenn ein lieber Besuch kam. Dabei wuchsen wir gesund und rotbäckig heran. Solche Einfachheit des Tageslebens war allgemein. Wenn die Herren einmal reichlicher Geld ausgaben, geschah es in der Weinstube, die der Vater sehr selten besuchte.

Es war ein Haushalt, wie es viele Tausende in Deutschland gab, und es waren Menschen darin, welche vielen Tausend anderen ihrer Zeit sehr ähnlich sahen. Es war auch ein Kinderleben, wie es in der Hauptsache allen Zeitgenossen verlief, deren Wachstum von liebenden Erziehern behütet wurde. Das heitere Licht, welches durch glückliche Häuslichkeit und durch die Zärtlichkeit guter Eltern über das ganze Dasein des Kindes verbreitet wurde, bewahrt der ältere Mann in der Erinnerung als das höchste Glück seiner Jugend, aber schildern läßt sich davon nur wenig. Die Menschen lebten redlich, pflichtvoll und warmherzig mit geringen Bedürfnissen und geringem Schmuck ihrer Tage. Die Poesie großer Dichter hatte wenig dazu geholfen, ihnen edle Gefühle in das Haus zu leiten, von guten Bildern, von antiker Kunst war ihnen vielleicht nichts bekannt, und von den tausend allerliebsten Erfindungen des modernen Kunstgewerbes war kaum etwas vorhanden, aber die Innigkeit des Empfindens, ja auch die Freude an dem mühevollen Dasein war nicht geringer als jetzt, und was vor allem den Wert des einzelnen Menschen bestimmt: die stille, heitere Hingabe an die Pflicht des Berufes und die treue Anhänglichkeit an den Staat waren wundervoll stark entwickelt. Das ganze Volk, Vornehme und Geringe, Große und Kleine, Arbeitgeber und Arbeitende, hatten im letzten Grunde dieselben Empfindungen, jedermann war patriotisch und jedermann war loyal. Freilich war solche Einmütigkeit die Folge unerhörter politischer Leiden, aus denen sich das Volk mit Anspannung der letzten Lebenskraft emporgerungen hatte. Die größte Not hatte den größten Segen hinterlassen. Möge der gute Geist unserer Nation verhüten, daß zu dem freundlichen Lächeln, mit welchem die Menschen des nächsten Geschlechtes auf das arme, enge Leben ihrer Großeltern zurückblicken werden, sich nicht auch eine geheime Sehnsucht nach Zuständen einer Vergangenheit mische, welche den Einzelnen so reichlich die höchsten Güter des Lebens zuteilte.

5. Das Gymnasium

Als ich fast dreizehn Jahr alt war, kam mein treuer Lehrer mit dem Vater überein, daß es Zeit sei, mich auf das Gymnasium zu geben. Der jüngere Bruder meines Vaters, Karl, welcher Direktor des Stadtgerichts zu Oels war, erklärte sich bereit, mich in sein Haus zu nehmen. Im Jahre 1829 zu Ostern brachten mich die Eltern nach Oels. In der Aufregung der letzten Woche und während der Reise war mir nicht deutlich geworden, was die Veränderung für mich bedeute, erst an dem Morgen, an welchem die Eltern heimfuhren, wurde das bange Wehgefühl zu lautem Schmerz, ich klammerte mich an sie und wollte sie nicht loslassen. Als der Wagen verschwunden war, schlich ich in meine Stube und war einige Tage elend, wie noch nie. Ich war allein.

Das Weh der Trennung im Herzen, sah ich längere Zeit gleichgültig auf die neue Umgebung. Und doch war alles größer und stattlicher als daheim. Vorab die Fürstenstadt Oels. Nach einem Brande zum großen Teil neu aufgebaut, war sie sauber und freundlich, darin ein schöner Ring, an dem der Oheim wohnte, der große stolze Bau des herzoglichen Schlosses mit seinen Söllern und Galerien und dem reichen Steinmetzwerk im Grün alter Bäume, mehrere Kirchen, das Gymnasium. Bei uns hatten die besten Häuser nur einen Oberstock gehabt, hier standen viele mit zweien. Sechs hohe Türme, auch ein viereckiger alter Mauerturm, dieser aber wohlerhalten mit vielen Fenstern und Zinnen, und auf dem Schloßplatz eine hohe Ehrensäule mit Bildhauerarbeit und einer goldenen Krone auf der Höhe.

Der Haushalt, in welchen der Knabe versetzt wurde, war dem des Vaterhauses, so unähnlich als möglich. Der Bruder des Vaters lebte unverheiratet, sein Hauswesen wurde von einer kränklichen alten

Wirtschafterin geführt. Er war ein gesundes kräftiges Kind gewesen, als ihn seine Wärterin auf den Boden fallen ließ, seitdem war allmählich sein Rückgrat verkrümmt. Er hatte ein großes faltiges Gesicht und kluge Augen, sein entstellter Leib wurde durch zwei lange Beine getragen. Die erste Zeit seines Staatsdienstes hatte er in den polnischen Landesteilen zugebracht, dort in der Einsamkeit und in unbehaglichen Verhältnissen ausschließlich zwischen seinen Akten und Büchern gelebt, und dies stille Wesen so lieb gewonnen, daß er es auch in der Heimat fortsetzte. – Er war fest, bestimmt und kurz entschlossen, ein tüchtiger Jurist, der wunderschnell arbeitete, nach wenigen Stunden Schlaf stand er früh bei der Arbeit seines Amtes, wenn ich im Winter kam, ihm den guten Morgen zu bieten, waren die Lichter auf dem Aktentisch bereits heruntergebrannt. Aber nur der Morgen gehörte dem Amte. Er besaß ein ungewöhnliches Sprachtalent und war ein Kenner fremder Literatur geworden, wie sie wohl selten sind, er las griechisch und lateinisch so geläufig, daß ihn viele unserer Philologen hätten beneiden können, sprach polnisch und etwas russisch, das er in der Jugend wie von selbst gelernt hatte, und trieb neben dem Englischen alle romanischen Sprachen. In seiner großen Bibliothek waren die Dichter und Historiker alter und neuer Zeit in schönen Ausgaben vorhanden, dort las er mit dem Stift in der Hand täglich mehrere Stunden bis in die Nacht hinein, fast immer stehend an seinem Pulte. Auch griechische und römische Altertümer studierte er wie ein Fachgelehrter. Böckhs Staatshaushalt der Athener und die neu erschienenen Werke von Otfried Müller, den er sehr hoch schätzte, sah ich zuerst in seiner Büchersammlung, von größeren Kupferwerken das Augusteum, welches gerade damals herauskam – die Vestalinnen zu Dresden habe ich zuerst aus den gelben Heften dieser Sammlung kennen gelernt. Seine Lieblingsdichter waren Aristophanes, Shakespeare und Calderon, welchen er in den vier Foliobänden

der Ausgabe von Keil besaß. Leider kam solcher Reichtum dem Neffen nicht zu Gute, denn der Oheim gab nicht viel auf Übersetzungen. Er arbeitete auch viel für sich mit der Feder, übersetzte und schrieb Abhandlungen über das Gelesene, aber er ließ nie etwas drucken, und seine Handschrift war so ungewöhnlich schwer zu lesen, daß das Geschriebene für andere kaum vorhanden war. Ich fürchte, daß mancher gute Gedanke, manche seine Bemerkung zumal über romanische Literatur, mit seinen Handschriften verloren gegangen ist.

Bei fester Einteilung der Tageszeit setzte er durch, noch jeden Tag eine Stunde den Blumen zu widmen, die er in einem Hausgarten pflegte und außerdem auf Gestellen eines sonnigen Zimmers, das als Wintergarten diente und sonst nur zur Mittagsmahlzeit benutzt wurde. Er verstand auch diese Pflege sehr gut, in anderer Weise als die Tante Pastor daheim. Diese zog die Blumen, wie ein Künstler in seiner Werkstatt ein Kunstwerk bildet, ohne Rücksicht auf das Umherstehende, der Oheim aber als Schmuck seiner Umgebung; in seinem Garten standen die schönsten Aurikeln und Sommerblumen in gefälliger Anordnung, und im Winterzimmer unter andern ein reicher Flor von Mesembrianthemum, das gerade modisch wurde, von Hyazinthen, Tazetten und Jonquillen. Der junge Neffe ahnte nicht, wie rührend das Leben dieses Einsiedlers war. Durch seine Mißgestalt ausgeschieden von Familienglück, fand er in der Geistesarbeit vergangener Zeiten und in dem, was die Blumenwelt, von schönen Formen entgegentrug, seine beste Befriedigung.

In diesem Leben war er ernst und schweigsam geworden, und der Gesang des Kanarienvogels, den er in seiner Arbeitsstube hielt, war der lauteste Ton, den man hörte. Nur einmal in der Woche ging er auf eine Stunde in die Weinstube, wo sich ein gelehrtes Kränzchen angesiedelt hatte, aber auch dort stand er zu keinem der Mitglieder in näherem Verhältnis, und ich kam zu der Vermutung, daß er sich sogar aus meinen Herren Lehrern nicht viel machte.

In diesem Hause wurde mir ein Dachstübchen gemietet, zu Mittag aß ich unter den Blumen allein mit dem Oheim, und oft wurde während des Essens kein Wort gesprochen. Zuweilen durfte ich den Oheim auf dem Spaziergange begleiten, er ging schnell mit großen Schritten die Feldwege entlang, ich trabte nebenher; auch dabei feierliches Schweigen, er dachte vielleicht an Calderon, ich war froh, wenn ein Hase lief oder eine Lerche aufstieg. Nie war mein Oheim unfreundlich, ja er versuchte zuweilen, sich mit mir zu beschäftigen, aber ich empfand, daß ihm das mühsam war. Solches Zusammenleben ohne innere Gemeinsamkeit wurde für den dreizehnjährigen Knaben, der durch die Hingabe der Eltern verwöhnt war, eine schwere Sache, jedenfalls war es noch schwerer für den Oheim, den Knaben in seinem Tagesleben zu ertragen, und ich denke mir, daß er seiner Brudertreue dadurch ein großes Opfer

brachte. Es war wohl auch zu spät für ihn, zu dem Kinde so herabzu-
steigen, daß dieses den Mut gewann, sich unbefangen gegen ihn auszusprechen. Nur zeitweise, und zumeist wenn ich einen dummen Streich
gemacht hatte, und der Oheim die Verpflichtung fühlte, das Treiben
des Knaben strenger zu beaufsichtigen, arbeitete ich in seinem Zimmer,
dann beharrten wir beide schweigend über den Büchern.

Alles war in dem stillen Haushalt weit reicher als daheim. Die Einrichtung der Zimmer, der Mittagstisch und sein Gerät, an den Wänden
Bilder und gute Kupferstiche, große Glasschränke mit schönen gebun-
denen Büchern. Es war ein feierlicher Aufenthalt, in dem vornehme
Geistergestalten aus alter und neuerer Zeit umgingen, aber für die warme
Empfindung eines Kinderherzens und für den geselligen Verkehr mit
anderen blieb nicht Raum, nicht Zeit, und ich vermute, daß dies abge-
schiedene Daheim auch auf mein späteres Leben nachgewirkt hat. Zu
sehr fehlte die Gewöhnung an die kleinen gesellschaftlichen Pflichten,
welche durch den Verkehr in gebildeten Familien dem heranwachsenden
Jünglinge zur anderen Natur werden; wählerisch und bis zu einem gewissen Grade willkürlich wurde auch die Beschäftigung mit den geistigen
Interessen. Der Knabe wurde gewöhnt allein für sich zu leben, seine
sanguinische Heiterkeit und das Bedürfnis, sich bei Gelegenheit aufzutun,
bewahrten ihn davor, in späteren Jahren ein Sonderling zu werden, der
arm an Freunden durch die Welt geht, aber es blieb ihm immer, auch
in Zeiten, wo er täglich mit guten Gesellen heiter verkehrte und die
Freude hatte, Geltung unter ihnen zu gewinnen, ein Bedürfnis, für sich
zu sein. Diese Selbständigkeit gereichte ihm manchmal zum Vorteil und
Schutz. Aber ihm blieb auch im geheimen ein Gefühl, daß er in der
frohen Gesellschaft ein Fremder sei, und ihm blieb die Gewöhnung, alles,
was ihn stärker bewegte, allein zu tragen, zuweilen mit der Überzeugung,
daß dies kein Glück sei.

Später habe ich mich gefragt, wie mein Verhältnis zum Oheim geworden wäre, wenn dieser die Zeit des Mannesalters an seinem Neffen erlebt
hätte. Und ich habe beklagt, daß mir in jenen Jahren so völlig die Fähigkeit fehlte, sein Vertrauen zu gewinnen und ihm selbst von Herzen lieb
zu werden. Wenn ich bedenke, wie lange er manchmal in stiller Betrachtung vor seinen Lieblingsblumen stand, und wie hell sein Auge leuchtete,
wenn er von einem Buche aufsah, so kann ich den Gedanken nicht los
werden, daß dieser ungewöhnliche Mensch nicht immer so enthaltsam
in seinem Fühlen und in so leidenschaftsloser Klarheit und Ruhe gelebt

hat. Was hatte ihm das pochende Herz in so feste Bande gelegt? Von seinem früheren Leben sprach er nie. Trug er im geheimen noch anderes Leid als die Trauer über die Mängel seiner Erscheinung? Aber was es auch war, ich denke er trug es wie ein Mann.

Bei meiner Vorprüfung für das Gymnasium schüttelte der Direktor Körner das Haupt über die Unregelmäßigkeit meiner Kenntnisse. Er preßte mir Tränen aus den Augen, weil er meiner Versicherung nicht glauben wollte, daß lateinische Stellen, die er vorlegte, mir bis dahin unbekannt gewesen waren. Aber er war ebenso erstaunt, daß ich von den Winkeln und Seiten eines Dreiecks gar nichts zu berichten wußte. So wurde ich für die Quarta bestimmt und saß dort ein halbes Jahr fremd und schüchtern unter Knaben, die meist jünger und kleiner waren. Von da stieg ich zu den unregelmäßigen griechischen Zeitwörtern der Tertia auf.

Das Lernen wurde mir leicht und Einzelnes trieb ich mit Freude, aber den regelmäßigen Fleiß, welcher dem Kinde durch frühen systematischen Schulunterricht angewöhnt wird, erwarb ich nicht, ich blieb auch im Lernen selbstwählerisch und eigenwillig. Langweilige Hefte, welche nur nach längeren Zeiträumen eingefordert wurden, verfertigte ich am liebsten dicht vor der Ablieferung in Nachtarbeit. So hatte ich immer Muße allerlei anderes zu treiben, was nicht immer förderlich war.

Ich hatte Geige und Noten mitgenommen und gehorchte eine Zeitlang dem Wunsche des Vaters, für mich fortzuüben, da aber die Anregung, welche das Hören von Musik gibt, gänzlich fehlte, und da die eigene Befähigung trotz der erlangten Fingerfertigkeit gering war, so blieb die Geige bald liegen. Dagegen kam die Lesewut. Aber nicht die gewählte Gesellschaft in der Bücherstube des Oheims fesselte zumeist, sondern die grauen Bände einer kleinen Leihbibliothek, Romane und abenteuerliche Geschichten. Ich las ohne Erbarmen gegen mich selbst und den Verleiher alles, was mir in die Hände kam. Glücklicherweise war damals diese volksmäßige Ware unschuldiger, als sie wohl jetzt ist. Die Ritter- und Räubergeschichten waren am reichlichsten vorhanden und ich verschlang mit Spieß und Kramer alle die öden Wiederholungen, welche nach gleichem Rezept gemacht sind. Dann kamen die alten Bekannten von der Velde und Tromlitz an die Reihe und viele andere.

Dort, in der dürftigen Herberge, welche die größten und die kläglichsten Geisteswerke gesellte, fiel mir zum ersten Male Walter Scott in die Hände. Die Fülle und heitere Sicherheit dieses großen Dichters nahmen

490

491

mich ganz gefangen, durch ihn lernte ich ahnen, was der Dichtkunst die Charaktere bedeuten; ich las alle seine Romane mit immer neuem Entzücken durch. Bald freilich wurde Cooper mit den ersten Indianer- und Seeromanen in der Seele des Knaben sein Rival, beide sind mir noch heut Hausfreunde geblieben, mit denen ich oft verkehre. Und ich habe ihrer freudigen epischen Kraft vieles zu danken.

In der Klasse sagten wir Gedichte nach eigner Wahl her. Zum Vortrage trat der Aufgerufene in den freien Raum vor den Bänken und es wurden ihm dabei einige Handbewegungen zugemutet. Das war für jeden eine schwere Aufgabe, und der Neuling mußte sich einigemal gefallen lassen, daß die andern ihn auslachten. Ich hatte zum ersten Debut Bürgers Entführung gewählt und ich glaubte ein gutes Werk zu tun, als ich das lange Gedicht auswendig lernte. Aber der Vortrag kam nicht bis zum Ende, denn als ich bedrückt und kläglich mit vorgestrecktem Arme begann: »Knapp, sattle mir mein Dänenroß«, lachte der strenge Konrektor Kiesewetter, daß er schütterte, und die Klasse folgte ihm darin willig nach. Das wurde mir eine Lehre, ich wählte später Kürzeres mit weniger aufregendem Anfang, bis ich endlich durchsetzte, meine Sache so wohl und übel zu machen wie die Übrigen. Aber die Poesie unserer großen Dichter? Allmählich, erst spät und ohne daß mir die Größe ihres Einflusses auf meine Bildung im Bewußtsein geblieben ist, kamen sie mir zu. Im ganzen ging es mir mit meiner Freude an der Poesie wie den meisten Menschen, welche in Empfänglichkeit und Verständnis fast ebenso fortschreiten wie die Nationen, zuerst fesselt vorzugsweise das Epische: Märchen und Geschichten, dann erwacht die sinnige Empfindung für das Lied und den Rhythmus, zuletzt im beginnenden Mannesalter das volle Verständnis für das Dramatische. Ich habe Schillers Dramen erst würdigen gelernt, als mir Shakespeare nicht mehr fremd war, die edle Schönheit der lyrischen Poesie Goethes aber gar erst als Mann.

Einige Halbjahre sind vergangen, der Knabe schießt in die Höhe, und wird hager, er hat das Selbstgefühl eines alten Tertianers und beginnt in angeborener Neigung zur Bastelei ein Nebengeschäft. Durch einen Kameraden, ein Mündel des Oheims, wird er in die Geheimnisse der Feuerwerkerei eingeweiht, er dreht Hülsen, stampft Pulver, verfertigt farbigen Satz, formt Leuchtkugeln und quetscht mit Pulver gefülltes Papier zu Fröschen zusammen, dann zieht er mit seinem Gesellen des Abends in einen abgelegenen Garten oder gar in das freie Feld und zündet die häusliche Arbeit an. Das geriet eine Weile recht wohl. In meiner Dachstube hatte ich mir eine kleine allerliebste Feuerwerkerei eingerichtet deren Gerät ich in meinem Koffer verwahrte und mit der ich meine Freistunden hoffnungsreich zubrachte. Nun war gerade etwas Großes im Werke, ich hatte viele Ellen Ludelfaden gefertigt und diesen in schwarzen Gewinden durch die Stube aufgehängt, damit er trockne. Da raunte mir ein Dämon zu, die Güte des Fadens an einem abgeschiedenen Stück zu erproben. Weh! er brannte nur zu gut, denn im Nu wurde die gesamte Zündschnur von der Flamme ergriffen, ein feuriger Strahl zuckte durch das Zimmer und dicker Pulverdampf umhüllte mich, ich stürzte zum Fenster um ihn hinaus zu lassen und dann zur Tür um mich selbst hinaus zu bringen. Der Dampf wirbelte ins Freie und auf die Treppe, die Leute, welche auf der Straße waren, schrien Feuer, der Hauswirt rannte entsetzt herzu. Als der Oheim nach Hause kam, wurde die Klage erhoben und der Missetäter erhielt eine wohlverdiente Strafpredigt und mußte geloben, dieser brotlosen Kunst sofort völlig zu entsagen. Der erste Zorn des Oheims war leichter zu ertragen, als die kalte Nichtachtung, die er dem Frevler durch einige Zeit zeigte.

Wieder einige Semester, ich bin in Sekunda, der schwierigen Klasse, welche noch nicht Prima ist und wo man lernt, daß die griechische Partikel ἀν mit dem Indikativ gebraucht wird, wenn das Gegenteil in der Wirklichkeit stattfindet. Ich habe einen Freund, der etwas älter ist und in warmer Neigung zu mir hält, oft sitzt er mir lange gegenüber ohne ein Wort zu sprechen fast wie der Ohm, er kommt mir aber zuweilen tyrannisch vor, weil er nicht leiden will, wenn ich mit anderen umherstreife. Mit ihm ziehe ich auf das Gut, das sein Vater in der Nähe gepachtet hatte, wir nehmen Gewehre und gehen auf die Jagd, er ein guter Schütze, ich bis dahin nur mit Pfeil und Bogen. Er lehrt mich die nötigen Griffe und wir kommen an ein kleines Wasser, er zeigt mir etwas, was ein wenig über die Oberfläche hervorragt, und sagt leise: »Schieß!« Das tue ich ganz nach seinem Wunsch, der Gegenstand ist verschwunden, ein gefälliger Hund, der uns begleitet, stürzt sich ins Wasser und bringt eine Ente mit abgeschossenem Kopf. Ich hoffe, daß es eine wilde war, doch bin ich, wegen der langen Zeit, welche seitdem vergangen ist, nicht sicher. Als ich das arme Geschöpf sah, dachte ich reuig an Matz. Dies ist der einzige Jagderfolg, den ich in meinem Leben aufzuweisen habe. Aber auch die Treffer an der Scheibe wurden mir nicht leicht.

Denn zu Oels hatte ich beim Unterricht gemerkt, daß ich sehr kurzsichtig war. Als ich das in den Ferien dem Vater klagte, riet er mir, mich doch ohne Brille durch die Welt zu schlagen, und erzählte mir von der Hilflosigkeit eines Theologen, der ihn einst am Morgen aus dem Bett angefleht hatte, ihm seine Brille zu suchen, damit er die Beinkleider finden könne. Dem Rat blieb ich folgsam, ich habe nur im Theater und vor Bildern die Gläser gebraucht. Die Beschwerden, welche dieser Mangel in größerer Gesellschaft bereitet, suchte ich zu überwinden und ging arglos an manchem vorüber, was einen schärferen Beobachter beunruhigen konnte. Die Freude an Blütenpracht und Schmuck der Kleider, an merkwürdigen Gesichtern und an Frauenschönheit, den strahlenden Blick, den holden Gruß aus der Ferne mußte ich oft entbehren, während sich andere daran freuten. Aber da die Seele sich behend in Mängel der Sinne einrichtet, so entwickelte sich schon früh in mir ein gutes Verständnis solcher Lebensäußerungen, die in meine Sehweite kamen und ein schnelles Ahnen von vielem, was mir nicht deutlich wurde; die geringere Zahl der Anschauungen gestattete, die empfangenen ruhiger und vielleicht inniger zu verarbeiten. Jedenfalls war der Verlust größer als der Gewinn. Darin aber hatte der Vater recht, meine Augen bewahrten durch das ganze Leben unverändert den scharfen Blick in der Nähe.

In dem letzten Jahre vor dem Tode des Oheims wurde ich des Alleinseins enthoben. Er nahm auch meinen Bruder, der auf das Gymnasium kam, in mein Zimmer und an seinen Tisch. Aber die Gegenwart des lieben Knaben änderte nichts in der Hausordnung, und für mich war der Stubenkamerad noch zu klein, um mein Vertrauter zu werden.

Das Allerbeste aber blieb, so lange ich die Schulmappe trug, die Heimkehr in das Vaterhaus. Sie wurde mir fünfmal im Jahre zu den Ferien vergönnt, ich denke, daß die Eltern sich nicht weniger danach sehnten, als das Kind. Doch war die Reise von neun Meilen bei damaligen Verhältnissen keine Kleinigkeit, sie dauerte einen ganzen Tag, der Weg war noch nicht Kunststraße, die Post fuhr sehr langsam, zum Teil in der Nacht. Deshalb ließ der Vater mich jedesmal durch ein gemietetes Fuhrwerk abholen und zurückbringen. Dies war ein großer Korbwagen mit grauer Plane, die über starke Faßreifen gespannt wurde; das Hineinkriechen war mühsam, die Luft darin erhielt durch den vereinigten Geruch von Heu und Pech ein Aroma, welches dem Knaben auf dem Wege zur Heimat recht anmutig war, das Strohbund des Sitzes wurde durch eine aufgelegte Pferdedecke vornehmer gemacht, man tat aber gut, sich in der Mitte zu halten. Bei trocknem Wetter trabten die Pferde und rasselte der Wagen in einer Staubwolke dahin, bei Regenwetter aber drang das Naß des Himmels unvermeidlich in das Gehäuse, worin der Reisende eingepuppt war, und alles Bemühen, die Tropfen von Wangen und Nase abzuleiten, blieb vergeblich. Dann verwandelte sich auch der Weg in Morast, die Löcher wurden gefährlich und der Insasse mußte sich an den Seiten festhalten, um das Gleichgewicht zu bewahren. Auf der Mitte des Weges in Namslau wurde bei Verwandten Mittag gemacht, erst am späten Abend fuhr der Wagen durch das Tor der Vaterstadt. Im Winter aber wurde bei hohem Schnee, der in meiner Heimat reichlicher fällt als im deutschen Westen, das Fortkommen schwierig, dann blieb das Gespann zuweilen in einer Schneewehe stecken, der Fuhrmann stieg ab, stapfte den Pferden eine Bahn und forderte von mir, daß ich ihm dabei helfen solle. In der Regel fuhr derselbe Ackerbürger, ein Pole, der jedoch im Laufe der Jahre dem Branntwein unterlag, überall einkehrte und schwer aus den Schenken fortzubringen war. Die letzte Fahrt mit ihm schuf Not. Ich war bereits ziemlich herangewachsen und hatte den Bruder bei mir, welcher kurz vorher auf das Gymnasium gekommen war. In der Luft war ein wildes Schneetreiben, der Weg durch hohen Schnee fast unfahrbar; der Fuhrmann war schon berauscht, als er uns am frühen Morgen abholte, und hatte nach einigen Meilen Fahrt sich in einen gefährlichen Zustand versetzt. Er hielt mit dem Wagen in einer Schneewehe still, zog ein polnisches Gesangbuch aus der Tasche und fing laut zu singen an. Da diese Frömmigkeit unter der Plane uns nicht 496 vorwärts brachte und gutes Zureden nichts half, ergriff ich endlich die Zügel und trieb die Pferde an. Dies aber gefiel ihm nicht, er geriet in Wut, zog ein großes Messer aus der Tasche und fuchtelte damit drohend gegen uns. Und ich erkannte in seinen Augen ein häßliches Licht, welches der Teufel anzündet, wenn ihm gelungen ist, sich im Hirn festzusetzen. Endlich glückte es, ihn durch freundliches Klopfen auf die Schulter und gutes Zureden so weit zu bringen, daß er wieder die Zügel ergriff. Doch derselbe Anfall mit Messerschwingen wiederholte sich einigemal, und es war Abend als wir in Namslau ankamen. Dort eilten wir zu den Verwandten und fuhren am nächsten Morgen in anderem Wagen nach Hause. Unser untreuer Fuhrmann, für den in der Herberge die nötige Vorsorge getroffen war, fand sich erst den zweiten Tag darauf ein, sehr reuig, er fiel nach polnischer Weise vor dem Vater auf die

Knie und erhielt auch Verzeihung. Aber das alte Bundesverhältnis hörte auf.

Ein halbes Jahr bevor ich in die Prima kam, starb mein Oheim nach kurzer Krankheit, während wir zu den Ferien daheim waren. Seine Bibliothek wurde versteigert, und ich zog mit dem Bruder in ein Bürgerhaus und erhielt die Verpflichtung, über den jüngeren Aufsicht zu üben. Ich hatte jetzt Freiheit genug, auch die Gesellschaft stellte sich ein, denn unsere Wohnung wurde ein Hauptquartier meiner Kameraden. Die Prima hatte wenig Schüler, aber diese hielten gut zusammen, sie bildeten eine kleine Verbindung, die nach Studentenbrauch an Mütze und Pfeifenquasten eigene Farben trug, soweit dies geschehen durfte ohne auffällig zu werden. Es war ein harmloses Spiel und ich vermute, daß die Lehrer es wohl bemerkten, aber darüber wegsahen. Familienverkehr fehlte mir auch jetzt, doch nahm ich Tanzstunden, welche in einem Privathause für einen kleinen Kreis eingerichtet wurden, und trat in zarte Beziehungen zu jungen Damen, welche dort für die Gesellschaft vorbereitet wurden. Indes kann ich nicht sagen, daß diese Stunden mich übermäßig in Anspruch nahmen, auch die Annäherung an höhere Weiblichkeit blieb für mich ohne Bedeutung und hörte mit den Tanzstunden auf.

In Prima verweilte ich drittehalb Jahr, zwei Jahre als Primus, ich wurde nicht meiner Verdienste wegen so früh zu dieser Würde befördert, sondern weil alle meine Vordermänner zur Universität abgegangen waren. In den letzten Jahren lernte ich tüchtig, der Direktor war mir gewogen und sah mir wohl auch manches nach, auf seinen Wunsch blieb ich ein halbes Jahr länger, als vielleicht nötig gewesen wäre, und ich habe nicht Ursache gehabt, dies zu bereuen.

6. Die Universität

Als ich zur Universität abging, schrieben die wackeren Lehrer Rühmliches über meinen griechischen und lateinischen Erwerb in das Schulzeugnis; sie waren, wie ich selbst, der Meinung, daß ich auf den gebahnten Wegen der klassischen Philologie fortgehen würde. Doch es kam anders.

An Ostern 1835 bezog ich die Universität Breslau. Der Übergang aus dem wohlgeordneten Unterricht des Gymnasiums zu einer Tätigkeit nach freier Wahl wurde mir nicht leicht. Gerade für die Hauptkollegien eines jungen Philologen, für die der Textkritik, vermochte ich unter Professor Schneider keine Wärme zu gewinnen, seine Vorlesung über Platos Republik erschien mir öde und langweilig, und ich habe die Kälte gegen Plato, diesen schönen Mann der griechischen Philosophie, niemals besiegen lernen. Bald wandelte ich auf Seitenwegen. Ambrosch begann gerade als junger Professor seine Vorlesungen über Privataltertümer und antike Kunst, ihn hörte ich gern und ihm verdanke ich nicht wenig. Zarte Gesundheit und vielleicht Unvollkommenheit der Schulung haben ihn verhindert, vor seinem frühen Tode eine bedeutende Tätigkeit als Gelehrter zu erweisen, aber er war ein lebhafter feinfühlender Mann der es verstand, die Zuhörer zu fesseln, und da ich von der Bibliothek des Oheims her allerlei Wissen und einige Anschauungen aus Kupferwerken mitbrachte, wurde mir bequem, an bekanntes anzuknüpfen. Der Lehrer Ambrosch wurde mir in späteren Jahren ein werter Freund.

Wichtiger noch wurde dem jungen Studenten eine andere Vorlesung, welche Hoffmann von Fallersleben als Privatissimum las, die Handschriftenkunde. Ich war der einzige Zuhörer und erhielt die Stunde in seiner Wohnung. Durch ihn wurde ich in das weite Gebiet der germanischen Altertümer eingeführt. Er hatte im Lesen alter Handschriften ehrenwerte Fertigkeit gewonnen, hatte an großen Bibliotheken zu Wien und in Belgien selbst fleißig abgeschrieben, und war bekannt als findig und als behender Herausgeber. War seine Kenntnis altdeutscher Grammatik und die Schärfe seiner Kritik auch nicht von erstem Range, er erwies sich doch auf dem ganzen Gebiete seiner Wissenschaft, die damals in ihrer Jugendblüte stand, wohlbewandert. Da ich den Vorteil hatte, daß er sich ausschließlich mit mir beschäftigte, so erwarb ich leidliche Gewandtheit im Lesen alter Urkunden, nachdem ich in der ersten Stunde hilflos vor den langgezogenen Buchstaben der Eingangsworte gesessen hatte; ich las zu Hause deutsche Handschriften des Mittelalters, die er mir lieh, und kopierte für ihn einige Stücke, unter denen mir die Reisen von St. Brandan in einer Berliner Handschrift noch erinnerlich sind. Da ich ihm durch die Besuche in seiner Wohnung vertraulich wurde, gönnte er mir zuweilen auch Bekanntschaft mit den Gedichten, die er gerade selbst gemacht hatte. Der Einblick in die Werkstatt eines echten Lyrikers war sehr lehrreich. Er las oder sang in herzlicher Freude, seine Augen glänzten und am Schluß suchte er mit einem fragenden »Nun?« nach dem Eindruck. Ich erkannte bald die Manier, nach welcher er eine warme Empfindung und kleine Vergleiche, die flatternden Seelchen seiner Lieder, in Worten und Versen zusammenband. Oft freute mich's, zuweilen schien mir der Gedanke der Mühe nicht wert. Jedenfalls veranlaßten mich solche Mitteilungen nicht zur Nachahmung seiner Töne und Weisen, ich hatte die Empfindung, daß seine Art zu schaffen nicht meiner Anlage entsprach.

Ich bin Fuchs, ich habe ein weibliches Ideal, für das ich schwärme. Es ist eine Professorentochter, die mir gegenüber wohnt, einziges Kind, eine Mutter ist nicht vorhanden. Sie erscheint mir engelschön, brünett, eine edle Gestalt; näheres vermag ich nicht zu erkennen, wegen des kurzen Gesichts. Ich sehe sie am Fenster sitzen, ein wenig vorgebeugt, sie liest oder arbeitet, zuweilen sehe ich sie auf dem Balkon stehen ganz in Schwarz, offenbar in Seide, und ich stelle mir vor, wie erhaben und liebenswert sie sein muß, wenn sie im Hause dem Vater gegenüber Tee bereitet oder in den Räumen ihrer stattlichen Wohnung Besuche empfängt. Auch ich sitze am Fenster und versuche heuchlerisch zu lesen, und ich sitze abends im Dunkeln und starre lange hinüber, zuweilen erblicke ich einen Schatten am erleuchteten Fenster, ich ahne, sie ist es, freilich konnte es auch der Vater sein. Ich weihe ihr begeistert unsichtbare Huldigungen, kaufe einen Veilchenstrauß und setze ihm im Glase auf den Tisch, ich gehe nachdenklich auf und ab und bilde mir ein, daß ich ihr vorgestellt werde, daß ich ihr sage, wie innig ich sie verehre, daß sie mir sagt, wie sie mir vor allen anderen Menschen vertrauen und mir ihr ganzes Schicksal mitteilen wolle, und über der Erzählung werden wir beide bewegt, sie legt ihr Haupt auf meine Schulter und ich wage, ihr das schwarze Haar zu küssen. Diese geheime Zärtlichkeit vermochte aber nicht über die Straße bis an ihr Herz zu dringen; das Flämmchen erlosch, weil ich meine Behausung wechseln mußte. Denn die Zahl meiner neuen Hemden wurde auffallend klein, und die Federdecke, welche mir die Mutter nur zu dick mit seinem Gänseflaum gefüllt hatte, wurde auffallend dünn; meine Wirtin schob das auf ein untreues Dienstmädchen, ich fühlte mich aber dadurch veranlaßt, in eine andere Wohnung zu ziehen.

Ich bin immer noch Fuchs und zwar bei den Borussen und singe von dem Ruhm der Farben, welche nachträglich die des Deutschen Reiches geworden sind; ich lerne an den Kneipabenden mit leidlichem Erfolg Dünnbier in »Gelehrten« und »Doktoren« trinken, und gewinne keinen Ruhm, wenn ich beim Hospiz mein Lied singe; ich besuche auch den Fechtboden, bleibe aber ein mittelmäßiger Schläger. In der Verbindung waren einige wüste Kumpane, mit denen wir anderen wenig verkehrten, und bald wurde uns das frische Burschenleben durch widerwärtigen Streit mit den übrigen Verbindungen und durch den Verruf, in den wir einander gegenseitig setzten, gestört; für mich war der Verlust nicht groß, ich hielt mit einzelnen fest zusammen, vorab mit früheren Pommern, welche aus Greifswald zugezogen waren. Diese waren sämtlich Mediziner, zuerst unser Senior Fischer, bei dem ich einige Nächte Krankenwache hielt, als ihm seine stattliche Nase abgeschlagen wurde, die wir durch kalte Umschläge veranlaßten wieder anzuwachsen, dann Danneil, Sohn des Gymnasialdirektors aus Salzwedel, ein lieber Gesell, der auch Verse machte, und etwas später Fritz Weber, der Dichter von »Dreizehn Linden«. Er hatte, als er zu uns kam, das lustige Studentenleben hinter sich und kam um zu lernen, er war reifer und männlicher als ich, und der Ruf seiner dichterischen Begabung war bei seinen Greifswalder Freunden bereits groß. Mir erschien er als Ideal eines Dichters, weit mehr als mein Professor, und ich sah mit großer Hochachtung auf ihn.

So lebte ich über ein Jahr dahin, trug verstohlen mein Korpsband und war auch nicht unfleißig, ich besuchte alle Vorlesungen von Ambrosch und Hoffmann, aber ohne festes Ziel, durch das Treiben in der Verbindung mehr aufgehalten als gefördert.

Da beschloß die akademische Jugend, nach längerer Zeit wieder einmal den großen Zobtenkommers zu begehen: feierlicher Auszug und Fahrt von vier Meilen nach der kleinen Stadt Zobten am Fuße des Berges, großer Kommers auf offenem Markte der Stadt, zuletzt Besteigen des Berges. Für diesen großen Zweck wurden die ärgerlichen Händel zwischen den Verbindungen während der Festzeit für nicht vorhanden erklärt. Die Präsiden des Kommerses wurden von den Verbindungen gestellt, auch ich war einer davon und trug das Festkostüm, einen unförmlich hohen Zweistutz mit Silberagraffe, welcher Stürmer hieß, beschnürtes Kollett, ungeheure Kanonenstiefeln, an der Seite den Glockenschläger. Ich schlug auf dem Markte von Zobten mit der Klinge gebietend auf die Tafel und sammelte, als der Landesvater gesungen wurde, die Studentenkappen auf dem Schläger, stieg auch nach dem Kommers unter Fackelschein in meinen großen Stiefeln den Zobtenberg hinauf – keine bequeme Arbeit –, trank oben mit anderen fröstelnden Helden in einer Mooshütte den Kaffee und sah verschlafen die Sonne über Schlesien aufgehen. Das wäre nun ganz in der Ordnung gewesen; aber als wir nach der Oderstadt zurückkehrten, wurde eine Untersuchung gegen die Leiter des Festes eröffnet, zuerst wegen gewisser Versäumnisse bei der Anmeldung, wobei auch ich mit dreitägigem Aufenthalt im Karzer bedacht wurde, dann aber wegen der Verbindungen selbst, welche, gesetzlich verboten, in Wirklichkeit geduldet wurden, bis sie sich wieder einmal zu übermütig rührten. Diesmal wurde gründlich aufgeräumt und fast sämtlichen Korpsburschen der Rat erteilt, die Universität zu verlassen. Danneil und ich blieben glücklicherweise von dieser Mahnung verschont, wahrscheinlich weil der Senat von unserer Unschädlichkeit überzeugt war. Dennoch hielten wir für ratsam, uns der allgemeinen Verstörung, welche über die Universität gekommen war, zu entheben. In der letzten Zeit war mir ein Berliner, Hollmann, ein hünenhafter, gescheiter Knabe, lieb geworden, er rühmte oft und innig sein großes Berlin, ich erbat und erhielt vom Vater die Erlaubnis, dorthin zu gehen.

Im Herbst 1836 kam ich nach Berlin. Mein großer Freund freute sich über mein Staunen und forderte Bewunderung für alles Neue und Prächtige, das er mir vorstellte. Er war gekränkt, weil ich den Breslauer Ring für schöner erklärte als den Gendarmenmarkt und nicht zugeben konnte, daß die Feldherrnstatuen um die Hauptwache viel großartiger wären, als unser Blücher auf dem Salzring. Er räumte mir sehr ungern ein, daß Breslau in Kirchen mehr leiste als sein Berlin mit der großen Domschachtel. Aber als er die breiten Straßen seiner Stadt vorzeigte, wurde er unwillig, wenn ich ihm verstockt entgegenhielt, daß sie aussehen wie ein weites schlotteriges Kleid an einem mageren Leibe, denn auf der Leipziger Straße konnte man 1836 bequem die Menschen zählen so weit das Auge reichte, das war bei den dichtgefüllten Gassen Breslaus doch unmöglich. Freilich gegen das Königsschloß, das Brandenburger Tor und das Museum konnte wieder ich nicht aufkommen, und als ich die Räume des Museums betrat, war er mit der Wirkung zufrieden und wunderte sich nur, daß ich an den Antiken, für die ich etwas mehr Kenntnisse und Verständnis mitbrachte, größeren Anteil nahm als an den Bildern.

Auch das Tagesleben der Stadt war mir fremdartig und unheimisch. Wir Schlesier sprachen behaglich und breit mit dem Vordermunde, die Berliner benutzten beim Sprechen energisch alles, was im Munde vorhanden ist, und außerdem, wenn sie hochmütig wurden, noch die Nase; wir daheim waren lässig und behäbig im Umgange und ertrugen mit gutherziger Höflichkeit Eigenheiten in Sprache und Benehmen der anderen, die Berliner faßten lauersam und spottlustig alles, was ihnen ungeschickt und lächerlich erschien, gaben scharfe Antwort und freuten sich des Angriffs. Wenn am Spätabend das Volk der Straßen aus den Schenken kam, hatten auch meine Schlesier gelärmt, und so oft zwei Haufen zusammenstießen, hatten sie einander reichlich Schimpfworte gegönnt und waren dann friedlich nach Hause gegangen. In Berlin gab es bei solchem Zusammenstoß nicht lange Beschwerden, sondern sogleich Hiebe und jeden Abend hörten wir aus unseren Stuben – wir wohnten auf dem Hackeschen Markt – den scharfen Lärm der Prügelei.

Mein Stubengenosse fand in Berlin einen Kreis alter Freunde noch 504 vom Gymnasium her, er hatte mir oft von ihnen erzählt, wahrscheinlich auch mich lobend gegen sie erwähnt, und als ich nun bei ihnen einge-führt wurde, kam mir ihre Weise der Unterhaltung, das unablässige Angreifen und Schrauben, und die schonungslose Kritik, mit welcher jede Äußerung des einen von den andern begutachtet wurde, höchst ungemütlich vor, und ich zweifelte, ob ich je mit ihnen auf einen guten Fuß kommen würde; ich saß verschüchtert und wortkarg und ich meine, daß auch ich entschieden mißfiel und daß Hollmann für sein Lob hinter meinem Rücken verspottet wurde denn der liebe Gesell war nachher gedrückt und bekümmert. Doch seine und meine Sorge erwies sich als unnütz. Es ergab sich bei kühlem Trunke zuerst einige Übereinstimmung in Hauptpunkten, worauf nachsichtige Anerkennung folgte, die sich bis zu achtungsvoller Freundlichkeit erwärmte, woraus endlich eine recht-schaffene deutsche Jugendfreundschaft erwuchs, die jene Jahre überdau-erte. Nur sehr wenige meiner Berliner können noch den Dank lesen, den ihr alter Gesell ihnen abstattet für hingebende Freundschaft und für den bleibenden Gewinn, den der Umgang mit ihnen seinem späteren Leben gebracht hat. Der älteste in unserem Kreise war Adalbert Kuhn, zugleich der, welcher am sichersten in seinen Schuhen stand und im Wissen am weitesten vorgedrungen war. Neben seinem Sanskrit las er auch Schriftwerke des deutschen Mittelalters, er sammelte schon damals eifrig die kleinen Überlieferungen unseres Volkes: Sagen, Märchen und Gebräuche und wußte diese in kühner Entschlossenheit mit den mythi-schen Vorstellungen seiner Inder in Verbindung zu setzen. Ihm war das Lehren eine herzliche Freude, er veranlaßte mich, vergleichende Grammatik bei Bopp anzunehmen, und bestand darauf, mir im Sanskrit selbst Unterricht zu geben. Aber wie scharf sich in seiner ganzen Erschei-nung auch der Lehrer und Philolog darstellte, er war zugleich der heiterste Genosse in unserem Kreise, eine innerlich frohe Natur, zuverlässig, von einer redlichen Offenheit, die immer wohltat. Und so oft wir in späteren Jahren zusammenkamen, hatte unser Verkehr den doppelten Reiz alter Kameradschaft und der Bundesgenossenschaft auf einem Teil des Gebietes, in welchem seine geistige Arbeit sich bewegte. Nur in einem Punkte konnte er mich so wenig als die andern zu seiner Ansicht bekehren. Er hatte schon als Student für sich die neue Rechtschreibung angenommen, und als im Jahr 1875 die Schulmeister und Babys den großen Sieg über die Schriftsteller und deutschen Leser davon trugen, da war mein alter Freund einer der eifrigsten Vorkämpfer der siegreichen Partei.

Ein weit anderer Kumpan war Julius Gerloff, schmuck, mit hübschen männlichen Zügen, noch ganz Student, ein prächtiger Kamerad, empfänglich für jeden Scherz und von unübertrefflicher Dauer an geselligen Abenden. Er besaß ein ungewöhnliches Geschick, auch größere Gesellschaften durch Spiele und Aufführungen zu unterhalten, und für solchen Hausgebrauch eine gefällige poetische Begabung, er war ein echtes Berliner Kind, vertraut mit allem, was damals die Stadt beschäftigte, er kannte jedermann, der irgend Ruf und Namen hatte, war bei dem Kampf der Damen Löwe und Faßmann, der Crelinger und Hagen mit ganzem Herzen beteiligt und wußte in sorgloser Laune über sich selbst und andere zu lachen. Was er aber vor vielen jungen Männern voraus hatte, die sich wie er an dem Berliner Treiben lebhaft beteiligten, das war seine ernste Freude an allem, was wirklich gut und groß war. In unserem Kreise, an dessen Mitgliedern er warmherzig hing, war er mit seiner Rührigkeit und Unternehmungslust die treibende Kraft. Ihm wurde später bei seiner Anlage und der Vielseitigkeit seiner Interessen der Übergang in das Amt nicht leicht, er verlor, nachdem ich Berlin bereits verlassen hatte, in einem Säbelduell ein Auge und litt lange an den Folgen des schweren Hiebes. Endlich übernahm er eine Stelle in der Verwaltung und endete schon im blühenden Mannesalter. Aber solange er lebte, blieb er mir ein eifriger und ehrlicher Freund. Und oft, wenn ich seither etwas Großes erlebt, oder auch, wenn ich mich eigener Erfolge gefreut habe, dachte ich seiner und sah seinen Schatten an meiner Seite.

Zu dem Kreise gehörten ferner junge Männer der Familien Cochius und Koppe, ihre Väter waren Landwirte auf großen Staatsgütern in verschiedenen Gegenden der Mark, jeder hatte einen Sohn auf der Universität und ältere und jüngere Söhne auf anderen Bildungsanstalten Berlins. Unter ihnen war der Jurist Bernhard Cochius der Politiker unserer Gesellschaft, welcher durch die Bestimmtheit seines Urteils und die Wucht seines Wesens über uns andere eine gewisse Herrschaft ausübte. Seine tüchtige Kraft ging zu früh verloren, er starb als junger Beamter. Unter den Brüdern Koppe stand der Jurist Moritz, der später auf den Wunsch seines Vaters zur Landwirtschaft überging, mir an Jahren und Zuneigung am nächsten, er war nach dem Ausspruch Gerloffs der beste von uns, immer wahr, pflichtgetreu, zuverlässig.

Was mir unter den neuen Bekannten zuerst gefiel, war das lebendige Interesse an Literatur und Poesie. Alle hatten gut gelesen und fanden nach deutscher Weise ein Vergnügen darin, das Schöne, was sie empfunden hatten, zu erörtern, ein neues Buch, die Aufführung eines großen Trauerspiels, Shakespeare, Schiller, Goethe wurden eifrig besprochen und die begeisterte Freude daran verschönte die einfachen Zimmer, die Gesichter, die Zinnkrüglein, aus denen wir gern tranken. Glücklicherweise, ohne daß wir einander durch eigene dichterische Versuche lästig fielen. Zwar waren einige von uns, Kuhn, Gerloff und ich, ganz bereit Verse zu machen, aber wir übten unsere Fertigkeit in anspruchsloser Weise, am liebsten an Geburtstagen der Freunde durch Festspiele, welche dann wohl aufgeführt wurden und deren Inhalt den Gefeierten nicht immer behaglich war. Als ich es doch unternahm, ein Trauerspiel anzufangen, das auf der Universität Prag unter Hus verlaufen sollte, verbarg ich das Werk sorgfältig vor den Augen meiner spottlustigen Freunde, und ich tat recht daran, denn es war eine unreife Schülerarbeit, die über eine Anzahl Szenen nicht hinauskam.

Aber auch in meiner Wissenschaft gewann ich eine ganz neue Erhebung; ich wurde Hörer von Karl Lachmann. Gleich als ich mich bei ihm meldete und einen Gruß von Hoffmann ausrichtete, gefiel er mir sehr, das seine Lächeln, mit dem er meine Reden anhörte, seine ruhige nachdrückliche Weise zu sprechen, der klare Blick seines Auges. Vollends in den Vorlesungen. Er war damals kein gesuchter Lehrer, und hatte nur ein kleines Auditorium, er bot auch nicht, was die Zuhörer im Anfange fesselt, glänzende Einleitungen und große Überblicke, er begann mit Einzelheiten und setzte willige Hingabe voraus. Aber was er gab: erklärende Tatsachen, kritische Bemerkungen zu einzelnen Stellen, das waren lautere Goldkörner, die er unablässig ausstreute. Es war alles so sicher, klar, eigenartig und neu, daß der Hörer die Empfindung erhielt, den Gewinn großer Arbeit des Lehrers zu erhalten, und sich nur beeilen mußte das viele Wertvolle einzuheimsen und nach Hause zu tragen.

507

Seine Vorlesungen über Catull, die Nibelungen und über Literaturgeschichte des Mittelalters wurden für mich Grundlagen meines bescheidenen Wissens. Die Vorlesungen, welche ich bei anderen Lehrern annahm, besuchte ich unregelmäßig, zuweilen aus Trägheit, dann aber
auch deshalb, weil meine Fähigkeit, Neues aufzunehmen, überhaupt nur
mäßig war. Noch jetzt bin ich der Meinung, daß zwei Stunden Lach-
mannscher Vorlesungen genügende Tagesarbeit für den Hörer waren.
Ich aber hatte außerdem noch eine große Zauberwelt von Dichterarbeit,
von Schauspielkunst und von kräftigen Bildern, die das Tagesleben mir
508 zuführte, zu verarbeiten.

Da die weite Entfernung Ferienreisen nach der Heimat untunlich
machte – es gab noch keine Eisenbahn –, gewann ich Zeit, mich in der
Mark umzusehen, und wurde bald Gast auf der Domäne Dreetz, wo
der Klan der Cochius seinen Stammsitz hatte, und regelmäßiger Gast
auf Amt Wollup, wo Koppe zwei große Staatsgüter beherrschte.

Einige von uns wandern zu Fuß nach Wollup. Es ist der erste Besuch.
Wir betreten den großen Hof, dessen Grundriß für einen Fremden nicht
alsbald verständlich ist, und treffen vor dem niedrigen Wohnhause sogleich auf den Amtsrat: mittlere Größe, faltiges Gesicht, das von Luft
und Sonne gerötet ist, buschige Brauen über den scharfen grauen Augen.
Er mustert die Kameraden seiner Söhne mit prüfendem Blicke, sein
Sohn Moritz nennt die Namen, er heißt uns willkommen und geht in
seinen Geschäften weiter. Wir werden in die Fremdenzimmer geführt
und suchen uns schnell in eine Verfassung zu setzen, welche dem
Wanderer im Staube des Lebens vor den Aufgaben edler Geselligkeit
geziemt. Mehrere von uns fällen ein sehr abfälliges Urteil über die
Halsbinde des einen, eines Schlesiers; Moritz hilft aus. Wir treten in ein
großes Eßzimmer: die Frau Amtsrätin, die Tante, vier Töchter. Wir
werden gütig begrüßt, schnell an den Frühstückstisch gesetzt und sind
bemüht durch aufrichtige Würdigung alles dessen, was vor uns sitzt
und steht, zu gefallen. Dann wandern wir mit den Töchtern des Hauses
durch den Garten. Emma frägt und unterhält, Julie schwärmt, Marianne
und Sophie, die jungen Gazellen, sprechen miteinander durch flüchtigen
Blick ohne Worte, und uns umkreist geschäftig ein guter Geist, welcher
wohlwollende Annäherung vermittelt, und dieser Geist ist Herr Pickwick.
Wir erkennen, daß wir uns in einem Reiche bewegen, in welchem Boz
als König herrscht, auch wir werden von den jungen Damen schelmisch
darauf angesehen, ob wir mit den Begleitern des lieben Herrn Pickwick

einige Ähnlichkeit haben. Aber wir haben keine andere als die, daß wir Sam Weller für die Krone aller Bedienten halten, wir fangen an uns behaglich zu fühlen und erweisen uns im ganzen als leidlich und menschlich.

Bald aber sind wir heimisch wie alte Bekannte, wir machen Vorschläge zu Gesellschaftsspielen und gemeinsamen Unternehmungen, wir besprechen und erfinden die Aufführung von Sprichwörtern, erweisen Gewandtheit, alle Kostümschwierigkeiten zu überwinden und treten in Verbindung mit dem Handwerker des Hofes, dem Böttcher, einem seltenen Charakter, welcher das Geschick hat, jede denkbare Hilfsarbeit zu leisten.

Allmählich umfängt uns die stille, unwiderstehliche Macht, welche auf wohlgeordnetem Gute die regelmäßige Arbeit, das Zusammenwirken des gebietenden Menschengeistes und der willig dienenden Natur ausübt, wir werden bekannt mit der Wirtschaft und mit den gescheiten Beamten, nicht lange und auch wir blicken mit Selbstgefühl auf den prachtvollen Stand der Feldfrüchte, auf die Füllen der Ackerpferde und auf die Werke der Molkerei, in welcher die Tante als Gebieterin waltet. Und auch wir werden stolz auf unseren Hausherrn und seine Herrschaft über Hof und Flur, und wir erhalten eine herzliche Achtung vor seiner ungewöhnlichen Männerkraft, die sich in Erfindung und Befehl, im Verkehr mit den Beamten und Arbeitern kund gibt; es kommt uns vor, als ob auch wir Anteil hätten an dem kurzen Lob, das er gelungener Arbeit zuteilt, und wir fühlen etwas von der Scheu und Ehrfurcht, mit welcher der ganze Hof zu ihm aufsieht.

Koppe war wohl der bedeutendste von den Landwirten, welche in der Nähe und unter dem Einfluß Thaers herausgekommen sind, und seine Größe beruht zum Teil darauf, daß seine vorwiegend praktische Natur auch Thaer gegenüber die Selbständigkeit bewahrte. Wenn man Vergängliches und Bleibendes in unserer Landwirtschaft abschätzen will, so kann man ihn als den deutschen Musterwirt der geldarmen Zeit bezeichnen, in welcher die Schwäche des Betriebskapitals allgemein, die Verbindung des einzelnen Gutes mit der Verkehrswelt noch umständlicher und weniger sicher war, und in der deshalb als Norm gelten mußte, das Landgut allmählich durch zweckmäßige Fruchtfolge und ein richtiges Verhältnis zwischen Viehstand und Fruchtbau in seiner Kraft zu steigern. Ihm war deshalb das Gut ein kunstvoller Organismus, welcher sich durch seine eigenen Erzeugnisse und richtiges Gleichgewicht der Teile zu erhalten und vorwärts zu bringen hatte. Welchen Wert jeder einzelne Betriebszweig für die Erträge des Gutes habe, suchte er durch sorgfältigste Buchführung festzustellen, deren Grundsätze er mit unablässiger Sorgfalt prüfte und besserte. Er war einer der ersten, welcher im Oderbruch eine Zuckerfabrik in großem Stil anlegte, und er würdigte die hohe Bedeutung des neuen Industriezweiges vollständig, aber diese wie alle anderen landwirtschaftlichen Fabrikanlagen sollten vor allem der Landwirtschaft des Gutes dienen, deshalb sollte die Menge der selbstgebauten Rüben nicht größer sein, als mit einer geordneten Fruchtfolge des Gutes verträglich war, und wenn er die kleinen Landwirte in seiner Nähe zum Rübenbau ermutigte, so stellte er auch ihnen als höchsten Grundsatz auf, daß nicht der zufällige Gewinn eines Jahres für sie die Hauptsache sein dürfe, sondern die Verbesserung des Bodens und die Steigerung des Ackerwertes für den gesamten Fruchtbau in fest geordneter Folge. Nur eine Blüte der Landwirtschaft sollten auf den dafür geeigneten Gütern diese Anlagen sein. Immer erschien ihm der Bau der Halmfrüchte als die eigentliche Grundlage der deutschen Landwirtschaft und jedes größeren Gutes.

Vieles Neue ist seitdem in die deutsche Wirtschaft gekommen. Neue befruchtende Stoffe werden jetzt von der Westküste Amerikas, aus unsern Bergwerken und chemischen Fabriken dem Landbau zugeführt; mit dem vergrößerten Wohlstand sind die Ansprüche, welche unsere Küche an das Fleisch der Nutztiere macht, gesteigert, und die Viehzucht hat eine andere Bedeutung und neue Richtungen gewonnen; vieles drängt zu Beschränkung der Produktion auf einzelne Zweige der Landwirtschaft, welche nach der Ortslage gerade vorteilhaft sind. Und doch hat, so scheint mir, seine Lehre in den Hauptsachen noch heute die höchste Berechtigung: die vorsichtige planvolle Steigerung der Bodenkraft, seine Hochschätzung der Brotfrüchte, seine Methode der Buchführung. Unser Getreidebau ist die letzte und sicherste Grundlage unserer politischen Kraft und Selbständigkeit. Und man darf an dieser Wahrheit nicht irre werden, wenn ihn auch noch durch einige Jahrzehnte die fremden Einfuhren gefährden.

Koppe war als Sohn eines kleinen Landmannes in seiner Jugend selbst hinter dem Pfluge hergegangen, hatte dann als Lehrer in Möglin eine einflußreiche Tätigkeit erwiesen, die größte aber, seit er die Pacht der beiden Staatsgüter Wollup und Kienitz übernommen hatte, dort wurde er das Musterbild eines Hofherrn und guten Lehrers, dem eine ganze

Schar von tüchtigen Landwirten: Söhne, Schwiegersöhne, zahlreiche Eleven ihre Bildung verdanken.

Als ich nach Wollup kam, war ein älterer Stamm seiner Schüler, die Peyer, Kühne, v. Sänger, bereits in selbständiger Tätigkeit, doch erfuhr ich genug von ihnen, um sie bei späterer Bekanntschaft nicht als Fremde zu betrachten, von ihnen wurde Sänger mir auch ein werter Parteigenosse in der Politik. Besonders anmutig war das Verhältnis, in welches sich der gefürchtete Gebieter des Hofes zu den akademischen Genossen seiner Söhne stellte. Er ließ sich unser unruhiges Treiben mit guter Laune gefallen, hörte die kecken Behauptungen nachsichtig an, lachte herzlich über unsere Gelegenheitsverse, in deren Vorführung wir nicht säumig waren, er gönnte uns anders geformten Gesellen auch menschlichen Anteil, und wo er in unseren Fragen ein Interesse an seiner Tätigkeit erkannte, war er stets bereit zu belehren. Ich aber begann in aller Stille sein Werk »Ackerbau und Viehzucht« zu lesen, gab mir Mühe, das Leben, welches mich so wohltuend umgab, zu verstehen, und betrachtete es immer als einen Gewinn, wenn ich ihn bei einem Gang in die Felder oder bei einer Fahrt begleiten durfte, denn jedesmal brachte auch ich dabei eine kleine Ernte zurück, ich erkannte die Größe seiner Gesichtspunkte, die Klarheit und Sicherheit seines Urteils auch auf anderen Gebieten, als in seiner Landwirtschaft, überall war er ein starker und fester Mann in der vollen Kraft eines planvollen Schaffens. Bald hing ich mit herzlicher Verehrung an ihm und er wußte das wohl auch.

Es kam die Zeit, wo meine Doktorschrift erwogen werden mußte. Mit der Unbefangenheit eines Neulings wählte ich eine schwierige und umfangreiche Aufgabe, die sich in Form einer Dissertation kaum behandeln ließ: über die Anfänge der dramatischen Poesie bei den Deutschen. In der Geschichte unserer Literatur war damals wenig darüber zu finden, die Forschung war hier auffällig zurückgeblieben, auch von den handschriftlichen Überlieferungen mittelalterlicher Dramen war noch sehr wenig veröffentlicht. Doch gelang es, nach dem, was mir zugänglich wurde, wenigstens in einigen Punkten das Richtige zu treffen, und eine Art Bild zu geben von der Verbindung der alten geistlichen Schaustellungen in der Kirche mit uralten dramatischen Aufführungen des Volkes, welche zum Teil noch aus der Heidenzeit stammten. Lachmann, damals Dekan, war mit der lateinischen Arbeit leidlich zufrieden, die Schrift wurde nach dem Druck auch von anderen einige Zeit bei größeren

Werken benutzt, bis sie allmählich durch die fortschreitende Einzelforschung überholt ward. Meine mündliche Doktorprüfung fiel nicht gerade

glänzend aus, in der Philosophie war ich unter Trendelenburg in dem Gegensatz zwischen Denken und Sein stecken geblieben, – mit der Philosophie Hegels habe ich mich erst als Privatdozent ernsthaft beschäftigt – und von Ranke hielt mich seine Geschichte der römischen Päpste fern, das gefeierte Werk jener Jahre, in welchem seine Methode, die Charaktere so darzustellen, wie sie etwa einem vornehmen Italiener aus der Zeit Macchiavells erschienen wären, meiner teutonischen Empfindung wehe tat, weil sie mir die Wahrheit der Schilderungen zu beeinträchtigen schien. Und ich gewann bei der Prüfung nur gerade das Lob, welches

erforderlich war, um zu den Ehren eines Doktors befördert zu werden.

7. Jahre der Vorbereitung

So war ich wieder daheim mit der akademischen Handhabe vor dem Namen, wohlgemut und hoffnungsvoll, ich hatte mich in der Fremde behauptet, eine Anzahl tüchtiger Menschen liebgewonnen und von ihnen Freundliches erfahren. Ich saß unter den Hortensien der Mutter und strich leise an das lockige Haupthaar des Vaters, welches dünner und weißer geworden war, ich wußte viel zu erzählen und war nicht sparsam im Austeilen meiner Dissertation. Ich nahm meine Bücher und Hefte vor, konnte mich aber nicht enthalten, dazwischen ein zweites Schauspiel, das ich in der letzten Zeit in Berlin ausgedacht hatte, zu beenden und sauber abzuschreiben, es hieß »Die Sühne der Falkensteiner«, Zeit: Mittelalter, darin zwei feindliche Familien, deren Zwist durch Liebe ausgeglichen wird – keine unerhörte Idee – etwas von dem Inhalt hatte ich in einem Prosastück des Wackernagelschen Lesebuches gefunden, Lieblingsfigur wurde ein Spielmann Hahnekamm, die Sprache lief in Prosa, der Inhalt war übermäßig gefühlvoll, mit sehr langen Dialogen, ohne dramatisches Geschick und noch ohne gute Zeitfarbe, das Ganze nichts als ein anspruchsvolles Ritterstück, völlig unbrauchbar. Obgleich ich es mit vielem Behagen beendigt hatte, fiel mir doch nicht ein, dafür bei den Bühnen um Zutritt zu werben, es war für mich abgetan, und wird hier nur deshalb erwähnt, weil es erwies, daß die Seele mit zweiundzwanzig Jahren, trotz der Berliner Beschäftigung mit Shakespeare und dem Theater, noch ganz in epische Fäden eingesponnen war.

Nachdem ich den Winter still zu Hause gearbeitet hatte, faßte ich den Entschluß, mich als Privatdozent für deutsche Sprache und Literatur an der Universität Breslau zu habilitieren. Der Vater war damit einverstanden. Er hatte ein viel besseres Vertrauen zu mir und meiner Kraft, als ich nach meinem Können verdiente, er ist auch darin nie irre geworden, und es war mir nach seinem Tode eine Stunde innerer Bewegung, als ich fand, wie sorglich er alle meine gelegentlichen Reime, die ihm zugegangen waren, und alles, was ich bis dahin sonst geschrieben, sich aufbewahrt hatte.

Im Jahre 1833 ging ich nach Breslau und sprach zuerst über meinen Plan mit Hoffmann, welcher ihn durchaus billigte. Es war damals noch erlaubt, ein Jahr nach der Doktorprüfung Dozent zu werden. Jedenfalls war dies für mich zu früh, mein Können glich, wenn der stolze Vergleich erlaubt ist, einem umfangreichen Bau, für den der Grund gegraben, hier und da eine Mauer aufgerichtet ist, aber es war noch kein Teil so unter Dach, daß ich in ihm einen sichern Hörsaal für akademische Schüler aufschlagen konnte. Ich war überhaupt keine Natur, welche frühreif und mit festgeschlossener Kraft in geradliniger Tüchtigkeit fortschreitet, ich habe erst als Lehrer und noch später das meiste von dem erworben, was mancher andere beim Eintritt in seinen Beruf bereits gesammelt hat. Doch solche verständige Einsicht brachte erst die Zeit.

Zur Bewerbung um das akademische Lehramt schrieb ich eine lateinische Abhandlung über die Dichterin Hrosvith. Diese Gandersheimer Nonne aus der Zeit der sächsischen Kaiser hatte mich schon in Berlin beschäftigt, die merkwürdigen Komödien, welche sie neben ihren epischen Gedichten verfaßte, um der Hetärenwirtschaft in den Lustspielen des Terenz Beispiele von weiblicher Enthaltsamkeit und von Verachtung irdischer Liebe entgegen zu stellen, sind für uns sehr belehrend. Denn aus ihnen ist zu erkennen, wie unmöglich es den Deutschen vor tausend Jahren war, dramatisch zu schreiben, und daneben wie ein talentvoller Blaustrumpf in jener Zeit fühlte und sich gebärdete.

Als ich die hoffnungsreiche Stellung eines Privatdozenten gewann, war ich fast dreiundzwanzig Jahre, und es wurde für mich hohe Zeit, meiner Militärpflicht zu genügen. Nun wäre klüger gewesen, wenn ich mich erst nach meinem Dienstjahre habilitiert hätte, ich aber wollte vor allem andern die Sorgen für meinen künftigen Beruf hinter mir haben. Durch meine Laufbahn hatte ich die Berechtigung zum einjährigen Dienst erhalten, und im Frühjahr 1833 hatte ich mich auch für das elfte

Regiment bei Oberstleutnant v. Hobe, den ich zufällig kannte, zum Eintritt gemeldet und gebeten, mir Aufschub bis zum Herbst zu bewilligen, was man mir zuvorkommend gestattete. Da fand ich kurz nach meinem Geburtstag in der Zeitung eine Aufforderung, durch welche alle aus meinem Geburtsjahr, welche ihrer Militärpflicht noch nicht genügt hatten, dringlich ersucht wurden, sich bei der Polizei zu melden. Ei, dachte ich, jetzt nur nichts versäumt! Ich eilte auf die Polizei und meldete mich. Ich war verwundert, daß der Beamte mich mürrisch und mißtrauisch ansah, als er mich in die Liste zeichnete. Einige Wochen darauf erhielt ich den Befehl, mich vor der Ersatzkommission zu stellen. Dort fand ich mich in einer keineswegs gewählten Gesellschaft. Ein alter mißvergnügter General erschien, behandelte mich, trotz meiner Auseinandersetzung, als säumigen Kantonisten, und erklärte, daß ich bereits älter als 23 Jahre sei und mein Recht auf einjährigen Dienst verloren habe, der Arzt habe mich zu untersuchen. Ich war schnell aufgeschossen, damals schmal und kränklich, also versuchsweise einzustellen, die Stiefeln aus, unter das Maß, die Fahne wurde herangetragen und ich als Gemeiner für drei Jahre in Eid und Pflicht genommen. Als Erinnerung an den wunderlichen Tag unter dem wilden Völklein blieb mir ein Gedicht »Der Nachtjäger«, das ich während des langweiligen Wartens in wetterschwüler Stimmung niederschrieb. Da ich kurz darauf in den Ferien nach Kreuzburg kam, machte der Vater, mehr bekümmert als ich, unter Darlegung des Sachverhältnisses die Eingabe an den König, welche mir

das Recht des einjährigen Dienstes wiederschaffen sollte. Unterdes erkrankte ich ernsthaft an einem gastrischen Fieber, – es war keine leichte Krankheit, ich mochte mich überarbeitet haben – und ich lag fest als der Termin kam, wo ich mich zum Eintritt in Breslau stellen sollte. Der Vater zeigte der Ersatzkommission an, weshalb ich verhindert war, am Tage einzutreffen, und legte ein Zeugnis des Kreisphysikus bei, aber umgehend erging der Bescheid an den Landrat, ich sollte sofort per Schub zum Regiment geschafft werden. Das war verzweifelt gesetzlich. Ich wurde einige Tage darauf eingepackt, fuhr nach Breslau und meldete mich bei dem zehnten Regiment, dessen sechster Kompagnie ich zugeteilt war, der Major sandte mich mit wohlwollendem Bedauern in meine Wohnung zurück. Dort behandelte mich der Regimentsarzt, bis ich dienstfähig wurde. Darauf wurde ich auf dem Bürgerwerder mit zwei anderen Rekruten, die ebenfalls zurückgeblieben waren, gedrillt. Bald traf auch von Berlin die Order ein, welche die Schnur auf den Achselklappen bewilligte, doch blieb ich auf Zureden des Majors bei der Kompagnie, deren einziger Freiwilliger ich war. Die Sache ließ sich nicht übel an, die Unteroffiziere taten mir das Mögliche zu Gefallen, und ich gewann reichlich Gelegenheit, das Kleinleben der Kaserne kennen zu lernen, ich erhielt eine Ahnung davon, was der Murr dem Musketier bedeute, ich chargierte und sprang im Bajonettfechten jedem Feinde verderblich umher, und merkte, daß diese Turnübung für mich von dauerndem Nutzen sein könne. Nur der Hauptmann, ein alter Knabe, der seit dem Jahre 1813 ohne gute Aussichten für sich in Dienst stand und als Bärbeiß übel beleumundet war, blieb schwierig. Ich nahm auch meine akademischen Vorlesungen auf und habe zuweilen, wenn ich gerade aus der Kaserne kam, in der Kommißjacke das Katheder besteigen müssen, was bei ernsten Professoren Anstoß erregte. Aber das geschäftige Leben zwischen Kaserne und Universität fand im Winter ein unerwartetes Ende. Ich hatte die Krankheit vom Herbst noch nicht überwunden, das Exerzieren in dem dünnen Anzug, wie er damals war, und wie ihn der Hauptmann befahl, zog mir Erkältungen zu, ich legte mich ein und begann ein wenig zu phantasieren. Als der Arzt meine Erkrankung dem Hauptmann anzeigte, befahl dieser, mich aus meiner Wohnung in das Lazarett zu schaffen, da er wohl wisse, daß ich mich nur verstelle. Das war nicht wahr. Ich wurde in eine Krankenstube gebracht, welche mit Kranken so angefüllt war, daß der Dunst und die Umgebung auch einen Gesunden krank gemacht hätten. Ich verfiel einem hitzigen Nervenfieber, der Arzt, selbst betroffen, ließ mich auf ein anderes Zimmer bringen, in dem ich einige Wochen hinbrachte. Jede Erinnerung an diese Zeit ist mir geschwunden. Sobald ich die Übersiedelung vertrug, wurde ich auf Befehl des Majors wieder nach meiner Wohnung befördert, dort blieb ich noch einige Wochen als Revierkranker, bis ich als Armeereservist entlassen wurde.

518

Das war mein Soldatendienst. Ich hatte mich, wahrlich in guter Meinung, ungeschickt verhalten und mir selbst die Hauptschuld zuzuschreiben. Aber mein altes Preußen hatte mich auch nicht mit Sammetpfötchen angefaßt. Der Vater fühlte die Kränkung schmerzlich, er hatte ein langes Leben der Pflicht gegen den Staat hingegeben, und vorab tat ihm, dem Bürgermeister, jene verlangte Beförderung durch Schub weh. Einmal kamen die Worte über seine Lippen: »Wäre es der Sohn eines vornehmen Mannes gewesen, sie hätten ihn nicht so behandelt«. – Wir aber wollen bürgerliches Wesen zu Ehren bringen.

In Pflege der Mutter gewann ich die Spannkraft und den Übermut der Jugend zurück und konnte meine Vorlesungen für das Sommerhalbjahr wieder beginnen. Ich hatte aber in dieser Zeit, wo ich viel allein war, noch eine kleine geheime Tätigkeit begonnen, ich machte Gedichte, nicht nur für andere, sondern auch für mich.

Daß mir, einem Schlesier, das Versemachen nicht schwer wurde, ist fast vorauszusetzen, denn seit der Zeit der schlesischen Dichterschulen waren in meinem Heimatlande Gelegenheitsgedichte die unentbehrliche Beigabe eines jeden Familienfestes, und wer dergleichen nicht selbst verfertigte, erhielt das Wünschenswerte um ein Geringes von stets bereitwilligen Versifexen. – Auch ich besorgte, seit ich in den oberen Klassen des Gymnasiums war, den gelegentlichen Hausbedarf der Familie und guter Freunde in Reimereien, die in Ton und Stil waren, wie die anderer auch. Dergleichen Gewöhnung an Schulmeisterverse und gereimte Prosa war innigem lyrischem Schaffen gar nicht günstig, weil die Seele sich an das vorschnelle und phrasenhafte Ausgeben gewöhnte. Auch in Breslau fand ich überreiche Gelegenheit zu solch anspruchslosem Machwerk, denn an Festen fehlte es nicht. Ich war Mitglied des Künstlervereins geworden, einer harmlosen Genossenschaft von Dichtern, Musikern und bildenden Künstlern der Stadt, welche keine Gelegenheit versäumte, bei Jahresfesten und Zweckessen durch Lyrik gefällig zu werden. Die schnell zusammengeschriebenen Verse wurden dann ebenso schnell von den Musikern komponiert, und von einer guten Liedertafel, welche Mosewius leitete, gesungen. Die Verse waren meist des Aufhebens nicht wert, doch wenn mich die Erinnerung nicht trügt, befanden sich unter den verklungenen Kompositionen anmutige Melodien, die wohl mehr Berechtigung hatten, als manche raffinierte Komposition des modernen Männergesanges. War aber auch nicht bedeutend, was wir machten, die Gesellschaft war, wenn es gesungen wurde, seelenvergnügt.

Vorsteher des Künstlervereins war Professor August Kahlert, unser Ästhetiker, der eine gute musikalische Bildung und Kenntnis der deutschen Literatur des achtzehnten Jahrhunderts besaß, ein ehrenhafter, zuverlässiger Mann, auf schlesischem Boden erwachsen und vorzugsweise den Kunstinteressen der Landschaft hingegeben. Unter den Mitgliedern wurde ein lustiger Kauz, August Geyder, Dozent in der juristischen Fakultät, mir in seiner Weise freundlich zugetan, er war unerschöpflich in drolligen Einfällen und Geschichten, die Freude alter Herren, welche ein Glas Ungarwein schätzten, der allerbeste König, den die Narrenwelt

77

sich wünschen konnte. Leider wurde der arme Gesell das Opfer seines Amtes, er verlor allmählich die Freude an ernster Arbeit.

Hoffmann von Fallersleben gehörte dazu, damals noch an der Universität, ein Dichter von Gesellschaftsliedern, wie es in unseren Jahren kaum einen zweiten gegeben hat, in dem Verein der wirkungsvolle Vorsitzende bei Schillerfesten und andern Männergelagen. Seine hohe Gestalt, die starke Stimme, die Mischung von Volksmäßigem und Lehrhaftem in seinen Liedern, die klangvollen Doppelreime in den gereimten Trinksprüchen, und nicht zuletzt seine feste norddeutsche Ausdauer machten ihn zum unübertrefflichen Leiter der heiteren Geselligkeit. Die Freude an diesen Erfolgen und die Gewöhnung, ein Mittelpunkt froher Brüder zu sein, wurden ihm allmählich zum Nachteil. Im Jahre 1842 erschien der zweite Teil seiner unpolitischen Lieder, welcher für seine Stellung an der Universität verhängnisvoll wurde. Schon seit Erscheinen des ersten Teils hatten ehrliche Freunde mit Bedauern gesehen, daß der Beifall, welchen die spöttischen Verse erhielten, ihn allzusehr befing, und daß das Bedürfnis, politische Hiebe auszuteilen, stark in einer Seele wirtschaftete, die gar nicht auf unbefangene Würdigung der wirklichen Verhältnisse angelegt war. Für Deutschland war freilich die Zeit gekommen, wo die Unzufriedenheit mit dem Bestehenden überall in der Lyrik austönte. Was ich über die Persönlichkeit einiger Dichter erfuhr, trug nicht dazu bei, mich für diese Richtung der lyrischen Poesie zu erwärmen, welche von dem Schaffenden eine ungewöhnliche Größe des Urteils oder die Wucht heißer Leidenschaft fordern muß, wenn sie nicht unwahr und phrasenhaft werden soll.

Die übrigen Mitglieder des Vereins lebten fast sämtlich in kleinen Verhältnissen mit mäßigem Talent, dessen Grenzen man leicht übersehen konnte, und nur wenigen ward vergönnt, dauernde Erinnerung an ihre Tätigkeit zu hinterlassen. Aber sie waren echte Schlesier, gutherzig, leichtlebig und in der Mehrzahl anspruchslos, etwa mit Ausnahme der Musiker, unter denen einzelne Anwandlungen von übler Laune hatten, auch diese nur bis zum dritten Glase; und man konnte sich in der Gesellschaft ganz wohl fühlen. Allerdings wurde die poetische Kunst Breslaus nicht durch sie allein vertreten, es gab außerdem noch einen Kreis ästhetisch regsamer Männer in Amt und Würden, deren Kritik und eigene Versuche anspruchsvoller waren; dieser sammelte sich um die Professoren Braniß und Suckow, zu ihm stand ich in keinem näheren Verhältnis. Dort war mehr von Tieckscher Novelle, bei meinen bescheidenen Freunden mehr von Johann Christian Günther und von des Knaben Wunderhorn.

Auch ich erwarb bald einen hübschen kleinen Ruf als Günstling der Musen.

Dennoch war ich kein lyrischer Dichter. Wenn mich etwas wirklich bewegte, so tönten in mir der Stimmung entsprechend stundenlang Worte und Noten irgend eines alten Volksliedes, und ich hatte nur selten das Herzensbedürfnis dafür eigenen Ausdruck zu finden. Einen Anfall von lyrischem Eifer hatte ich schon nach meiner Heimkehr von Berlin gehabt, als die Entlassung der sieben Göttinger Professoren die Deutschen aufregte, aus dieser Zeit stammt das gedruckte Gedicht »Die Wellen« und ein längeres »Die Krone«. Aber aus früher und aus späterer Zeit ist kaum etwas Singbares geblieben. Was mich zur Darstellung lockte, war fast immer eine Situation, in der ich eine andere Persönlichkeit empfand, die poetische Erzählung. Dieser Drang, kleine epische Stoffe lyrisch zu behandeln, pflegt auch bei großen Dichtern in einer gewissen Zeit ihres Lebens zu kommen und wieder zu vergehen, so bei Goethe, Schiller, Uhland. Jetzt kam mir die Zeit, in der ich vorzugsweise gern gereimte Geschichten verfertigte, es war die erste selbständige Lebensäußerung meiner Poesie. Eines dieser Stücke, den »polnischen Bettler« sandte ich dem Musenalmanach von Echtermayer und Ruge. Daß es Aufnahme fand und einen artigen Brief Ruges zur Folge hatte, wurde in späteren Jahren die Einleitung zu einem persönlichen Verhältnis mit dem Herausgeber. Ruge hatte angenommen, daß die Klage des Polen aus politischer Wärme für Polen eingegeben sei, die leider damals Modekrankheit des Liberalismus war. Er kannte mich nicht, sonst hätte er das Gegenteil herauslesen können.

Für die epischen Bilder richtete ich mir den Nibelungenvers zu, ein Maß, auf das ich noch jetzt viel halte, weil es bei geschicktem Gebrauch, welcher die Einförmigkeit des Taktes zu vermeiden weiß, jeder Stimmung der Seele lebhaften Ausdruck gibt.

Bald sollten mir nicht nur die eigenen Gedichte zu schaffen machen, auch die anderer. Denn da ich an der Universität zuweilen über neuere Dichtkunst las und in der Stadt einen Ruf als Versemacher gewonnen hatte, so kamen Abgeordnete der Studentenschaft zu mir und ersuchten mich, die Redaktion eines Musenalmanachs für das Jahr 1843 zu übernehmen, zu welchem Studierende die Gedichte liefern sollten. Mit trüben Ahnungen willigte ich ein, erhielt überreichlich Beiträge, sowie genaue

Kenntnis von der Beschaffenheit junger lyrischer Gemüter, hatte viele unnütze Mühe und erreichte nichts weiter, als daß meine stolzen Knaben die Freude hatten, ihre Verse gedruckt zu kaufen. Mir aber blieb seit der Zeit ein tiefer Groll gegen alle lyrischen Zusendungen, denen die Bitte um ein Urteil beigefügt war.

Ein Druck meiner Gedichte erschien 1845 unter dem Titel »In Breslau«. Da die Sammlung doch einmal der Öffentlichkeit übergeben, auch einzelnes daraus an anderen Stellen abgedruckt ist, und da sie als Jugendwerk des Autors zuweilen erwähnt wird, so muß sie auch in einer Sammlung meiner Werke Aufnahme erbitten. Von den Reimen, welche einst fröhlicher Geselligkeit dienten, ist nur wenig aufgenommen, dazu einiges Gelegentliche späterer Zeit. Das Mitgeteilte wird reichlich genügen.

Aber zwischen diese kleinen Versuche fiel die Ausführung einer größeren Arbeit. Aus Fuggers Ehrenspiegel des Hauses Österreich hatte ich die Werbung des Erzherzogs Maximilian um Maria von Burgund aufgenommen. Die bereits poetisch zugerichtete Erzählung gefiel mir so, daß ich ein Lustspiel daraus ersann. Das Stück wurde 1841 im Sommer zu Breslau geschrieben mit großer Wärme und Freude und sehr ungenügender Kenntnis der Bühne. Wer das Jugendstück jetzt mit nachsichtigem Wohlwollen betrachtet, der wird vielleicht finden, daß in dem Bau der einzelnen Hauptszenen die Empfindung für das Wirksame nicht fehlt, daß aber im ganzen die Umschaffung des epischen Stoffes in das Dramatische unvollständig ist, und daß die Umrisse der Charaktere noch am meisten eine Begabung des Verfassers erkennen lassen. Bei ihnen wird die jugendliche Unbeholfenheit durch das Behagen und gute Laune in dem Detail verdeckt.

Das Stück war gerade fertig, als mir in der Zeitung eine Bekanntmachung der Hoftheater-Intendanz zu Berlin in die Hände fiel, worin diese einen Preis für ein Lustspiel höheren Stils aus der Gegenwart ausschrieb. Es war am Ende des Jahres, kurz vor dem Schlußtage der Ablieferung. Ich dachte, wie junge Autoren in solchem Fall zu denken pflegen: unleugbar stammt die Handlung der Brautfahrt nicht aus der Gegenwart, und den Preis wird man ihr wohl nicht zuteilen, aber wenn sie eingesandt wird, so hat sie Aussicht auf baldige Beurteilung und man kann immerhin nicht wissen, was geschieht. Schnell wurde das Stück abgeschrieben und nach Vorschrift ohne Namen des Verfassers

523

524

eingesandt mit dem Motto aus Bürgers Lenore: »Weit ritt ich her von Böhmen, ich habe spat mich aufgemacht.«

Der Winter kam, neue Frühlingsknospen standen an den Bäumen und ich dachte nicht allzu oft an das eingesandte Stück, da fand ich Ende März 1842 in einer Berliner Zeitung wieder eine Bekanntmachung der Intendanz, sie habe, statt einen ersten und zweiten Preis zu erteilen, vorgezogen, vier Stücke mit gleichem Preise zu bedenken. Dazu die vier Kennzeichen, welche durch die Verfasser eingesandt waren, und das letzte war das meine. Sehr, sehr angenehm. Natürlich beeilte ich mich, die Intendanz von meiner Persönlichkeit in Kenntnis zu setzen, und erlebte, nach artiger Antwort aus Berlin, die hoffnungsreichen Monate eines jungen Dichters, dessen Stück zur Aufführung angenommen ist. Denn aufgeführt sollten die vier Stücke werden und nach der Aufführung der Preis mit einem Honorarzuschuß gezahlt. Ich ließ jetzt das Lustspiel als Manuskript drucken, versandte es an die größeren Theater, linierte Bogen und legte ein Heft an, mit der Aufschrift: »Akta der Brautfahrt«, worin ich die Korrespondenz und die zu hoffenden Einnahmen zusammentragen wollte. Das Stück wurde, so viel mir bekannt geworden, in der nächsten Folgezeit auf zwölf Theatern[1] aufgeführt, – zu Hamburg und Wien mit entschiedenem Mißerfolg, es konnte dort nur einmal gegeben werden. Auch wo die erste Darstellung wohlwollend aufgenommen wurde, wie in Kassel, vermochte sich das Lustspiel auf die Länge nicht zu behaupten.

In Breslau ging ich die Rolle des Kunz mit dem Darsteller sorgfältig durch, ihm fehlte gänzlich die heitere Laune, aber er gab sich die größte Mühe. Bei der ersten Aufführung war ich selig, ich saß wie verzückt und ertappte mich darüber, daß ich fortwährend die Lippen bewegte und die Worte der Schauspieler leise mitsprach. Es störte mich auch gar nicht und ich war beim Schluß nur etwas verwundert, daß das Publikum meine Begeisterung nicht recht teilen wollte und dem jungen Verfasser nur ein mäßiges Wohlwollen gönnte. Das reine Glück, welches ich an diesem Abend fühlte, habe ich später bei Aufführungen meiner Stücke nur noch einmal genossen, aber nicht wegen meiner Arbeit, sondern wegen guter Arbeit der Darsteller.

525

---

1   Dessau, Stettin, Köln, Hamburg, Koblenz, Danzig, Kassel, Breslau, Stuttgart, Weimar, Wien und Riga.

In Berlin kam die Brautfahrt überhaupt nicht zur Aufführung. Dem Grafen Redern war als Intendant v. Küstner gefolgt und dieser hatte nach dem Mißerfolg, den das Stück auf anderen Bühnen gehabt, offenbar keine Luft, die Erbschaft seines Vorgängers anzutreten.

Im Jahr 1843 erschien das Stück im Buchhandel (Breslau, Schuhmann). Dieser ersten Ausgabe ist eine Widmung an den russischen Seemann Schanz, Kapitän der Dampffregatte Kamtschatka, vorgesetzt. Veranlassung für die Zuschrift wurde eine Bekanntschaft.

Zwei Jahre vorher hatte mich der Arzt in ein Seebad geschickt. Zu Swinemünde fand ich an der Wirtstafel nur wenige Badegäste, anspruchslose Leute aus der Nachbarschaft, obenan aber einen fremden Seemann mit einnehmenden Zügen, dunklem Haar, untersetzt und von urkräftigem Aussehen. Er war von dem russischen Schiff, welches einen kaiserlichen Besuch für Berlin herangefahren hatte und im Hafen die Rückkehr erwartete. Der Fremde benahm sich bei Tisch wie ein Seebär, sprach in wegwerfendem Tone Verachtung der deutschen Küche und der kläglichen Wirtschaft in diesem preußischen Neste aus. Als ich ihm entgegnete, er hätte zu Hause bleiben können, wir hier hätten uns die Ehre seines Besuches nicht erbeten, brummte er, mit seinem Willen sei er auch nicht gekommen. »Da Sie fremdem Willen zu gehorchen hatten, so werden Sie ihn wohl auch dadurch ehren, wenn Sie uns freundlich merken lassen, daß Sie hier Gast sind.« Er sah mich an und antwortete nicht. Als ich nach Tisch in der Veranda saß, arbeiteten deutsche Matrosen an den Segeln ihrer Brigg und johlten dazu nach Schifferweise. Da hörte ich wieder die unwirsche Stimme des Fremden zu mir herübersprechen: »Dies Gesindel kann keine Arbeit ohne Geschrei machen.«

»Als ich gestern abend bei dem russischen Schiff vorüber kam, hörte ich Geschrei, das weit häßlicher klang, es waren bestialisch betrunkene Leute, die darin lärmten.« – »Das war nicht im Dienst, sie hatten freien Abend.« Wieder Schweigen. Darauf trat er an meinen Tisch, nannte seinen Namen, Kapitän Schanz, und begann ein menschliches Gespräch. Seitdem verkehrten wir als gute Leute; da die anderen Gäste sich nach wenigen Tagen verloren, waren wir einige Wochen auf einander angewiesen und fast den ganzen Tag beisammen; ich lud ihn zu einer Bowle eigener Erfindung, die er achten mußte, und trank seinen Sauternes zwischen den großen Kanonen. Dabei öffnete er nach Seemannsart sein Herz und erzählte viel aus seinem Leben, was ich gern vernahm. In der Schlacht bei Navarin war das russische Schiff, auf dem er als jüngster

82

Offizier diente, in Brand geraten, die Offiziere hatten es verlassen, er hatte sich als letzter der Bemannung ins Meer geworfen und war von den Engländern aufgefischt worden. Seitdem hatte er schnelle Beförderung gefunden und war einige Jahre zuvor nach Amerika geschickt worden, den Bau des großen Raddampfers zu überwachen, den er vor kurzem nach Kronstadt gebracht hatte, und der für das schnellste und stärkste Schiff der russischen Marine galt. Er hatte eine Dame vom Hofe geheiratet und Aussicht auf gute Laufbahn. An seinem Kaiser hing er treu, aber wenn es etwas gab, was er tief und grimmig haßte, so waren es die Russen, denen er doch diente. Denn er war Finne, er fühlte sich nur glücklich, wenn er von der Heimat, ihren Sitten, ihrer Redlichkeit und von seiner schuldlosen Kindheit erzählte, und seine Züge wurden weich und das Auge leuchtete, so oft er seine heimischen Volkslieder vorsang und mir zu übersetzen suchte. Und da ich ihm etwas von dem alten finnischen Runengedicht Kalevala berichtete, wurde er geneigt, mich als einen halben Landsmann zu betrachten. Er war eine groß angelegte Natur, auch in seinen Ansichten und kam mir zuweilen vor wie ein nordischer Seekönig aus alter Zeit, der in unser Jahrhundert verschlagen worden ist. Aber er trug die Fesseln Rußlands in seiner Seele, wenn er immer wieder von den Intrigen seiner Feinde berichtete und von den krummen Gängen, welche aufwärts führten, und wenn er stolz rühmte, daß man die Juwelen, die der Kaiser bei seiner Vermählung geschenkt hatte, zum vollen Taxwert zurückgenommen habe. Da er auf seinem Schiff in der unnahbaren Einsamkeit eines orientalischen Herrschers lebte, fand er Genuß darin, dem jüngeren Fremdling vieles, was er von Liebe und Haß, von Schmerzen und Hoffnungen in sich verschlossen hielt, anzuvertrauen. Und er tat dies in rückhaltsloser Weise. Zuweilen aber hatte er Anfälle von bitterem Trübsinn, dann war er ganz Seebär. Als er einst von aller Bücherschreiberei mit höchster Verachtung sprach, sagte ich ihm, daß ich mein nächstes Buch ihm widmen würde. »Das tun Sie niemals.« – »Ich tue es doch, Kapitän.« Da ich in den letzten Tagen vor seiner Abreise noch einen Freund aus dem Stamme der Cochius, welcher Oberförster auf Rügen war, besuchen wollte, sagte er am Abend ernsthaft: »Heut müssen wir Abschied nehmen, wir sehen uns nicht wieder.« – »Ich bin vor Ihrer Abreise zurück, Kapitän.« – »Sie können nicht, das Dampfschiff fährt morgen zum letztenmal nach Putbus, keine Slup von dort kommt gegen den Wind in diesen Hafen.« – »Ich komme doch. Auf Wiedersehn.« Ich besuchte meinen Berliner

Freund, kreiste mit ihm um den Herthasee und schaute von Stubben-
kammer auf das glitzernde Meer. In der Nacht fuhr ich von Putbus auf
einer gemieteten Slup bis zu einem Fischerdorfe im Nordwesten der
Insel Usedom – eine lustige Fahrt unter hellem Sternhimmel – und kam
auf einem Ochsenkarren noch gerade zu rechter Zeit in Swinemünde
an, um meinem Kapitän an der Fallreeptreppe die Hand zu schütteln,
bevor er abfuhr.

Mein Versprechen habe ich gehalten, und da die Brautfahrt das
nächste Büchlein war, welches erschien, so mußten der Kapitän und
das Stück sich gefallen lassen, miteinander zu schwimmen. Es waren
keine siegreichen Fahrten. Das Stück wurde mit späteren Dramen wiederholt aufgelegt und lag länger als ein Dritteljahrhundert, sicher vor
Wind und Wellen der Aufführungen, in dem stillen Hafen der Bücher-
dramen abgetakelt.

Da schrieb im Jahr 1881 Dingelstedt aus Wien, er beabsichtige, das
Stück bei der Vermählung des Kronprinzen Rudolf aufzuführen, und
ersuche um szenische Einrichtung zu diesem vornehmen Zweck. Ich
sprach gegen seine Absicht alle naheliegenden Bedenken aus und überließ
ihm, wenn er dennoch die Aufführung unternehmen wolle, das Stück
nach den Bedürfnissen seines Publikums und der festlichen Veranlassung
selbst einzurichten. Das tat er, bereits erkrankt, – es war wohl seine
letzte größere Regiearbeit – und Dank der Veranlassung, der glänzenden
Ausstattung und der freundlichen Hingabe seiner Schauspieler, erreichte
das Stück einen anständigen Erfolg, und der Autor machte die Erfahrung,
daß man Unglaubliches erlebt, wenn man nicht vorher stirbt. Die Aufführung am Burgtheater veranlaßte eine wohlwollende Intendanz zu
München und die Direktion des Stadttheaters zu Hamburg und Altona,
Aufführungen zu veranstalten, wie vorauszusehen, ohne dauernden
Beifall.

Mich aber machten im Jahre 1842 die Schicksale des Lustspiels
nachdenklich.

Ich hatte es wirklich so gut gemacht, als ich konnte. Es hatte mir bei
der Aufführung sehr gut gefallen, und doch hatte der Erfolg auf der
Bühne auch mäßigen Erwartungen nicht entsprochen. Offenbar fehlte
dem Stück etwas und dem Autor etwas.

Schon bei der Breslauer Aufführung hatte ich bemerkt, daß Wechsel
der Szene innerhalb der Akte auf der Bühne stärker einschnitt, als mir
bei der Arbeit und beim Durchlesen vorgekommen war. Er zerstreute

die Zuschauer auf einige Minuten; die vorhergehende Szene verlangte also einen gewissen Abschluß mit einer Steigerung, welche die Neugier auf das Folgende spannte, die neue Szene eine Erklärung und kurze Einleitung; und was störender war, die kurzen Teilstücke, in welche der Akt dadurch zerfiel, hatten nicht sämtlich die Eigenschaft, ein stärkeres Interesse zu befriedigen. Dies war damals, wo auf offener Szene verwandelt wurde, noch nicht so schlimm, wie es seit dem geworden ist. Dennoch waren die häufigen Verwandlungen ein Übelstand. Einen größeren entdeckte ich in der Handlung selbst. Die Liebenden kamen erst im letzten Akt zusammen und während des ganzen Stückes fand in ihren gemütlichen Beziehungen keine Wandlung und kein Fortschritt statt. Es blieb ihnen nichts übrig, als ihre unveränderte Treue und Sehnsucht auszusprechen, was sie freilich beharrlich genug taten. Die dramatische Bewegung des Stückes aber verlief in einer Darstellung der Abenteuer und Hindernisse, welche die beiden Liebenden, jeder für sich, zu bestehen hatten. Beim Schreiben hatte ich darin dramatisches Leben gefunden, dessen Schilderung mich befriedigte. Allmählich kam mir die Ahnung, daß es nicht viel mehr als dialogisiertes Epos war, wenn Held Max im Zusammenspiel mit allerlei Volk aus einem Abenteuer in das andere trieb.

530

Auf der Bühne hatten am meisten die verhältnismäßig kurzen Stellen gefallen, in denen die bewegte Seele der Spielenden sich offenbarte, und zwar dann, wenn diese Bewegung die Szene zu einem Schluß brachte, also Maria, wenn sie gegenüber dem Drängen ihrer Stände in ihrer Liebe die Kraft zum Widerstande fand oder Kunz, wenn aus seinen krausen Reden die erwachende Neigung zu Kuni herausbrach. Allmählich wurde mir der größte Fehler klar. Meine Lieblingsfigur war Kunz von der Rosen. Er war für mich der eigentliche Held, der mir den Stoff vertraulich gemacht hatte, und für ihn war in der Arbeit bei weitem am meisten geschehen. Und doch war er seinem Wesen nach nur eine dramatische Gestalt zweiten Ranges, ein launiger Begleiter der Handlung, immer fertig, mehr der Autor selbst, als ein bewegter und handelnder Held. Das sollte für die Zukunft eine Lehre sein.

Unterdes hatte Breslau die Artigkeit, den jungen Dichter zuvorkommend zu behandeln. Wenn er die Schmiedebrücke entlang zur Universität schritt, so trug nicht er die Mappe, sondern diese wurde zu ihm getragen, nicht von großen Scharen der Zuhörer, aber es waren immer einige, welche die Freundlichkeit hatten. Er blickte auch nicht mehr aus dunklem Zimmer zu Professorentöchtern auf, sondern war im stande seiner Verehrung wohlgefügten Ausdruck zu geben, und zu der Bewunderung, mit welcher er den weiblichen Teil der akademischen Welt betrachtete, kam noch etwas anderes, der Polizeiblick. Denn er war ein Vorsteher im akademischen Klub geworden, einer großen Gesellschaft, welche Mitglieder der Universität und des höheren Beamtentums allwöchentlich vereinigte. Er betrachtete prüfend die Paare, welche zur Française antraten, empfing beim Kotillon zuweilen Schleifen der Hochachtung, und wenn er beim Beginn des Balles eine Tänzerin, gleichviel ob jung oder alt, aufforderte, so war diese immer die erste Dame, welche tanzte, was schon etwas bedeutete. Auch wenn er einmal die Weinstube besuchte, war nicht unwahrscheinlich, daß er dort Bekannte fand, jüngere und ältere Herren aus allerlei Kreisen, nicht nur von der Universität, auch vom Militär und Adel aus der Provinz. Er erhielt Einladungen in Familien und auf das Land, und lernte die Breslauer Gesellschaft ein wenig kennen, ersten, zweiten und dritten Stock.

Der Zufall hatte gefügt, daß ich mit der schlesischen Dichterin Agnes Franz in demselben Hause wohnte, der Verkehr mit ihr und ihrem Haushalt gehört zu den holdesten Erinnerungen jener Jahre Von Aussehen war sie ein ältliches, verwachsenes Fräulein, mit einem etwas großen Kopf und etwas kurzem Hals, sie trug eine schwarzseidene Mantille mit Krausen, welche leise und geisterhaft raschelte, wenn sie in Bewegung geriet. Eine Schwester hatte ihr auf dem Totenbett vier kleine Waisen vermacht, welche ihre Familie bildeten; sie bewohnte daher drei Treppen hoch eine Kinderstube und eine gute Stube, die als Salon betrachtet wurde. Ein großes Mansardenfenster mit Efeu umzogen, ein altes Fortepiano, ein Bücherschrank und ein kleiner Schreibtisch gaben dem bescheidenen Raum ein wohnliches und poetisches Aussehen. In der Stube erzog sie die Kinder, schrieb ihre Gedichte, Parabeln und Novellen, und empfing ihre Freunde beim Tee. Mochte sie aber tun, was sie wollte, es lag sehr viel Frieden, Freude und Seligkeit auf ihrem, gar nicht hübschen Gesicht. Auch wenn sie weinte, sah sie zufrieden und glücklich aus. Und was merkwürdig war, wer in ihre Nähe kam, geriet in eine ähnliche zufriedene Stimmung. In der Stube roch es durch das ganze Jahr nach Wachsstock und Tannen, die Bretzeln auf dem Teller hatten ein so schlaues Aussehen wie Zauberbrillen, die man nur auf die Nase zu setzen braucht, um Elfen tanzen zu sehen, und man mußte sich sorgfältig hüten, irgend etwas, das an irgend einem Orte lag, anzusehen, weil man zu befürchten hatte, daß es ein kleines Geschenk sei, welches die Freundin bis zum rechten Augenblick versteckt hielt.

In ihren Gedichten und Erzählungen hatte sie oft mit Blumen, Engeln und dem lieben Gott Verkehr. Wenn ein Fremder das las, wurde ihm manchmal des Guten zuviel; wenn man mit ihr umging, merkte man davon nicht mehr, als für die gute Laune nötig war, ja man merkte überhaupt nicht, daß man bei einer Dichterin saß. Ein Jahr lang waren wir gute Leute gewesen, ohne daß ich ein Wort von ihr gelesen hatte. Und als ich ihr einmal in einer Stunde gegenseitiger Zufriedenheit das erzählte, geriet sie ernsthaft in Sorge und meinte, ich sollte das niemals tun, denn ihr Dichten könne uns Männern nicht gefallen, und dabei sah sie so liebevoll besorgt und befangen aus, daß das Weltkind hingebend wurde und alles las, was sie geschrieben hatte. Doch verband uns eine gemeinsame literarische Neigung, die für Märchen und Sagen. Mit Adalbert Kuhn hatte ich in Berlin mich darum gekümmert und seitdem ein wenig Volksüberlieferungen gesammelt. Freilich hatte Agnes nicht dieselben Gesichtspunkte, sie dachte an ihre Kleinen, ich an allerlei was für Kenntnis alter Zeit daraus zu gewinnen war; aber wir teilten doch unsere Habe einander eifrig mit. Ich untersuchte auch gern ihren Büchertisch, auf dem um Weihnachten die neuen Kinderbücher aufgetürmt standen, welche ihr gefällige Freunde oder Buchhandlungen zugesandt hatten. Noch fehlte sehr der Bilderreichtum und die schöne Kunst, woran sich jetzt unsere Kinder freuen sollen. Aber die Erzählungen und spielenden Nachbildungen echter Märchen waren nicht viel anders, als sie jetzt in der Mehrzahl sind. Doch alle kritischen Bedenken mußten schweigen gegenüber der frohen Wärme, mit welcher die Freundin ihre Schätze vorzeigte, vornehme Kinderschriften von starkem Leibchen mit schönem bemalten Mantel und arme dünne Bettelmannsbüchel mit grauem Papier und undeutlichen Holzschnitten. Noch gab es in ihrem Bücherhaufen rotkämmige Hähne, welche Groschen auskrähten; unartige Jungen fuhren auf Kähnen oder kletterten auf Bäume, oder neckten böse Hunde, bis sie zum warnenden Beispiel für ihr Jahrhundert ins Wasser fielen, Beine brachen und gebissen wurden; artige Mädchen spielten mit ihren Puppen, während sich rote Bänder in kühnen Windungen um die weißen Kleider schlängelten; schwarze Köhler verwandelten sich in gute Berggeister, welche hungernden Eltern goldene Äpfel einbescherten; unbegreiflich und höchst überraschend wurde die allerverborgenste Tugend an das hellste Licht gebracht, und das kleinste

Unrecht auf das allergenaueste bestraft. Und wie verständig und wohlwollend benahmen sich selbst die Tiere jeder Art! Was der Hund sagte, und der Frosch erzählte, was das Rotkehlchen erlebte, und das Pferd gegen das Zebra äußerte, es war alles unglaublich verständig und gebildet. Sogar die Figuren ihrer Märchenwelt! Viele Prinzen in roten Sammethosen bestanden Abenteuer, in denen jeder andere stecken bliebe, ihnen aber war die Sache Kleinigkeit, weil sie unermeßlich tapfer waren und vortreffliche Zauberhilfe hatten. Was konnte uns der greuliche Drache mit seinem feurigem Maul ängstigen, oder der schändliche Oger, welcher sich bemüßigt sah, kleine Kinder zu fressen? Wir wußten recht gut, daß diesen Bösewichtern zuletzt von unsern Lieblingen der Kopf abgeschlagen wurde. Vollends die kleinen braunen Männchen, und die Feen und die guten Zauberer! Wie freundlich sie hin und her trippelten, wie sie immer gerade zu rechter Zeit erschienen, welche nützliche Geschenke sie zu geben wußten, kleine Nüsse, in denen ungeheure Zelte steckten, und wandelnde Stecknadeln, welche selbständig den Feind in die Beine stachen. Eine solche Fee war die Fränzel selbst, die gute Frau Holle in ihrer kleinen verkrausten Geisterwelt.

An den Winterabenden, wenn die vier Kleinen um den Sessel der Tante sprangen und das Lampenlicht wohlgefällig über den weißen Teetassen glänzte, gab es eine endlose Reihe von Kinderfesten. Da war das Bratäpfelfest, wo die Kinder wie Indianer um die große Schüssel voll Äpfel einen Kriegstanz aufführten und kleine Lieder sangen, welche Fränzchen auf dem alten Klavier begleitete, bis zuletzt alt und jung in der Stube herumwalzte, während Agnes unaufhörlich und lächelnd die Musik machte, ja bis selbst Tische und Stühle zuvorkommend ihre Beine einzogen und das eckige Wesen verbargen, weil ohne ihre Nachgiebigkeit das Tanzen in dem engen Raum unmöglich gewesen wäre. Dann das Fest des Bleigießens, wo Agnes sich nicht nehmen ließ, allen jungen und alten Gästen die Bedeutung ihres Gusses auszulegen. Wie schelmisch und sein tat sie das, so daß Gelächter und sanftes Erröten der jungen Damen gar nicht aufhörte; und ferner der Abend der schwimmenden Nußschalen, wobei ungewöhnlich viel Nüsse verbraucht und zuletzt Volkslieder und Kanons gesungen wurden, Prinz Eugen der edle Ritter, und die Glocke von Kapernaum – und endlich gar das eigentliche Christfest!

Schon vier Wochen vorher war die Freundin in stiller Aufregung. Die Mantille rauschte doppelt geisterhaft, die Stube war unwegsam, wie ein Schiffsverdeck, durch herrenlose Dinge, welche mit großen Tüchern so sorgfältig verdeckt waren, daß nur selten ein Hanswurstbein oder eine Bandschleife hervorzugucken wagte. Und wie nähte, schneiderte und strickte die Agnes. Ich traf sie einst in ihrer Stube, als sie über einen großen Regenschirm von rotem Baumwollenzeug hergefallen war und mit der Schere begeistert hineinschnitt; sie hing an ihm wie eine Hummel in dem Kelch einer Tulpe. Und als ich sie frug, weshalb sie gegen den guten alten Schirm wüte, setzte sie mir schlau auseinander, daß er ein prächtiges Futter abgeben werde für den Burnus ihres kleines Pflegesohnes. Und das ist wahr gewesen, kein Mensch hat dem Mäntelchen angemerkt, woher sein Inwendiges stammte, und wenn der kleine Kerl darin umherlief und wir ihm zusahen, dann winkte sie mir mit glücklichem Gesicht geheimnisvoll zu.

Schon am frühen Morgen des Christfestes sah man Leute zu ihr hinaufschleichen, solche Leute, die nicht auf der Sonnenseite des Lebens dahingehen, mit Krücken, mit zerrissenen Schleiern vor dem Gesicht, und Bettelkinder auf allen Vieren. Und häufig konnte man nachher die Agnes sehen, wie sie mit Hut und Mantille aus ihrem Dachstübchen herabstieg und durch den Winterschnee wanderte, bald in schlechte Hütten, bald in die Häuser der Reichen, um dort für ihre Armen zu bitten.

Die Pracht der Einbescherung aber zu schildern, wäre niemand imstande. Diese vielen Wachsstöckchen und großen Weihnachtsbäume und die Masse von kleinen Geschenken auf zwei langen Tafeln in vielen Portionen, und bei jeder ein allerliebstes grün und rot gemaltes Licht. Zuerst kamen die Armen, dann die Kinder, die Freunde. Jeder erhielt und versuchte zu geben. Es war ein wirres Durcheinander von Danksagungen und Händedrücken, von hübsch gespieltem Erstaunen und freudigem Aufjauchzen. An dem Abend saß die kleine Dame zuletzt da wie eine Königin, etwas müde und angegriffen von dem Lärm und der Freude, aber ihre Augen glänzten von Seligkeit und Rührung.

Gute Freundin! deine Bücher für Kinder sind von vielen vergessen, du selbst schläfst seit Jahren den ewigen Schlaf, doch wie auch die Gegenwart unsere Seele in Anspruch nimmt, wenn Weihnacht herankommt, der Schnee an den Fenstern hängt und die Klingel die Gegenwart des Christkinds meldet, dann wenigstens werden die Alten, die dich geliebt haben, deiner gedenken!

Zu den angesehenen Familien der Stadt, in denen ich am liebsten verkehrte, gehörten die Molinari, ein altes Kaufmannsgeschlecht, das im 17. Jahrhundert aus Italien eingewandert, in einem großen Patrizierhause nahe am Markt den Stammsitz hatte. Es zählte unter den ersten katholischen in Breslau und unterhielt gemütliche Beziehungen zu den geistlichen Würdenträgern der Stadt. Die Handlung – Kolonialwaren und Produkte – wurde durch einen rüstigen alten Herrn und durch zwei Söhne im kräftigen Mannesalter geleitet. Dem ältesten derselben machte mich der akademische Klub bekannt, er suchte mich auf und führte mich in seiner Familie ein. Theodor Molinari war zu Breslau eine der bekanntesten Persönlichkeiten und ein Liebling der Stadt, ein hochsinniger und ritterlicher Mann, eifrig und tapfer, von großer Gemütswärme. Er war der Vertrauensmann Bedrängter, Vormund vieler Waisen, wegen seiner Tatkraft und uneigennützigen Redlichkeit auch in der Kaufmannschaft hoch angesehen. In seiner Jugend war er einige Jahre in England gewesen und hatte dort große Verhältnisse des Handels und ein mächtigeres Staatsleben kennen gelernt, er bewahrte auch in der Erscheinung etwas von der englischen Art, aber so oft sein Gemüt erregt wurde, brach die Glut des Italieners und das fröhliche schlesische Wesen hervor. Von Gestalt war er groß und breitschulterig, rasch und kräftig in seinen Bewegungen, dreizehn Jahre älter als ich, aber er sah mit seinem dunklen Haar und der braunen Gesichtsfarbe noch älter aus. Er war ein gutherziger Mann auch gegenüber den kleinen Anforderungen, welche der Tag stellte. Die Schnelligkeit, mit welcher er in die Tasche griff, muß für jeden Bittenden zum Entzücken gewesen sein, denn dieser konnte erkennen, daß die reichliche Gabe gern und freundlich gegeben wurde, bei jeder geselligen Unternehmung mußte er argwöhnisch beaufsichtigt werden, denn er bestand hartnäckig darauf, alles allein zu bezahlen, und wenn etwas Gemeinnütziges unternommen wurde, Unterschriften gesammelt, Beiträge gefordert, er war immer unter den ersten, welche angegangen wurden, und immer der, welcher mit ganzer Seele dazu tat, sich selbst bereitwillig für das, was ihm gut erschien, einsetzte und die Arbeit und Verantwortung übernahm. Gegen alles aber, was er für unrecht hielt, bäumte er mit dem Feuer eines Jünglings auf, und ließ sich durch kein Bedenken zurückhalten, auch da nicht, wo andere sich vorsichtig hüteten.

In späterer Zeit hat man zuweilen dem Kaufmann in »Soll und Haben« die Ehre erwiesen, ihn als Abbild meines Freundes zu betrachten. Mit

Ausnahme der stolzen Redlichkeit haben sie wenig gemein. Der im Buch ist, wie es die Idee des Romans verlangte, ein steifleinener Herr, der ja nur zu bestimmten Zwecken erfunden wurde, mein Freund war eine reiche und gemütvolle Natur, in der das frische Leben voll und warm pulsierte.

In dem Geschäft, das nach damaligen Verhältnissen zu den großen in Schlesien gehörte, stand Theodor an der Spitze des auswärtigen Amtes, er hatte viele Agenten in Krakau, Galizien, bis zur türkischen Grenze. In den fremden Absatzgebieten war Wagnis und Gewinn beträchtlich, oft wurden Reisen dorthin nötig, und der Umgang mit den fremdländischen Kunden war nicht immer bequem. Aber diese Tätigkeit gab auch Kenntnis fremder Zustände und Einblick in das Verkehrsleben des europäischen Ostens. Ein anderer Teil des Betriebes, der sicherste und regelmäßigste, war das Provinzialgeschäft, worin das Haus alte Verbindungen hatte, zumal in Oberschlesien. Dieses leitete der jüngere Bruder Ottomar, der stiller für die Familie und die Handlung lebte, nicht weniger wacker, gescheit und gutherzig. Rührend war die Liebe und das feste Vertrauen, mit welchem die Brüder aneinander hingen, und wer die beiden beobachtete im Kontor und in der Familie, der sah die Gebrüder Wohlgemut im Niklas Nickleby von Boz leibhaftig vor sich. Beide aber waren verheiratet und lebten in reichem Haushalt unter aufblühenden Kindern.

In ihren Familien verbrachte ich viele frohe Abende. Aus meinem Verkehr mit Theodor entstand eine feste Männerfreundschaft, die gerade deshalb so innig wurde, weil wir auf ganz verschiedenen Wegen den Inhalt unseres Lebens gewonnen hatten. Ich erhielt durch ihn neuen Einblick in das Geschäftsleben der Landschaft und die großen Verkehrsinteressen des Staates, und ihm war es auch ganz recht, einen Gesellen zu finden, mit dem er über vieles verhandeln konnte, womit die Zeitgenossen sich beschäftigten und aufregten. Er wurde mein Vertrauter, in dessen Gemüt ich manches niederlegte, was mich innerlich bewegte, und die liebevolle Treue, mit welcher er das Wohl des jüngeren Freundes im Herzen trug, gab mir eine Sicherheit, die mich frühzeitig fest machte. Vor allem war es die Politik, in der wir treu zusammen hielten. Seit der Thronbesteigung Friedrich Wilhelms IV. war sie die wichtigste Angelegenheit des Tages geworden. Die Anfänge einer demokratischen Bewegung wurden überall sichtbar, die berechtigte Unzufriedenheit mit dem Polizeiregiment des Staates hatte in den Seelen Mißtrauen gegen jede

Maßregel der Regierung und eine Bitterkeit großgezogen, welche oft zum Pessimismus wurde und die Wärme für den Staat in gefährlicher Weise beeinträchtigte.

Theodor war ein warmer Preuße und ein warmer Liberaler, er sah mit Schmerzen, wie die Regierung auf Irrwegen dahinschwankte, und zürnte der Haltlosigkeit, mit welcher das junge Freiheitsgefühl sich äußerte.

Durch ihn kam ich in Verbindung mit Gleichgesinnten, worunter einige der besten Männer der Stadt waren. Voran Karl Milde, welcher ebenfalls in England gebildet war, ein Mann von großen Gesichtspunkten, erfindungsreich, vielgewandt und beweglich. Dann der neue Oberbürgermeister Pinder, damals in seiner kräftigsten Zeit, das Musterbild eines preußischen Beamten, eine weiche und warme Natur, von großer Anziehungskraft für alle, die mit ihm in Verbindung traten, im Verkehr mit seinen Bürgern von vornehmer Haltung und milder Freundlichkeit. Endlich Richard Röpell, der jüngere Professor der Geschichte. Auch diesem verband mich zuerst die gemeinsame Sorge um die Zukunft des Vaterlandes, sein maßvolles Urteil und die Zuverlässigkeit seines Wesens. Er war einer von den wohlgefügten Männern, bei denen man mit Sicherheit darauf rechnen kann, auch nach jahrelanger Trennung in großen Fragen die gleiche Auffassung zu finden. Unter allen, die in Breslau unserem Freundeskreise angehörten, war allein seiner dauerhaften Kraft beschieden, die großartige Entwickelung der deutschen Verhältnisse zu erleben und treu den Ansichten der früheren Mannesjahre dafür tätig zu sein.

Diese Bekanntschaften hatten die natürliche Folge, daß ich gesellig in Anspruch genommen wurde und überreichliche Gelegenheit erhielt, mich in schlesischer Weise auszugeben. Professor Suckow bat mich, für die gesellige Unterhaltung des Börsen-Kränzchens zu sorgen, eines andern großen Klubs, in welchem die Mehrzahl der Mitglieder der Kaufmannschaft angehörte. Dort habe ich durch einige Jahre allerlei Lustiges, zuletzt ein großes Maskenfest, eingerichtet. Daneben liefen die Veranstaltungen des Künstlervereins und Aufführungen zu wohltätigen Zwecken ohne Ende fort. Ich immer dabei als Leiter, Toastsprecher oder gar als Narr mit der Schellenkappe. Einige Jahre trieb ich dies zur Winterzeit mit sorglosem Behagen, zuletzt wurde mir des Guten zu viel, und ich merkte, daß es Zeit war, mich selbst ernster anzufassen.

Da drang in unser politisches und geselliges Treiben ein lauter Klageschrei von Not der Spinner und Weber in den Gebirgskreisen. Dort saß in den Tälern eine dichte Bevölkerung, welche sich mit Hausindustrie auf eigenen Webstühlen zu erhalten suchte. Durch die neue Maschinenarbeit und durch das dürftige Leben mehrerer Generationen war sie verkümmert und in sklavische Abhängigkeit von den Kaufherren, den regelmäßigen Abnehmern ihrer Ware, geraten. Jetzt aber hatte Ungunst der Handelsverhältnisse ihr Leiden so hoch gesteigert, daß ein schnelles Eingreifen menschenfreundlicher Tätigkeit geboten war, um die Schrecken der Hungersnot abzuwenden. Überall in Deutschland wurde für sie gesammelt, in Breslau trat ein Zentral-Verein zusammen, zur Aufnahme und Verwendung der Beiträge und zur Herbeiführung besserer Lebensbedingungen für die Leidenden. Die Mitglieder des Vereins wurden aus verschiedenen Kreisen der Gesellschaft gewählt, auch ich wurde dazu herangezogen. Zu ihm gehörten, außer den Führern der Kaufmannschaft und städtischen Verwaltung, auch große Gutsherren der Provinz, vom Militär die Generäle Graf Brandenburg und Willissen. Das Verhalten dieser beiden Herren im Vereine war sehr verschieden. Graf Brandenburg erklärte sogleich mit wohltuender Ehrlichkeit, daß ihm die genaue Kenntnis der Verhältnisse fehle, daß er aber ein warmes Herz für die Sache mitbringe und sich gern unterrichten wolle, und er hat zu jeder Zeit, wo er eine Ansicht äußern mußte, mit gutem Urteil auf der Seite gestanden, welche das Richtige wollte. Willissen dagegen wußte in unruhigem Eifer sogleich Vorschläge zu machen, schrieb unaufgefordert Gutachten und Abhandlungen, und alles was er forderte, war nicht ausführbar. Als er im Jahre 1850 von den Schleswig-Holsteinern zum militärischen Führer gewählt wurde, konnte man sich trüber Ahnungen über den Ausgang des Kampfes nicht erwehren. – Der Verein erhielt bald beträchtliche Summen zur Verfügung; durch die Einsicht der geschäftskundigen Mitglieder, unter denen Milde und Theodor Molinari waren, wurde er vor der nahe liegenden Gefahr bewahrt, sich in schädlicher Weise zwischen Weber und Kaufleute, Arbeiter und Arbeitgeber, einzuschieben. Die Kaufgeschäfte, welche er in erster Notzeit und zur Warnung für harte Händler errichtet hatte, wurden sobald als möglich in zuverlässigen Händen dem regelmäßigen geschäftlichen Betriebe zurückgegeben, der Not des Augenblicks wurde nach Kräften gesteuert, für Verbesserung der schlechten Wohnungen, Webstühle, Werkzeuge das mögliche getan. Am wenigsten glückten die Versuche, den Bedrängten andere Arbeit zu verschaffen, denn auch, wo die Gelegenheit dazu gefunden wurde, hinderte die körperliche Unfähigkeit und ebensosehr der Stolz der armen Leute, welche für sich und ihre Kinder mit unüberwindlicher Zähigkeit an dem Geschäft der Vorfahren festhielten. Es erwies sich, daß nichts schwerer ist, als einem verkommenden Industriezweig seine Opfer zu entreißen. Dem Beamtenstaat, wie er damals war, fehlte vollständig die Einsicht und Kraft, mit rücksichtsloser Energie einzugreifen, der Privatwohltätigkeit stand nur in wenigen Fällen die hochherzige Hingabe solcher zur Seite, welche ihr eigenes Leben der Erziehung der Unglücklichen hingeben wollten. Wir alle lernten, daß keine Vereinstätigkeit, auch die emsigste nicht, eine Arbeit zu tun vermag, welche nur die Zeit vollbringt, indem sie die einen austilgt, die anderen dadurch heraushebt, daß sie ihnen allmählich die Kraft zuteilt, sich selbst zu helfen, allein oder im Verbande mit den Genossen.

In diesen Jahren hielt ich an der Universität meine Vorlesungen über mittelhochdeutsche und neuere deutsche Literatur; wiederholt eine Vorlesung über deutsche Poesie seit Goethe und Schiller, in welcher einzelne Gedichte als Proben vorgetragen und nach bestem Vermögen begutachtet wurden. Diese Vorlesung mit sorgfältig eingeübtem Vortrag charakteristischer Gedichte war nicht unnütz, und ich möchte Ähnliches auch jetzt noch in den Lektionsverzeichnissen finden, damit eine Lücke in der Bildung ausgefüllt werde, welche die gelehrten Schulen wohl zurücklassen. Für mich selbst las und arbeitete ich rüstig, ich begann die *Monumenta Germaniae* auszuziehen und trug vorzugsweise kulturgeschichtliche Notizen zusammen. Seit meiner Doktorschrift hatte ich beschlossen, eine Geschichte der deutschen dramatischen Poesie zu schreiben, auch dafür sammelte ich, und unternahm eine Ferienreise nach der Bibliothek in Wien, um alte Drucke des 15. und 16. Jahrhunderts durchzusehen. Sehr bald erkannte ich, daß die Geschichte der dramatischen Poesie zugleich eine Geschichte des Theaters, sein muß, in welcher die Art und Weise der Aufführungen oft weit anziehender ist, als der Inhalt der Stücke und die poetische Behandlung des Stoffes. Denn zwischen den kirchlichen Aufführungen des Mittelalters und der Nürnberger Bühne des Hans Sachs liegen mehr als hundert Jahre eigentümlicher und großartiger Aufführungen, welche städtische Feste waren, bei denen die gesamte Bürgerschaft beteiligt war. Sie fanden unter freiem Himmel statt, dafür wurden Gerüste und Bauten aufgeführt, allerlei technische Erfindungen gemacht. Noch jetzt geben die Festspiele in

542

Oberammergau eine entfernte Vorstellung davon. Auch diese großen Stadtspiele haben eine reiche, schwer zu bewältigende Literatur hinterlassen, und wer die Geschichte des deutschen Dramas schreibt, wird viele Jahre seines Lebens auf Bewältigung des massenhaften Stoffes zu verwenden haben. Jedenfalls war ein solches Unternehmen für einen jungen Dozenten, der sich durch eine literarische Arbeit in der wissenschaftlichen Welt einführen will, nicht gerade bequem. Doch hielt ich lange daran fest. Einer Aufforderung von Wilhelm Grimm folgend, zog ich für das deutsche Wörterbuch, welches vorbereitet wurde, den ganzen Jakob Ayrer und einiges kleinere aus, hielt auch einmal vor gemischtem Publikum eine Reihe von Vorträgen über neuere deutsche Literatur.

Wenn ich in den Ferien nach der Heimat kam, und im kleinen Hofraum zwischen den Eltern saß, von meinen Erfolgen und reichlicher von werten Bekannten erzählte, da fand ich die Mutter ganz unverändert, den lieben Vater aber bedrückten die Jahre. Ach, noch mehr die neue Zeit, die seit 1840 auch in der kleinen Grenzstadt bemerkbar wurde; denn die Bürger singen an, sich um allerlei zu kümmern, was der Magistrat bis dahin allein verstanden. Früher hatten sie zuweilen leise gemurmelt, jetzt widersprachen unruhige Köpfe ohne Scheu, ein kleines Lokalblatt wurde gegründet, nicht zur Freude des Bürgermeisters, darin erschienen widersetzliche Bemerkungen auch über Städtisches. Der Stadt wurden von der Regierung höhere Leistungen zugemutet, zum teuren Bau eines mächtigen Pfarr- und Schulhauses sollte ein Teil des Stadtwaldes, an dem das Herz des Vaters hing, niedergeschlagen werden, und vergeblich sträubten sich Magistrat und Bürgerschaft dagegen. Ja der Bürgermeister selbst wurde von einem zugewanderten Fremden daran erinnert, daß er nicht mehr zeitgemäß sei. Seit dem vorigen Jahrhundert hatte er, wie damals Landesbrauch war, jeden Handwerksburschen mit »er« angeredet. Einer, der jetzt kam, wollte sich das nicht gefallen lassen und protestierte unwillig gegen die wegwerfende Behandlung. Der Vater sah den Aufsässigen erstaunt an und vergönnte ihm fernerhin das summarische »man«, das hielt der Angeredete für noch schlimmer und forderte als freier Staatsangehöriger das schickliche »Sie«. Er hatte recht, und ich besorge, dem alten Bürgermeister mit seinem Silberhaar wurde das auch von der Regierung angedeutet. Solche kleine Zusammenstöße der alten und neuen Zeit kränkten den Vater tief. Erstaunt sah er ringsum eine plötzliche Veränderung des Lebens, neue Verhältnisse, ganz unerhörte Forderungen, und ihm kam vor, als wenn alles Gute mit dem alten zu Grunde gehe.

Im Jahr 1847 suchte er mit 73 Jahren um seine Dienstentlassung nach. Es war für ihn ein schwerer Abschied, ein Abschied auch von Kreuzburg, der ihm durch Beweise von herzlicher Anerkennung, die ihm die Stadt entgegenbrachte, nicht erleichtert wurde. Er zog mit der Mutter nach Groß-Strelitz zu meinem Bruder. Dieser hatte die Rechte studiert, war auf einige Jahre zur Regierung übergegangen und Kommissarius für Auseinandersetzung der gutsherrlichen und bäuerlichen Verhältnisse geworden. Durch eine starke Jugendliebe gehoben, hatte er mit steter Anspannung seiner Kraft sich früh zu einer selbständigen Tätigkeit herausgearbeitet und jetzt in glücklicher Ehe seinen Haushalt eingerichtet. Dort lebte der Vater bis 1848. Die Ereignisse dieses Jahres erschütterten ihn rief. Als er am Abend des 17. November die Nachricht vom Widerstande der Nationalversammlung gegen die königliche Auflösungsorder las, brach ein kurzer Schmerzensruf aus seiner Seele, – wie die besorgte Mutter in der Nacht nach ihm sah, fand sie ihn tot.

544

545

8. Beim Theater

Karl von Holtei war 1842 nach Breslau gekommen und hatte die künstlerische Leitung des Stadttheaters übernommen. Wir wurden bald gute Bekannte, saßen neben einander am Mittagstisch und spielten Domino um den Kaffee. Holtei hatte ein langes Wanderleben hinter sich und in dem unsteten Treiben auch wohl manche Einbuße erlitten. Aber in allen Beziehungen zu seinen literarischen Bekannten war er ein feinfühlender Mann von Ehre geblieben. Er lebte sehr einfach mit geringen Bedürfnissen, obgleich das Geld für ihn nicht den landesüblichen Wert hatte; denn wenn es ihm einmal fehlte, packte er kleine Bücher ein, fuhr in die Welt, um dramatische Vorlesungen zu halten, und kehrte in der Regel nach einigen Wochen mit gefüllten Beuteln zurück. Sein Drang zu schaffen war sehr lebendig, Kunst und Urteil nicht sicher, auf Wohlgelungenes folgte gänzlich Verfehltes, und es war merkwürdig, wie sehr er, der Bühnenkundige, sich über das Wirksame seiner Erfindungen täuschen konnte. Er war auch vor den Arbeiten anderer nicht geeignet Kritik zu üben, und ging allen Erörterungen darüber aus dem Wege. Aber er hatte warme und neidlose Anerkennung für jede selbständige Kraft und wurde nicht müde, sich zum Nutzen anderer schreibend und befürwortend in Bewegung zu setzen. Seiner nervösen und reizbaren Natur fehlte die gleichmäßige Stimmung allzusehr, doch auch, wenn ihn etwas verstörte, wurde er anderen nicht lästig, sondern zog sich still in sich zurück. Mir wurde er lieb und wertvoll, weil es kaum einen zweiten gab, der mit Personen und Verhältnissen der deutschen Bühnen so bekannt war wie er. Da er mir aber auf Fragen über unser Handwerk nicht Auskunft geben konnte, sah ich mich nach anderer Hilfe um.

Schon bei den Proben zur Brautfahrt hatte ich bemerkt, daß die Schauspieler auf einzelne Stellen Wert legten, die mir unwesentlich schienen, und daß sie vieles bei der Darstellung nicht so herausbrachten, wie ich es empfunden hatte, zum großen Teil, weil sie es nicht zu machen verstanden, zuweilen aber auch, weil die Wirkung der gesprochenen Rede auf dem Theater eine weit andere war, als ich während der Arbeit gedacht. Ich merkte auch, daß mir beim Schreiben zwar an einigen Stellen vorgeschwebt hatte, wo die Personen auf der Bühne stehen und wie sie sich zueinander regen sollten, daß ich aber die in der Szene notwendigen Veränderungen ihrer Stellung nicht deutlich genug geschaut und nicht bequem zurecht gemacht hatte. Mir wurde klar, daß die Schauspieler für ihre besten Wirkungen zuweilen etwas anderes zu fordern berechtigt waren, als ich ihnen gegeben, und ich erkannte, daß mir nützlich sein würde, genau zu erfahren, was sie für ihre Kunst brauchten. Nun war die Mehrzahl von ihnen wenig geeignet, sich über künstlerische Aufgaben auszusprechen. Doch einen fand ich, der mir Rede stehen konnte und der ein Vergnügen darin fand, über seine Rollen und sein Spiel mit mir zu verhandeln. Das war August Wohlbrück. Er war das bedeutendste Talent einer großen Schauspielerfamilie und gehörte seiner Bildung nach der Hamburger Schule an; seines Detaillieren, biedere Sentimentalität, zuweilen altfränkische Zierlichkeit waren die Eigenschaften dieser Entwickelungsstufe dramatischer Kunst. Wohlbrücks Instinkt für künstlerische Wahrheit war merkwürdig richtig; Stimme und Äußeres setzten ihm feste Grenzen, Shylock und Nathan fielen noch vollständig in das Bereich seiner Mittel, Lear lag schon jenseits. Innerhalb dieser Grenzen aber besaß kaum ein deutscher Schauspieler so großes Repertoir, wenige eine so dauerhafte Darstellungskraft wie er. Es verschlug ihm nichts, sieben Tage der Woche hintereinander zu spielen, heut Menenius, morgen den Weltumsegler, übermorgen den Lügner Krack, darauf Nathan, den alten Klingsberg, den Geizigen und

zum Sonnabend den Bengel Nazi in der Posse Eulenspiegel, wo er
Nangkinghöschen trug, an denen die Jacke festgenäht war; er verstand
zu rühren, Cachucha zu tanzen und sogar zu singen, war in allen Rollen
tüchtig, in einigen unübertrefflich. Und dazu kam als größter Vorzug,
daß er ein echter Charakterspieler war, darin war er Beckmann und
Scholz, den großen Wiener Komikern jener Jahre, überlegen, denn Ne-
stroy war nur ein großer Schwätzer, aber kein Komiker. Beckmanns
Meisterschaft bestand darin, daß er in die Maske eines drolligen Kauzes
kleine Scherze und allerliebste Erfindungen einsetzte, ziemlich unbeküm-
mert darum, ob sie zur Rolle paßten. Scholz war groß als Tölpel, er
hatte diesen Charakter zu einer ähnlichen Virtuosität ausgebildet, wie
die alten Hanswürste einzelne Masken, die durch sie beliebt wurden
und mit ihnen vergingen. Beide waren einförmig und ihre Laune starb,
wenn sie gezwungen wurden, die Arbeit des Dichters zu ehren; Wohlbrück verstand aus allem einen Charakter zu machen, er war in jeder
Rolle ein anderer, und weil er bestimmte Persönlichkeiten bildete,
wirkte er auch da, wo die Posse sehr niedrig ging, immer noch behaglich
und schützte das Publikum vor der Verstimmung, welche Gemeinheit
hervorbringt, wenn sie nicht als Inhalt eines geschlossenen Charakters
auf die Bretter tritt. In den wenigen Rollen unseres Theaters, wo der
Humor bereits vom Dichter in meisterhafter Bestimmtheit dargestellt
ist, hat der Komiker die Feuerprobe zu bestehen, ob er ein Künstler ist,
und eine der besten Leistungen Wohlbrücks war sein Menenius. In
Breslau blieb er durch fünfzehn Jahre Liebling des Publikums, Träger
und Schutzgeist aller Possen und Kassenstücke, und bewahrte dabei
doch Begeisterung für die großen Aufgaben seiner Kunst. Ihn suchte
ich gern auf und er wurde nicht müde, Stellen seiner Rollen, auf die es
uns ankam, vorzuspielen und dabei zu erklären, warum er es gerade so
mache und nichts anders. Wir saßen oft bis lange nach Mitternacht in
solchen Zwiegesprächen.

Ich hatte in dieser Zeit für das Theater hier und da Gelegentliches
geschrieben, außer Prologen ein Festspiel, mit welchem eine Versammlung der deutschen Landwirte begrüßt wurde, darin kämpften Rübezahl
als Vertreter der ungebändigten Naturkräfte und Puck als Führer land-
wirtschaftlicher Elfen in kriegerischen Versen gegeneinander, bis Germania erschien und den Streit schlichtete. Die Ausführung der Idee war
nicht aufs beste gelungen und die stolze Germania vermochte durchaus
nicht, einen guten Abschluß zu verleihen. Mit den Versen war ich später

nicht unzufrieden. Ich begann ferner eine Oper »Russen und Tscherkessen«, worin sich die Liebenden zuletzt selbst in die Luft sprengen; ich ersann eine politische Posse »Dornröschen«, worin vier Prinzen: Treffleton, Carreau, Pickowitsch und Michel Herz mit ihrem Gefolge von Kartenblättern ausziehen, um die schlafende Schönheit zu erlösen, welche unter wohlwollender Aufsicht des Geisterfürsten Europius steht. Der deutsche Michel, der mit seinem unpraktischen Hofmeister Philosophus die Fahrt unternommen hat, gewinnt zuletzt die Braut, nachdem er durch einige Akte von den anderen sehr schlecht behandelt worden ist. Die Idee war nicht übel, der guten Laune fehlte das Derbe und Kräftige, was die Posse braucht, und als Holtei, dem ich das Bruchstück zeigte, beim Durchlesen den politischen Hintergrund gar nicht merkte, ließ ich es unvollendet liegen.

Im Sommer 1844 entstand der Plan zu dem Drama »Der Gelehrte«. Ich fühlte mich, obgleich ich ein fester Liberaler war, oft im Gegensatz zu dem geräuschvollen und flachen Gebaren des jungen Geschlechts, welches sich in den preußischen größeren Städten rührte, und hatte die Ansicht, daß jeder sichere politische Fortschritt von einer Steigerung der Volkskraft auf allen Gebieten des wirklichen Lebens abhängig sei. Diese Steigerung der Kraft aber werde zunächst durch den Zwang der realen Verhältnisse bewirkt, bis zu einem gewissen Grade auch durch Lehre und persönlichen Einfluß solcher, welche sich eine Lebensaufgabe daraus machen, den kleinen Kreisen des Volkes die Kraft zu mehren. Die Grundlage und Stimmung des Stückes wurden durch den Gegensatz zwischen zwei Freunden gegeben, von denen der eine, ein stiller Gelehrter, dazu kommt, von seiner Wissenschaft zu scheiden und als Arbeiter mitten im Volke niederzusitzen, während der andere, Politiker mit fortschrittlichem Antlitz, zuletzt dem Dienst bei einem Aristokraten verfällt. Das Ganze sollte drei Abteilungen haben. Die erste: Lösung des Gelehrten Walter von der Geliebten Leontine, welche sich ihrem Vetter, dem Fürsten, auf Reisen verlobt hat, um einen Familienzwist zu beenden, und Lösung Walters von seinem Amte; die zweite: Gegensätze und Kämpfe, in welche Walter als Werkführer in dem Geschäft eines großen Steinmetzen mit den Arbeitern gerät und seine Entfernung von dort, welche durch die unerwiderte Neigung der Meisterstochter zu ihm veranlaßt wird. Nachdem er verschwunden, erscheint Leontine als Verlobte des Fürsten auf Reisen, sie ist nach jener Trennung von Walter in Tiefsinn versunken, wird mit der Tochter des Steinmetzen bekannt, entdeckt, daß Walter hier gewesen, und findet im Verkehr mit dem Mädchen die Kraft, sich von dem Fürsten zu trennen. Dritte Abteilung: der Familienstreit ist aufs neue entbrannt, die Güter der Leontine sind dem Fürsten zugesprochen, der Freund Walters ist sein Geschäftsführer geworden, Walter kommt als Steinmetz wegen großer Bauten, welche der andere einrichten soll, Konflikte, Erklärungen, Vereinigung der Liebenden.

Nur der erste Akt wurde vollendet. Ich fand eine Befriedigung darin, daß ich mich an einem modernen Stoff mit unserm dramatischen Jambus versucht und die Sprache gefunden hatte, in der nach meiner Meinung ein Schauspiel in Versen zu behandeln war. Die späteren Teile der Handlung lockten mich weniger, weil mir die anregenden Beobachtungen aus dem wirklichen Leben nicht so reichlich zu Gebot standen, und weil ich den ersten Akt niedergeschrieben hatte, bevor dem letzten Akt eine befriedigende Handlung erfunden war.

Unleugbar wurde ich durch den unablässigen Zug zu eignem Schaffen gerade in der Zeit gestört, wo mir für eine fruchtbare akademische Tätigkeit die größte Sammlung nötig gewesen wäre. Ich habe keinen Grund, zu bedauern, daß allmählich die Freude, selbst Dichterisches zu bilden, stärker ward, als der Drang, über dem zu verweilen, was andere in alter und neuerer Zeit geschaffen haben, und ich darf mit Fug behaupten, daß ich nicht in jugendlicher Selbstüberschätzung dem erwählten Gelehrtenberuf entsagte; denn ich war 28 Jahr alt, als ich mich entschloß, meine Vorlesungen einzustellen. Die Weigerung der Fakultät, mir eine beabsichtigte Vorlesung über deutsche Kulturgeschichte zu gestatten, gab die Veranlassung. Die Fakultät war formell ganz in ihrem Rechte; denn ich war nur für die deutsche Sprache und Literatur habilitiert, auch hatten meine wissenschaftlichen Leistungen ihr keinerlei Grund gegeben, mir auf dem neugewählten Gebiet etwas besonderes zuzutrauen, und die Welt hat völlig nichts daran verloren, daß mir dies Kollegium nicht gestattet werden wollte; denn was ich etwa von den Zuständen aus deutscher Vergangenheit den Zuhörern hätte berichten können, das mitzuteilen habe ich mir später mit reiferem Wissen doch nicht versagt, wenn auch in anderer Form. Damals aber war mir das Verweigern ärgerlich.

Ich blieb in Breslau, zog mich von manchem Zerstreuenden zurück und arbeitete still für meine Zukunft.

Eines Tages trat Berthold Auerbach bei mir ein, damals in voller Jugendkraft und auf der Höhe seines literarischen Ruhms. Denn wie man auch den Wert von allem, was er später geschrieben, beurteilen möge, die beiden ersten Bände der Schwarzwälder Dorfgeschichten waren bei weitem das Wirksamste, was er geschaffen hat, für Deutschland ein literarisches Ereignis. Sie erschienen als eine Erlösung von der öden Salonliteratur, welche französischen Vorbildern ungeschickt nacharbeitete, sie brachten Schilderungen aus dem deutschen Volkstum zu Ehren, Charaktere und Sitten, die auf unserem Boden gewachsen waren. Das wurde überall dankbar empfunden und der frische treuherzige Gesell, welcher den Norddeutschen selbst wie eine Gestalt aus seinen Dorfgeschichten entgegentrat, ward, wohin er kam, mit Begeisterung empfangen und als Verkünder einer neuen Gattung von Poesie gefeiert. Es ist jetzt leicht, die Grenzen seiner Begabung abzumessen und in seiner Weise zu schildern die Manier zu erkennen, wer aber mit ihm jung gewesen ist, wird die große und wohltätige Einwirkung seiner Geschichten dankbar in der Seele bewahren. Er war in jenen Jahren lebensfroh, hoffnungsvoll und nicht ganz so beifallsbedürftig, als er wohl später wurde, ein lieber Kamerad. Ich habe niemals einen zweiten kennen gelernt, der mit so kindlicher Hingabe sein Inneres aufschloß und seine Freunde so völlig zu Vertrauten seiner geistigen Arbeit machte, wie er; gute Einfälle und poetische Bilder, kleine charakteristische Züge, die ihm aufgegangen waren, teilte er immer wieder mit und schliff sich durch die Mitteilung selbst die bunten Steine, welche er später in seine Dichtungen hineinsetzte. Niemand ging so sorglos wie er, mit einem Bekannten Arm in Arm, und immer war er es, der sich einhing, und der andere führte. So wurde es auch mit uns beiden. Während seines Aufenthalts in Breslau war er in besonders gehobener Stimmung. Er hatte sich dort eine Braut geworben, die seine erste Frau wurde, ein liebenswertes zartes Mädchen, das ich wohl früher bei Agnes Franz gesehen hatte. Als er mit ihr vermählt werden sollte, lud er mich ein, weil niemand von seiner Verwandtschaft zugegen war, bei der Trauung als sein Zeuge zu erscheinen. »Gut, wie habe ich mich zu verhalten?« – »Komm nur zu der und der Stunde in das Gotteshaus.« Ich ging, erhielt beim Eintritt von zwei Türstehern die unwillige Ermahnung: »So setzen Sie doch auf«, und ward Zeuge, wie er würdig unter dem Brauthimmel stand und durch Geiger nach einer sehr guten Rede getraut wurde. Ich konnte ihm mit vollem Herzen meine Freude über ein Glück aussprechen, dem leider keine Erdendauer beschieden war. Von da an hat er mir durch sein ganzes Leben eine wahrhaft herzliche Zuneigung bewahrt, obgleich ich ihm zuweilen wider Willen bitter weh tun mußte. Er hatte den Roman »Neues Leben« verfaßt und forderte eine Besprechung durch mich in den Grenzboten, ich ließ ihn ersuchen, davon abzusehen, aber er beharrte darauf. Die Besprechung bereitete nicht nur ihm, auch seinem Verleger Mathy Herzeleid. Dann hatte er sein Trauerspiel »Andreas Hofer« geschrieben, wieder vorher gewarnt, weil es leicht war, den Mißerfolg vorauszusehen. Als er es doch nach Leipzig brachte, eine unförmliche Masse von kleinen Szenen, in die er sich den ganzen Tiroler Aufstand zerpflückt hatte, hielt er vier Tage lang einer Kritik Stand, die fast nichts bestehen lassen konnte. Mit inniger Teilnahme sah ich seinen Schmerz, wenn ihm eine liebe Erfindung nach der andern, die kleinen Blüten seines wilden Strauches, abgerissen wurden. Er war zuletzt bleich und vergrämt, aber er blieb beharrlich. Kein anderer hätte das ausgehalten, und am Ende mußte er hören, daß das Übriggebliebene doch noch nichts rechtes sei. Auch in anderen Dingen hatten wir nicht immer dieselbe Auffassung, aber seine Freundestreue überstand alle Kränkungen seines Selbstgefühls.

Seit 1840 rührte sich eroberungslustig ein neues Leben in der dramatischen Literatur und in den Seelen derer, welche für die Unterhaltung des gebildeten Publikums sorgten. Die ältere Generation der Unterhaltungsschriftsteller war stärker durch die Engländer, zumal Walter Scott beeinflußt worden, die jüngeren hingen von Stil und Geschmack der Franzosen ab. Eine Reise nach Paris war für die deutschen Schriftsteller 553 ebenso wünschenswert wie für den Archäologen eine Fahrt nach Italien. Laube und Gutzkow hatten begonnen für das Theater zu schreiben und man hoffte für das deutsche Schauspiel eine neue Blüte. Wenn man auch den poetischen Wert ihrer ersten Dramen, welche als Anzeichen einer neuen Zeit Aufsehen erregten, nicht allzu hoch stellt, sie waren unleugbar ein großer Fortschritt, schon darum, weil sie durchaus auf Bühnenwirkung ausgingen.

Mich verletzte an den Franzosen das keltische Wesen, welches dort in der Literatur nach Molière allmählich obenauf gekommen ist, und die Stücke Viktor Hugos, wie Hernani und *Le roi s'amuse* waren mir völlig zuwider. Wohl aber erkannte ich den Wert des französischen Lustspiels für die Bühne. In diesem Bereich war damals Scribe das herrschende Talent. Es wurde einem Deutschen leicht, zu übersehen, daß seine Bühnengestalten fast alle zu mager waren, und daß er seine Handlung mit größerem Streben nach wirkungsvollen Situationen, als nach innerer Wahrscheinlichkeit zusammenfügte, aber der Bau der Szenen selbst und der behende Dialog waren vortrefflich. Seine Stücke besaßen, was der deutschen Bühne allzusehr fehlte, und wir alle konnten nach dieser Richtung von den Franzosen lernen.

Im Frühjahr 1846 schrieb ich zu Breslau das Schauspiel »Die Valentine«, und es ging mir dabei, wie bei allen meinen späteren Arbeiten von freier Erfindung; langsam kam mir die Wärme für den Stoff, deren ich bedarf, um überhaupt schreiben zu können. Sobald aber die Hauptcharaktere und die Situation feststanden, ließ mich die Arbeit nicht los und die Ausführung war wieder eine Zeit stiller Freude und gehobener Stimmung. Das Schauspiel zeigt deutlich den Geschmack jener Jahre und ein wenig auch die Einwirkung der französischen Komödie. Für jeden Helden, den der Dichter ersann, war es damals wünschenswert, sich in der Fremde gerührt zu haben. Das kleinstaatliche Wesen der deutschen Heimat, die engen Verhältnisse und unsere alte Spießbürgerei wurden mit großer Verachtung verurteilt. Aber, was bedenklicher war, in der Sehnsucht nach größerer Freiheit wurde auch die herkömmliche Auffassung von Sitte und Sittlichkeit mit kritischem Blicke betrachtet und oft zu niedrig geschätzt. In der »Valentine« verrät der freie Held Georg am auffälligsten die Unfreiheit des Dichters.

Oft stehen der geringe Kunstwert eines poetischen Werkes und das abfällige Urteil, womit ein späteres Geschlecht dasselbe richtet, in schroffem Gegensatz zu der warmen Anerkennung, welche ihm in der Zeit seines Erscheinens zuteil wird. Das war von je so und wird bleiben; denn die Mängel einer Dichtung in Charakteren, Handlung und Sprache sind oft nur ein Abbild der besonderen Mängel, welche der gesamten Bildung einer Zeit anhängen. Leser und Hörer erfreuen sich am meisten an der Abspiegelung dessen, was ihnen selbst eigentümlich ist und im Dichterwerk als neue Gabe gegenüber dem alten erscheint, und jede Dichtung, welche frischen, noch nicht dagewesenen Abdruck der Zustände und Anschauungen bietet, die gerade modern sind, gilt den Lebenden als neuer Fund, und als ein Fortschritt in der Kunst. Die Folgezeit freilich erspart dem Schaffenden den Rückschlag nicht, und wenn sein Gedicht Verbildungen vergangener Jahre recht deutlich offenbart, so wird dasselbe dem jüngeren Geschlecht, welches sich im Kampfe gegen das ältere zu erheben sucht, gerade wegen derselben Besonderheiten verleidet, durch die es im Anfange den Menschen lieb wurde. Glücklich ist der Autor, dem vergönnt war, in seinen Arbeiten auch so viel von dem tüchtigen und gesunden Leben seines Volkes abzuspiegeln, daß das spätere Urteil über die Mängel, welche ihm als Schwäche seiner Zeitbildung anhaften, ein mildes wird.

555

Ich aber hatte während der Niederschrift des Schauspiels die frohe Empfindung, daß ich der dramatischen Bewegung in den Charakteren und der wirksamen Szenenführung Herr geworden war. Das Stück konnte bis auf eine kleine Vereinfachung der Szenerie, so wie es niedergeschrieben war, aufgeführt werden.

Noch fehlte etwas, was dem dramatischen Schriftsteller nötig ist: genaue Kenntnis und einige Übung in der Regiearbeit, ich hatte noch zu lernen, wie man ein Stück in Szene setzt und einstudiert. Deshalb ging ich im Winter 1846 nach Leipzig, wo das Schauspiel gerade unter der Führung von Heinrich Marr ein vielversprechendes Aussehen gewonnen hatte. Dort wurde mir bereitwillig gestattet, den täglichen Proben, so oft ich wollte, beizuwohnen und alles, was ich zu kennen begehrte: den Bau der Bühne, alle Vorbereitung und Hilfe der Aufführungen bis auf die Werke des Schnürbodens, genau zu erkunden. Es waren einige gute Monate, die ich dort verlebt habe; noch jetzt gehören sie zu meinen angenehmsten Erinnerungen. Oft war ich im Hause von Heinrich Laube. Wir waren Landsleute, aber wir waren auf ganz verschiedenem Boden herausgewachsen. Er, der ältere, galt immer noch für einen Führer der jungdeutschen Richtung, und hatte die Vorliebe für französischen Geist in sich aufgenommen, ich folgte der Strömung, welche die deutsche Art in der Poesie zu Ehren bringen wollte. Den Gegensatz fühlten wir beide, etwas davon hat auch in späteren Jahren bestanden, aber wir haben immer vermieden, das gute persönliche Einvernehmen dadurch zu stören. In Wahrheit war der gesamte jungdeutsche Trödel nicht seiner Natur gemäß, welche derb, praktisch, auf verständige Würdigung des wirklichen Lebens angelegt war, er hatte ein redliches deutsches Gemüt mit allen Bedürfnissen des deutschen Herzens in Ehe und Familienleben. Daß ihm eine liebenswerte Frau als Vertraute und Beraterin zur Seite stand, das erleichterte ihm die Befreiung von den literarischen Schwächen seiner Jugend.

556

Außerdem verkehrte ich fast nur mit den Schauspielern Marr, Bertha Unzelmann, Joseph Wagner, Elisabeth Sangalli. Den Stunden nach dem Theater, welche wir in lebhafter Unterhaltung über unsere Kunst am

Teetisch zubrachten, habe ich vieles zu danken, und lobend muß ich hervorheben, wie hingebend alle für ihre Kunst lebten, und wie gut bei aller Zwanglosigkeit die Haltung war, in welcher diese Kinder der launigsten Muse miteinander verkehrten. Nur selten brach die Heftigkeit Heinrich Marrs, der damals wohl auf der Höhe seiner Tüchtigkeit stand, heraus. In meiner Gegenwart wurde »Die Valentine« einstudiert; das Stück gefiel.

Ich wurde auf einmal ein Dichter, der zu Hoffnungen berechtigte, und fand mich in einem umfangreichen Briefverkehr, genoß reichlich das Vergnügen, welches durch das freundliche Entgegenkommen der Theaterleitungen und durch die Empfänglichkeit der Darsteller bereitet wird, und machte auch Erfahrungen über Ungeschick der Intendanzen und Eitelkeit der Künstler.

Als ich »Die Valentine« an die Theater versandt hatte, erhielt ich zu Leipzig einen Brief Gutzkows, der damals Dramaturg des Dresdener Hoftheaters war, er sei geneigt, das Stück zu geben, doch sei vorher persönliche Besprechung nötig. Ich fuhr nach Dresden und ging zu ihm. Er empfing mich, die Finger der rechten Hand hinter der Rockklappe, genau so, wie auf der Bühne der Minister einen armen Teufel von Bittsteller annimmt, und leitete stehend die Verhandlung mit den Worten ein: »Ihr Stück ist so, wie Sie es versandt haben, für unsere Bühne nicht zu gebrauchen, ich bin aber bereit selbst die nötigen Änderungen vorzunehmen und dasselbe für das deutsche Theater einzurichten und frage, ob Sie mir dies überlassen wollen.« Ich mußte antworten: 557 »Nein; ich habe im zweiten Akt eine kleine Szenenänderung gemacht, die ich den Theatern nachträglich zusenden werde, im übrigen habe ich bei der Leipziger Aufführung gesehen, daß das Stück bühnengerecht ist.« Darauf er, noch strenger: »Leipzig ist nicht maßgebend, wenn wir das Stück hier zur Aufführung bringen sollen, müssen Sie sich die Änderungen gefallen lassen, die ich für nötig finde.« Und ich: »Nach dieser Erklärung muß ich Ihnen antworten, entweder geben Sie das Schauspiel so, wie ich es übersandt habe mit der erwähnten Änderung, oder ich, der Verfasser, versage Ihnen die Aufführung und fordere meine Sendung zurück. Leben Sie wohl.« Eine Weile darauf kam Emil Devrient – durch seine Gastspiele in Breslau ein alter Bekannter – eilfertig in das Hotel: »Was haben Sie mit Gutzkow gehabt, er war außer sich bei mir.« Ich schilderte ihm den lächerlichen Verlauf. Emil entfaltete die Fittiche eines versöhnenden Engels und lud zu einem Friedensmahl. Bei Tisch saß ich Gutzkow gegenüber, ich unterhielt mich mit meinen Nachbarinnen, während er schweigsam beobachtete. Nach dem Essen trat er an mich, sprach artig sein Bedauern über das Mißverständnis aus und ersuchte um Zusendung meiner Änderung. Das Stück wurde jedoch erst gegeben, als er nicht mehr Dramaturg war, und als Grund angeführt, daß die Intendanz Bedenken gehabt hatte, was sehr wahrscheinlich war. Gutzkow aber habe ich unter vier Augen nur noch einmal gesehen und da erschien er mir in anderem Licht. Er hatte fast zu derselben Zeit, wo das Schauspiel »Graf Waldemar« auf die Bretter kam, das Trauerspiel »Wullenweber« geschrieben und damit kein Glück gehabt. Damals machte er mir ganz unerwartet in Dresden einen Besuch, fing von Waldemar an und sprach Beistimmung und Bedenken dagegen so gescheit und unbefangen aus, daß ich ganz erstaunt war; dann ging er auf sein Stück über, bedauerte den unglücklichen Wurf und äußerte sich schonungslos über sein eigenes Schaffen. Er hatte leider in allem recht was er von sich sagte und ich schied mit wahrhafter Teilnahme von ihm.

Einen heiteren Vorfall anderer Art erlebte ich in Berlin. Louis Schneider, der gern Episoden spielte und sich bei der Regie wohlwollend die kleine Rolle eines einbrechenden Spitzbuben, »des Zigeuners« ausgebeten hatte, nahm mich vor der Probe beiseite, erklärte mir, daß es sein Grundsatz sei, sich in allem nach den Wünschen des Dichters zu richten, und ersuchte deshalb in der Garderobe sein Kostüm anzusehen. Dort wies er dem erstaunten Verfasser einen ungarischen Zigeuneranzug, wie für einen Maskenball, den er sich eigens zusammengesetzt hatte: unförmlichen Schlapphut, buntgeschnürten Rock, enge Beinkleider und gelbe Stiefletten mit ungeheuren Sporen.

»Unmöglich, Herr Schneider, der Spitzname Zigeuner ist für den Strolch nur gewählt, um der Regie und dem Darsteller eine kleine Schattierung in der Erscheinung nahe zu legen: dunkles Haar, braune Haut, die Beinkleider in den Stiefeln, allenfalls die heftigen Bewegungen eines Südländers. Sie wollen doch nicht mit klirrenden Sporen den Balkon hinaufsteigen.« – »Meinen Sie nicht?« frug er enttäuscht. Als nun in der Probe die bedenkliche Szene kam, wo die einbrechenden Gauner das Zwiegespräch zwischen Valentine und Georg stören, tat Zigeuner Schneider mit den Händen die Falten des Balkonvorhangs ein wenig auseinander und steckte sein rundes Angesicht mit schlauer Miene so hindurch, daß der Kopf von dem dunkeln Vorhang ganz umrahmt wurde. Da das Publikum ohnedies gewöhnt war zu lachen, so oft er auftrat, mußte diese groteske Einführung seines Gesichtes tödlich für die Wirkung der Szene und wahrscheinlich für das ganze Stück werden. Ich sagte ihm das, und er versprach ergeben, sein Antlitz den Zuschauern zu versagen und nur an den Falten des Vorhanges zu rühren. Weil aber vorauszusehen war, daß er bei der Vorstellung doch

irgend etwas unternehmen werde, was die Aufmerksamkeit in störender Weise auf ihn zog, so ersuchte ich Hendrichs, der den Georg spielte, bei der Aufführung dem Künstler die Gelegenheit zu kleinen Streichen nicht zu gewähren. »Sobald er an dem Vorhang rührt, springen Sie hinzu und schlagen ihn hinter der Gardine zu Boden.« Das versprach Hendrichs eifrig und er machte es auch bei der Darstellung ganz gut. Zwar konnte Schneider sich nicht enthalten, auf dem Boden in lächerlicher Weise bis mitten auf die Bühne zu kollern und die Galerie auf einen Augenblick fröhlich zu machen, doch ging die Störung ohne weitere Folgen vorüber. – Nicht immer sind die eitlen Mimen so gutherzig, wie Louis Schneider im Grunde war.

Im Jahre 1847 siedelte ich nach Dresden über. Dort richtete ich meinen kleinen Haushalt ein, heiratete eine Freundin, der ich seit Jahren mit inniger Neigung zugetan war, und fand mich bald in geselligem Verkehr mit schlesischen Landsleuten, welche in der Fremde ihre Wanderrast hielten, und mit der Künstlerschaft Dresdens. Aus dieser wurde mir Eduard Devrient, der ältere Bruder Emils, besonders wert. Er hatte nach Gutzkow die Leitung des Schauspiels übernommen, lebte in wohlgeordneter glücklicher Häuslichkeit, sein Haus ein Mittelpunkt für einheimische und zureisende Kunstgrößen. Mit ihm und seiner Familie bin ich, solange er gelebt hat, in freundschaftlicher Verbindung geblieben. Zu unserem Kreise gehörte auch der Sozialist Julius Fröbel, in politischen Fragen so doktrinär, daß er kaum für zurechnungsfähig gelten konnte, im persönlichen Umgange sein und weich und von vornehmer Haltung. Er hatte mit Arnold Ruge vor kurzem eine Buchhandlung gegründet, welche unter großen Hoffnungen der Teilhaber ins Leben trat, sie hatten sich erboten, meine Verleger zu werden, und die erste Sammlung meiner Theaterstücke ist in ihrem Verlage erschienen. Auch Ruge weilte oft unter uns und wenn er und Fröbel vor mir saßen, so

mischte sich zu dem lebhaften persönlichen Anteil, den man beiden zuwenden mußte, leicht der Humor über das Wesen der beiden so verschiedenen Größen, von denen jeder die Welt durch bunte Seifenblasen umgestalten wollte, die er in die Luft schickte, während jeder die

eigenen geschäftlichen Verpflichtungen mit wahrhaft kindlichem Ungeschick behandelte.

Auch Richard Wagner wurde mir in größerer Gesellschaft bekannt,
ohne daß ich ihm näher trat. Dieser erzählte bei einem Begegnen im
Herbst 1848, daß ihn die Idee zu einer großen Oper beschäftige, die in
der germanischen Götterwelt spielen solle; der Inhalt aus der nordischen
Heldensage stand ihm noch nicht fest, aber was ihn für die Idee begeisterte, war ein Chor der Walküren, die auf ihren Rossen durch die Luft
reiten. Diese Wirkung schilderte er mit großem Feuer. »Warum wollen
Sie die armen Mädchen an Stricke hängen, sie werden Ihnen in der
Höhe vor Angst schlecht singen.« Aber das Schweben in der Luft und
der Gesang aus der Höhe war für ihn gerade das Lockende, was ihm
die Stoffe aus dieser Götterwelt zuerst vertraulich machte. Nun ist für
einen Schaffenden nichts so charakteristisch, als das Ei, aus welchem
sein Vogel herausfliegt. Die Freude an unerhörten Dekorationswirkungen
ist mir immer als der Grundzug und das stille »Leitmotiv« seines
Schaffens erschienen.

Im Herbst 1847 schrieb ich in Dresden das Schauspiel »Graf Waldemar«. Es sollte ein Gegenstück zu »Valentine« sein. Der Stoff hatte einige
Schwierigkeiten. Die erste war das Gewagte der ganzen Begebenheit.
Diese Gefahr glaubte ich durch eine vornehme Behandlung, auf die ich
mir etwas zugute tat, bewältigt zu haben. Über das zweite Bedenken,
daß Waldemar nach acht Jahren in der Fürstin nicht sogleich eine frühere Bekannte wieder erkennt, konnte das Publikum allenfalls hinweg-
gebracht werden, ohne daß eine nähere Motivierung nötig wurde, welche
nicht schwer aber peinlich gewesen wäre. Die dritte Schwierigkeit war,
daß am Schluß dem Zweifel Raum gelassen ist, ob der gebesserte Held   561
in dem neuen Leben, zu dem er sich so plötzlich entschlossen hat, aus-
dauern werde. Diese Schwierigkeit ist nicht überwunden. Sie war aber
wohl zu überwinden, wenn ich die Wandlung am Schluß schon während
des Stückes durch einen kleinen Zusatz zu dem Charakter des Helden
besser motiviert hätte. Daß ich dies während der Arbeit nicht deutlich
empfand, war entweder ein Mangel der Begabung, oder ein Rest von
Unreife. Dennoch erschien mir das Schauspiel, wie es fertig vor mir lag,
in der ganzen Arbeit als ein Fortschritt gegen das vorhergehende. Die
Charaktere waren für die Darsteller dankbar und die Führung der Szenen
soweit bühnengerecht, daß auch dies Stück fast ohne Striche und mit

nur einer kleinen Abänderung im letzten Akt[1] aufgeführt werden konnte.

Seinem Lauf über die deutschen Theater war das Jahr 1848 nicht günstig. Auch mir lag seitdem anderes im Sinn, als meine Schriftstellerei; aber das Stück verschaffte mir doch die Freude, in dem Berliner Schauspielhaus eine gute Aufführung zu erleben.

Im Jahre 1847 hatte ich die Bekanntschaft von Ludwig Tieck gemacht. Gegen ihn fühlte ich eine jugendliche Verehrung, er galt mir für den Vertreter einer glorreichen Zeit deutscher Dichtkunst und die kleine romantische Zauberwelt seiner Gedichte hatte sich in meine lyrischen Versuche überall eingedrängt. Auch die persönliche Bekanntschaft tat mir wohl, die wunderbar leuchtenden Augen in dem ausdrucksvollen Haupte, welches wie ermüdet über die zusammengedrückte Gestalt neigte, und die milde seine Weise, in welcher er sprach und zu fragen wußte. Er war gegen mich von anmutiger Herzlichkeit. Da nun »Graf Waldemar« in Berlin gegeben werden sollte, erbot er sich, der Schauspielerin Viereck die Rolle der Georgine einzustudieren. Das war freundlich und es war auch nicht unnütz, denn diese glänzende Bühnengestalt, eine der schönsten Frauen, welche auf dem deutschen Theater gespielt haben, war nicht reich begabt, ihr fehlte zuweilen die Leidenschaft, noch mehr der Geist. Die Rolle, welche nicht leicht und in gewissem Sinne nicht dankbar ist, wurde durch seine Hilfe eine sehr gute Leistung. Meine werten Bekannten von Leipzig, Wagner und die Unzelmann, waren beide in Berlin engagiert worden und taten als Waldemar und Gertrud alles, dem Verfasser eine Freude zu machen; der vortreffliche Weiß, welcher den Vater spielte, hatte das Stück sehr sorgfältig einstudiert. Es war ein leeres Haus mitten im Straßenlärm des Juni 1848 und der Verfasser saß im Parkett fast allein. Aber an dem Abende wurde ihm die größte Freude und Ehre eines dramatischen Schriftstellers zu Teil, daß seine Schauspieler höher, voller und reicher schufen, als ihr Worttext beanspruchte; auch die kleinste Wirkung ging nicht verloren und die Begeisterung, in welcher die Darsteller stolz und gehoben dem leeren Hause ihr Bestes gaben, war wunderschön. Wenn mir später einmal ein Mißbehagen darüber nicht erspart blieb, daß von berühmten Künstlern

562

1   In der gewagten Schlußszene brachte ursprünglich Georgine das Terzerol zum Vorschein, es war Berta Unzelmann, welche mit Recht auf der Abänderung bestand, daß Waldemar dies tun müsse.

vieles weit roher und plumper herausgebracht wurde, als ich gewollt, so konnte ich an jenen Abend zurückdenken, um die Hochachtung vor der Schauspielkunst nicht zu verlieren.

In der Folge hat das Schauspiel sich allmählich auf den Theatern festgesetzt, zum Teil weil die Titelrolle von namhaften Darstellern empfohlen wurde, und es ist wie »Die Valentine« bis jetzt Repertoirstück geblieben.

Durch die erwähnten Schauspiele hatte ich festen Fuß auf der deutschen Bühne gefaßt, ich war ein genannter Autor geworden, der von den Theatern mit Achtung betrachtet wurde. Fünf Jahre von der »Brautfahrt« bis zur »Valentine« war ich nach den Geheimnissen des 563 dramatischen Stils auf der Fahrt gewesen, wie das Kind im Märchen hatte ich bei Sonne, Mond und Sternen danach geforscht, endlich hatte ich sie gefunden, die Seele schuf sicher und behaglich in der Weise, welche die Bühne für sich fordert, und ich durfte mir ohne Selbstüberhebung sagen, daß es zur Zeit in Deutschland niemanden gab, der die technische Arbeit des Bühnenschriftstellers besser verstand als ich. Ich hatte einigen Grund zu der Hoffnung, daß ich in dem gewählten Berufe ohne übergroße Anstrengung alljährlich ein neues Stück für die deutschen Theater schreiben und eine gute Stellung in unserer Literatur behaupten würde. 564

9. Bei den Grenzboten

Da kam das Jahr 1848 und stellte Aufgaben, die größer waren als alle Eroberungen auf der deutschen Bühne. Als die erste Nachricht von den Berliner Barrikaden in Dresden eintraf, legte ich meinen Theaterkram beiseite, ich dachte mir, daß der Staat Kraft und Leben jedes einzelnen für sich fordere, mein Heimatland Preußen auch mich. Der Ausbruch erfolgte plötzlich, doch nicht unerwartet. Seit einem Jahre hatten wir dahin gelebt wie Leute, welche unter ihren Füßen Getöse und Schwanken des Erdbodens empfinden. Alles in den deutschen Verhältnissen erschien haltlos und locker, und jeder rief, daß es nicht so bleiben könnte, aber die Ansichten über das, was werden sollte, gingen himmelweit auseinander ins Blaue. Nun war seit einem Jahre in Preußen der Versuch gemacht worden, eine Volksvertretung zu schaffen. Es war halbes Werk, aber wenn irgendwo, so hätte man in Preußen bei der Tüchtigkeit und Jugendkraft des ganzen Wesens und bei der Anhänglichkeit an den Staat, die hinter allem Geschrei doch im Volke vorhanden war, auf eine friedliche Entwickelung hoffen können. Da verbreitete sich vom Auslande her der wilde Rausch in die großen Städte; die allzulange Bevormundung der Presse und der öffentlichen Meinung waren weit größere Schäden gewesen, als man wohl angenommen hatte.

Dennoch war, was die gewaltsame Erhebung verursachte, im letzten Grunde durchaus nicht eine Zerrüttung des Staates, nicht schlechte Verwaltung, nicht unerträgliche Beschränkung der persönlichen Freiheit, sondern vielmehr der Umstand, daß die Deutschen der jüngeren Generation zu wenig vorfanden, woran sie ihr angeborenes, untilgbares Bedürfnis zu lieben und zu verehren, befriedigen konnten. Die Person Friedrich Wilhelms III. hatten sich die Preußen nach ihren gemütlichen Wünschen zugerichtet und an diesem Idealbilde mit treuer Wärme festgehalten, so lang er lebte, das Wesen seines Nachfolgers war ihnen unverständlich und unsympathisch, das unablässige Hervortreten eines persönlichen Willens, dem die Festigkeit so sehr fehlte, hatte gereizt und erbittert, es gab, wohin man die Augen richtete, keinen Menschen in herrschender Stellung, dem man sich mit vollem Herzen hingeben konnte. Das war die deutsche Gefahr. Dieser Umstand verursachte, daß eine lange Kette widerwärtiger und abgeschmackter Erscheinungen die Seelen verstörte. Den Mangel an Helden suchten sich die Deutschen in der nächsten Zeit immer wieder zu ersetzen, der Eifer, mit welchem sie ihr Herz an helltönende Redner oder auch an österreichische Herren mit volkstümlichem Anstrich hingen, war bezeichnend für den Zustand einer unbefriedigten Sehnsucht.

Ich fühlte mich in dieser Zeit zu Dresden vereinsamt, meine Verleger Ruge und Fröbel wurden mir schnell entfremdet, und ich sah umher, ob ich irgendwo Gelegenheit finden könnte, mich in meiner Art tätig zu erweisen.

Zu den politischen Vereinen, welche in Sachsen zusammentraten, hatte ich, solange sie bestanden, keinerlei Verhältnis. Der deutsche Verein, welcher für den gemäßigten galt und besonnene Männer enthielt, schwankte in seinen Beschlüssen und Flugblättern unsicher umher, weil es in jenen Monaten auch einem verständigen Sachsen fast unmöglich wurde, den Glauben an eine Führerschaft Preußens und die Trennung von Österreich festzuhalten. Den Vaterlandsverein aber, offenbar den stärkeren, beurteilte man am mildesten, wenn man ihn mit Humor betrachtete, oft freilich wurde der Ärger übermächtig. Er war keine neue und keine sächsische Erfindung. In Preußen war seit Jahren an dem jüngeren Geschlecht genau dieselbe Gemütsrichtung erkennbar gewesen, sie hat unter verschiedenen Namen bis zur Gegenwart bestanden, und wird wahrscheinlich dauern, solange unser Volkstum besteht.

Diese Richtung hatte in den letzten Jahrzehnten überall in Deutschland Zusammenhang und eine gewisse Vereinserfahrung gefunden. In Sachsen war Robert Blum, welcher damals für den ersten Leiter galt, mir seit einem Besuche zu Leipzig im Jahre 1845 durch seine Stellung als Theatersekretär wohl bekannt als ein gutmütiger behaglicher Mann, den seine große Gabe wirkungsvoll zu reden und sein pathetischer Schwung zum Volksführer machten. Er hatte mich in jener Zeit eingeladen, der Gründung einer christkatholischen Gemeinde in Leipzig beizuwohnen. Denn obgleich seine eigenen kirchlichen Bedürfnisse nicht stark waren, und ihm, wie er vertraulich gestand, die Sache nicht nahe lag, so wollte er doch als Katholik sich dieser Bewegung nicht entziehen. Ich hörte deshalb erstaunt, mit welchem Feuer er in der Versammlung gegen die Schäden der herrschenden Kirche wetterte. Als aber einer der Anwesenden den klugen Einwand erhob, daß diese Schäden zwar durchaus vorhanden wären, daß man aber als liberaler Katholik eine Besserung vor allem innerhalb der Kirche selbst durch Beschwerden und Vorstellung der Gemeinden bei den Regenten der Kirche erstreben müsse, da wurde Blum in seinem konstitutionellen Gewissen sichtlich unsicher, und Professor Wuttke, der als historischer Ratgeber mit vielen großen Büchern zur Seite saß, mußte ihm unter dem Tisch einen Zettel zustecken, auf welchem eine Festsetzung des Tridentinischen Konziliums angezogen war, welche jede Tätigkeit der Laien beseitigte. Er warf nur einen Blick auf den Zettel und erhob sich sofort gewaltig, gab dem Vorredner warme Beistimmung wegen des Einwandes zu erkennen, und vernichtete dann die Forderung mit tiefster Bewegung, indem er den Paragraphen mit einer Stimme anführte, die wie der Donner rollte. Dagegen war nichts zu machen und die Gemeinde wurde ohne Widerrede gegründet.

Jetzt im Frühjahr 1848 erließ der Verein viele harte Urteile gegen die bestehenden Staatsgewalten, und seine Mitglieder tappten Schritt für Schritt in die Republik hinein. Wenn ihnen aber auch beide Großmächte des alten Bundes für gemeinschädliche Erfindungen feudaler Vergangenheit galten so war doch die stille Abneigung gegen den Nachbar Preußen von dem sie am meisten beeinflußt wurden, die größere, was bei Sachsen nicht zu verwundern war.

Während nun überall die Menschen in Sorge, Zweifel und törichten Hoffnungen umhertrieben, empfand ein Preuße unter den Nachbarn das Glück, einem Staate anzugehören, dem trotz allem die Zukunft in dem zerrissenen und haltlosen Deutschland gehören mußte. Die häßlichen Erscheinungen, welche das Tagesleben auch in der Heimat zeigte, waren nicht so nahe, daß sie das Urteil verwirrten, und was daheim groß war, das wurde bei den Nachbarn wärmer empfunden. So war es wohl einem Preußen zu verzeihen, wenn er, trotz der Berliner Tumulte und dem Fahnenritt Friedrich Wilhelms IV. mit stillem Stolze zwischen den streitenden Parteien dahinging.

In diesen Wochen steigender Bewegung kam einmal Laube zu mir, erzählte, daß er sichere Aussicht habe, von Deutsch-Böhmen in die Frankfurter Nationalversammlung gewählt zu werden, und forderte mich zur Bewerbung für einen andern Wahlkreis Böhmens auf, wo der Kandidat durchaus fehlen der Erfolg sei sicher. Ich aber konnte von einem böhmischen Ort eine Wahl in einen deutschen Reichstag nicht annehmen ich hätte mich ja selbst wieder hinauswerfen müssen. Außerdem hielt ich eine Volksvertretung, in welcher Österreich mit seinen ganzen Bundesgebiet lagerte, nicht für die Stätte, auf welcher die Entscheidung über die deutsche Zukunft getroffen werden konnte.

Doch fand auch ich bald darauf Gelegenheit, den Drang nach politischer Tätigkeit auf einem kleinen Seitenwege zu befriedigen. Unter den zahlreichen Versammlungen, welche zusammenliefen, waren auch die der »Fremden«, der in Dresden lebenden Nichtsachsen, welche für sich die Wahl eines besonderen Abgeordneten zu der Nationalversammlung zu Frankfurt begehrten, ein Verlangen, dessen Erfolglosigkeit selbstverständlich war. Da diese Versammlungen aber meist aus Arbeitern, Gesellen und Gehilfen der Dresdener Geschäfte bestanden, so kam dabei alles mögliche, was den Mitgliedern in ihrem bescheidenen Leben beschwerlich war, zur Sprache; zahlreiche Redner schilderten den Druck und das Unleidliche ihrer eigenen Verhältnisse, die Härte der Arbeitgeber, das elende Haufen in Schlafstellen ohne ein Daheim, den Mangel an Gelegenheit sich weiter zu bilden und anderes Traurige. Endlich gab einer von ihnen aufgeregt und wirksam den bitteren Gefühlen Ausdruck, die ein fremder Arbeiter haben müsse, wenn er ohne jeden Familienhalt allein und müde in der großen Stadt am Feierabend durch die Straßen gehe, vorüber an großen Sälen mit schönen Tapeten, wo die Kronleuchter brennen, vergoldete Spiegel hängen, und die reichen Leute sich gesellig vergnügen, immer vorüber, um selbst eine schlechte Spelunke aufzusuchen oder seine kalte Dachkammer. Als er geendigt hatte und die Versammelten gerade ihr Schicksal düster empfanden, da lag es nahe ihnen zu sagen, daß sie selbst dies Behagliche, was ihrem Leben fehlte, ebensogut haben könnten, wie die Reichen, wenn nicht einer allein, doch im Bunde mit anderen. Dazu gerade seien die Vereine gut, und ich rechnete ihnen vor, wenn jeder der Anwesenden von seinem Verdienste monatlich nur wenige Groschen abgebe, so könnten sie sich auch einen Saal mieten mit Kronleuchter und Tapeten, mit einem erwählten Kastellan, der ihnen zu billigem Preis Speise und Getränk verkaufe, mit Zeitungen zum Lesen, vielleicht später mit einer kleinen Bibliothek, einem Gesangverein usw. Wenn sie wirklich dazu den guten Willen hätten, so werde sich wohl jemand finden, der die nötige Bürgschaft gegen den Besitzer des Lokals übernehme, und wenn 5–600 Mann zusammenkämen, so wollte ich ihnen das besorgen. Die Hauptsache freilich müßten sie 569 selbst tun. Und ich erzählte ihnen von dem Berliner Handwerkerverein, den ja manche von ihnen bereits kannten. Der Gedanke gefiel, es wurde sogleich ein Komitee niedergesetzt, darauf Statuten entworfen, vierundzwanzig Ordner, mit Schärpen, gewählt, ein passendes großes Lokal wurde gemietet mit schönem großem Kronleuchter, vergoldetem Spiegel und blauer Tapete, – es war damals dergleichen in Dresden billig zu haben – und der Fremdenverein, der sich bald Handwerkerverein nannte, trat zusammen. Es gelang auch, was weniger leicht war, ihn zusammenzuhalten und zu wirklichem Nutzen für die Mitglieder zu verwerten. An mehreren Abenden der Woche wurden Vorträge gehalten, bald wurde ein Gesangverein eingerichtet, ein Fragekasten aufgestellt und die zahlreichen hineingeworfenen Zettel am Abend von dem Vorsitzenden besprochen. Es erwies sich, daß dieser Kasten ein gutes Mittel abgab, die Bedürfnisse und Stimmungen der Mitglieder kennen zu lernen und unberechtigten Wünschen entgegenzutreten.

Für die Leitung des Vereins war vom ersten Anfange Karl Banck, der Musiker, ein zuverlässiger und treuer Gehilfe, der in dieser Zeit der Prüfungen die Tüchtigkeit seines festen Wesens und großes Geschick für Verwaltung bewährte, er war es auch, der das Quartett einrichtete und der nach meinem Abgang im nächsten Winter die beste Stütze des Vereins blieb.

Der Verein hatte in seinen Statuten erklärt, daß er keiner politischen Partei angehöre, doch war natürlich die Politik von den Erörterungen nicht fern zu halten, und es galt hier zunächst den Unsinn abzuwehren und zu verhindern, daß die Gesellschaft nicht von dem werbelustigen Vaterlandsverein als Jagdgebiet benutzt wurde. Dies war keine bequeme Aufgabe und die wackeren Knaben, welche sich bald mit deutschem Zutrauen den Führern anschlossen, hatten manchen Abend großer

Aufregung durchzumachen. Vor allem damals, wo von ihnen verlangt wurde den Mord Lichnowskys und Auerwalds als eine schwere Missetat zu verurteilen. Da war eiserne Festigkeit notwendig und Aufgebot aller Kraft, um die Verwirrung des Urteils zu bändigen, welche mehr als einmal die Gesellschaft zu sprengen drohte. Doch diese und ähnliche Gefahren wurden überwunden. Die Mitglieder gewöhnten sich, die Abende unter den Glaskristallen ihres Saales zuzubringen, einzelne verloren sich, dafür traten andere zu. An den Vorträgen, für welche die Hilfe guter Freunde geworben wurde, fanden sie Behagen, noch mehr an den Gesprächen darüber, die nachher eingeleitet wurden. Wir hielten darauf, daß jeden Abend einer von uns, Banck oder ich, anwesend war.

Auch die vierundzwanzig Ordner erwiesen sich in der großen Mehrzahl als treue Gehilfen, sie waren von den Mitgliedern gewählt und die Wahl im ganzen vortrefflich – unter ihnen wurde eine gute Stütze der junge Maler Plockhorst; einige lebten verheiratet und in leidlich gesicherter Stellung. Natürlich durfte auch die leichte Unterhaltung nicht fehlen; an Sonntagen machte der Verein unter seiner Fahne, zuweilen mit Gästen, mit Frauen und Mädchen bei leidlichem Wetter Ausflüge in die Umgegend. Auch hier übten die Ordner gute Polizei, was namentlich gegenüber den weiblichen Gästen wünschenswert war, deren Angemessenheit nach einem besonderen Gesetzbuch der Ethik beurteilt wurde. So weit dies dem Vorstand deutlich wurde, bestanden Rangstufen: die verheirateten Frauen und ihre Töchter, die Bräute, und als dritte die Mädchen, welche mit schärferer Kritik betrachtet wurden. Bei Gesellschaften, die zuweilen weit über tausend Personen umfaßten, ist nie ein Fall von Trunkenheit und Ungebühr vorgekommen, die Mitglieder waren darin gegeneinander selbst sehr streng und ängstlich bemüht, dem Vorstand keinen Grund zum Einschreiten zu geben.

Es waren die Monate des Frühlings und Sommers, bis zu meinem Abgange nach Leipzig, in welchen ich für den Verein lebte und die meisten Abende in ihm zubrachte. Sie boten in vielem eine gute Ergänzung zu den Erfahrungen, welche ich bei den Webern und Spinnern in Schlesien gemacht. Die Vereinsgenossen gehörten in der großen Mehrzahl dem Arbeiterstande an und ihre sozialen Forderungen liefen zwar damals noch in Kinderschuhen, aber sie waren fast sämtlich vorhanden und beschäftigten die Seelen darum nicht weniger, weil sie noch als gemütliche Klage der einzelnen zu Tage traten.

Im ganzen muß ich wahrlich sagen, daß mich der Verkehr gelehrt hat, wie gutherzig und anhänglich die Seelen in diesen Kreisen des Volkes sind. Aber auch, daß sie in der Empfindung eigener Schwäche zu Werkzeugen ihrer Führer werden, und daß ein Vereinsleben, wie das geschilderte, nur gedeihlich wirken kann, wenn es von gebildeten Männern unablässig behütet wird. Untereinander hadern die Mitglieder, Mißtrauen, Eitelkeit und kleine Eifersucht stören leicht den Zusammenhang; wo die Deutschen aber einmal dem Bedürfnisse germanischer Natur nachgehend lieben und vertrauen, da sind sie treu und opferfähig. Im kleinen wie im großen.

Auch von Leipzig aus besuchte ich zuweilen den Verein, und das freundliche Verhältnis zu den Mitgliedern blieb erhalten. Als im nächsten Jahre zu Dresden der Straßenkampf ausbrach, hatten wir die hohe Genugtuung, daß von den 500 Genossen des Vereins sich nicht mehr als fünf an dem Aufstande beteiligten. Der Verein überdauerte deshalb die Sturmzeit, er wurde seitdem von der sächsischen Regierung nicht unfreundlich betrachtet und erhielt für die Bildungsstunden, die er einrichtete, wohl auch einen kleinen Zuschuß. Doch wurde er in den nächsten Jahren allmählich schwach und verging, weil die Leiter fehlten. Aber er hatte sich in der gefährlichen Zeit bewährt.

Während dies Vereinsleben mich in den Abendstunden des tollen Jahres beschäftigte, fand sich auch neue Arbeit für den Tag, ich ging unter die Journalisten.

572

Es war in den ersten Monaten des Jahres 1848, als ich bei einem Besuch in Leipzig einem kleinen Herrn gegenüber saß, dem hübsche blonde Locken ein rundliches, rosiges Kindergesicht einfaßten, und der hinter großen Brillengläsern starr und schweigsam auf seine Umgebung sah. Es wurde mir gesagt, daß dies Julian Schmidt, Verfasser des gelehrten Werkes »Geschichte der Romantik« sei. Längere Zeit hörte er schweigend dem politischen Gespräch mit Bekannten zu, plötzlich aber, als ihm irgend eine Behauptung mißfiel, brach der Strom der Rede aus seinem Innern, wie schäumender Wein aus entkorkter Flasche. Schnell und kräftig flossen die Worte im scharfen ostpreußischen Dialekt. Was er sagte war so klar, energisch und warm, daß alle verwundert zuhörten, und daß die Unterhaltung nicht wieder in Fluß kam, auch als er geendet hatte und sich wieder schweigend hinter seine Brille zurückzog. Darauf gerieten wir beide in ein Gespräch, das lange dauerte, und es ergab sich eine solche Übereinstimmung in den Ansichten, nicht nur über Preußen und die deutsche Unordnung, auch über verkehrte literarische Richtungen der Zeit, daß ich in großer Hochachtung von ihm schied. Seitdem suchten wir einander, so oft sich die Gelegenheit bot. Julian Schmidt hatte damals sein Lehramt in Berlin aufgegeben und war von dem Österreicher Ignaz Kuranda als Mitarbeiter für die Grenzboten gewonnen worden, da diesen selbst der politische Umschwung in Österreich nach der Heimat trieb. Den deutschen politischen Teil der Wochenschrift besorgte Schmidt, die österreichischen Korrespondenzen und die Revision Jakob Kaufmann. Dieser war ein Judenkind aus Böhmen, den sein Schicksal nach Deutschland und unter die Herrschaft seines Landsmanns Kuranda geführt hatte, einer der harmlosesten und liebenswertesten Menschen, welche je mit dem Rotstift schlechte Aufsätze lesbar gemacht haben. Er besaß ein ungewöhnliches Sprachtalent, ein merkwürdig gesundes Urteil auch in politischen Dingen, gebrauchte die Feder nicht reichlich, aber sauber, sein und mit Geist, war dabei eine sinnige, heitere Natur mit einer Ader von schalkhaftem Humor. Seine Bescheidenheit und Selbstlosigkeit waren so groß, daß sie fast zum Fehler wurden, er hatte die denkbar geringsten Bedürfnisse, arbeitete und sorgte immer für den Nutzen anderer, und dachte nicht an den seinen. Natürlich wurde er überall, wo er tätig war, Liebling und guter Knabe, dem man aufpackte, und dem man auch für das Behagen seines eigenen Lebens sorgen mußte bis auf seine Zigarren, die er, wenn man ihm freie Hand ließ, mit unleidlicher Anspruchslosigkeit rauchte. Dreiundzwanzig Jahre später war mir beschieden, seinen Verlust zu betrauern und den Deutschen von ihm zu erzählen. Als ich ihn kennen lernte, war er bereits in guter Kameradschaft mit Julian Schmidt. Und die beiden Gesellen saßen bei der Arbeit und abends am Schenktisch in der aufgeregten Sachsenstadt nebeneinander wie zwei kluge Käuzlein unter dem schwirrenden und schreienden Vogelvolk. Als ich einige Monate später mit Schmidt zusammentraf, machte er mir den Vorschlag, ich möge den Eigentumsanteil, welchen Kuranda an den Grenzboten hatte, übernehmen. Da dies ganz zu dem stimmte, was ich in dieser Zeit für mich wünschte, so erklärte ich mich sogleich bereit, wenn nämlich Schmidt mein Partner und Kollege werden wolle. Er schlug ein und wir erwarben zu gleichen Teilen Eigentumsrecht an dem Blatt.

Die Wochenschrift »Die Grenzboten« war einige Jahre vorher von Kuranda in Belgien gegründet, bald nach Leipzig verlegt worden, sie brachte bis zum März 1848 außer gelegentlicher Lyrik österreichischer Flüchtlinge, literarische Besprechungen, Reiseeindrücke und dergleichen; aber auch Korrespondenzen über die politische Lage, soweit dies unter der milden, sächsischen Zensur möglich war, und sie stellte nach dieser Richtung einen großen Fortschritt gegenüber den belletristischen Wochenschriften Leipzigs dar. Eine besondere Bedeutung aber hatte sie für Österreich dadurch erhalten, daß sie unter der Herrschaft Metternich ein Sammelpunkt politischer Klagen, Hoffnungen, Projekte aus allen Teilen des Kaiserstaates geworden war. Dort war sie streng verboten, aber zur Zeit das gesuchteste Blatt. Nun war selbstverständlich, daß nach dem Aufhören der österreichischen Zensur und nach Gründung zahlreicher österreichischer Zeitungen diese maßgebende Bedeutung einer auswärtigen Wochenschrift für den Kaiserstaat aufhören mußte. Die neuen Inhaber beschlossen, die Zeitschrift zu dem Organ zu machen, in welchem das Ausscheiden Österreichs aus Deutschland und die preußische Führung leitende Idee des politischen Teils sein sollte, dazu von liberalem Standpunkt ein Kampf gegen die Auswüchse der Demokratie und den Schwindel des Jahres. In dem literarischen Teil aber eine feste und strenge Kritik aller der ungesunden Richtungen, welche durch die jungdeutsche Abhängigkeit von französischer Bildung und durch die Willkür der alten Romantik in die Seelen der Deutschen gekommen waren.

Vom 1. Juli 1848 begann die selbständige Tätigkeit der neuen Redaktion. Einem jüngeren Geschlecht mag es nicht leicht sein, sich in die journalistischen Zustände jener Zeit hineinzudenken und diesen ersten Flugversuchen der befreiten Presse Gerechtigkeit widerfahren zu lassen. Es gab damals keine erprobten Staatsmänner mit festen Zielpunkten und keine maßgebenden Politiker, ja es gab nicht einmal feste politische Parteien. Die Regierenden folgten mit großer Willensschwäche der Strömung, und standen neuem Verlangen der aufgeregten Massen ratlos gegenüber. Die konservativen Kräfte in der Nation schienen geschwunden, das nationale Selbstgefühl war schwach; die liberalen Forderungen gingen weit auseinander, und der süddeutsche Liberalismus, auch der

Gemäßigten, krankte an dem Übelstand, daß ihm die sämtlichen Staatsregierungen, vorab Preußen, für Feinde der deutschen Zukunft galten. Wärme für den eigenen Staatsbau bestand im Grunde nur in Preußen, und war auch dort zur Zeit ein verschüchtertes Gefühl. In der Nationalversammlung zu Frankfurt aber begannen erst die großen dialektischen Prozesse, welche zu dem Verfassungsentwurf von 1849 leiteten, auch dort bildete sich erst allmählich unter dem Zwang der Tatsachen das Parteileben und eine Majorität für die berechtigten nationalen Forderungen. Wer in solcher Zeit als Journalist über Politik schrieb, hatte keinen anderen Anhalt, als das Idealbild, das er sich selbst von einer wünschenswerten Zukunft des Vaterlandes gemacht hatte, und keinen anderen Maßstab für sein Urteil, als die Ansichten, die ihm zufällige Eindrücke seines eigenen Lebens vermittelt hatten; Sprache, Stil und die notwendige journalistische Taktik, alles was er haßte und was er liebte, mußte ihm der eigene Charakter geben. Er war frei wie der Vogel in der Luft, ohne Führer, ohne Partei, ohne die Erfahrung und ohne die Bescheidenheit, welche die Gewöhnung einer Nation an parlamentarische Tätigkeit dem einzelnen zuteilt. Das war eine wundervolle Lehrzeit des deutschen Journalismus, und es ist kein Zufall, daß aus dem Jahr 1848 viele tüchtige Redakteure unserer größeren politischen Zeitungen erwachsen sind, klug, welterfahren, gewandt, von sicherem Urteil in großen Fragen, denen ein jüngerer Nachwuchs nicht ebenso reichlich gekommen ist.

Mit frohem Herzen gingen auch die Redakteure der kleinen Grenzboten an ihr Werk. Das Arbeitsgebiet war nicht fest verteilt, doch besorgte Julian in der Regel die deutschen Artikel, ich die österreichischen und das Ausland, er außerdem fast die ganze Literatur und Kunst mit Ausnahme des Theaters, dazu, solange ich noch in Dresden wohnte, mit Kaufmann die Redaktion der einlaufenden Mitteilungen. Und wir richteten offene Briefe, wie damals Zeitgeschmack war, an die verschiedenen Staatsmänner und Parteiführer predigten ihnen schonungslos Tugend und Weisheit ohne nähere Kenntnis der Personen und der Verhältnisse, durch welche sie beschränkt wurden. Wir gaben dem Österreicher Pillersdorf den verständigen Rat, sich von Deutschland zu trennen, auch Italien aufzugeben, und machten ihn aufmerksam, daß es wünschenswert sei, Bosnien zu nehmen und die Völker des unteren Donaulands in einen großen Bundesstaat zu vereinigen. Wir verurteilten die Demokratie der Straße mit großer Verachtung, und benutzten jede Gelegenheit den aufgeregten Deutschen zu sagen, daß Preußen noch vorhanden und unter allen Umständen unentbehrlich sei. Die Versammlung zu Berlin fand geringes Wohlwollen, selbst die Mittelparteien der Nationalversammlung zu Frankfurt flackerten nach unserer Meinung noch zu unsicher hin und her, und mußten sich manche strenge Ermahnung gefallen lassen. In dieser Zeit waren der starke Menschenverstand Julians, seine Tapferkeit, die souveräne Verachtung des leeren Scheines und der Phrasen, und daneben seine warme Anerkennung mannhafter Selbständigkeit, wo diese einmal bemerkbar wurde, eine wahre Erquickung.

Im Herbst 1848 zog ich nach Leipzig, dort wohnte Schmidt eine Zeitlang bei mir, ich aber verfiel bald einer schweren Krankheit, und er hatte unterdes die ganze Sorge der Redaktion zu tragen und zwar in ungünstiger Zeit, denn das Blatt, welches den Österreichern nicht mehr bequem war, verlor im Süden seinen Einfluß und hatte solchen in Deutschland erst zu gewinnen. Dieser plötzliche Wechsel der Abonnenten, der gefährlichste Umstand für eine Zeitschrift, machte das Jahr 1843 zu dem mühevollsten, welches die Redaktion durchzumachen hatte, und ich vermute, daß Julian, der seine ganze Zukunft dem kleinen Fahrzeug anvertraut hatte, zuweilen mit stiller Sorge bedrückt war; er hat sie nie gezeigt, war immer frisch, heiter und tapfer bei der Arbeit, obwohl ihm das Blatt damals keinen anderen Ertrag brachte als das geringe Honorar, welches er wie jeder andere Korrespondent bezog.

577

Unterdes lebten wir uns zu Leipzig in einem größeren Kreise guter Bekannten ein bei friedlichem Abendverkehr. Zunächst natürlich mit solchen, welche der Zeitschrift nahe standen und Beiträge lieferten. Außer Kaufmann wurde ein werter Freund Konstantin Rößler, der damals als Privatgelehrter in Leipzig weilte. Zu den Genossen gehörte auch Wilhelm Hamm, Redakteur der agronomischen Zeitung, ein frischer und unternehmender Gesell, der sich als Freiwilliger im Tannschen Freikorps gerührt hatte, und später nach mehreren industriellen Unternehmungen als Ministerialrat nach Wien ging. Dazu fanden sich alte Anhänger des Blattes aus Österreich, welche kamen und gingen, wie Alfred Meißner, Max Schlesinger und zahlreiche Flüchtlinge, denen angemessen schien, sich den Kroaten des Windischgrätz zu entziehen. Auch Friedrich Bodenstedt kam, und nicht als ein Fremder. Er hatte nach seiner Rückkehr aus dem Kaukasus in Wien die Wochen des Oktoberaufstandes zugebracht und dort in einem Kreise guter Freunde der Grenzboten die wilden Zustände mit freiem Urteil beobachtet. Oft hatte er unsere Genossen von den quälenden Eindrücken des Tages befreit, indem er sie im Kreise um sich sammelte und ihnen mit guter Laune die Weltweisheit und die Poesie seines Mirza Schaffy dramatisch vorführte. Mit den bewundernden Empfehlungen unserer Angehörigen brachte er guten Bericht über das Erlebte zu uns.

Die Zeit war schlecht, dennoch fehlte dem Kreise der frohe Übermut nicht. Unter den fremden Gästen war auch eine riesige Gestalt, der Tscheche Mickowetz; er hatte bei dem Aufstand in Prag das Theaterkostüm eines Swornosters getragen, sich der Untersuchung rechtzeitig durch eine Reise zu Knicanin entzogen, hatte dort mit wilden Serbenhaufen Ferkel gegessen, die an großen Stangen gebraten wurden, und zugesehen, wie die Kannibalen abgeschnittene Köpfe der Feinde aus den Säcken schütteten. Unter den Tschechen galt er für einen hoffnungsvollen Gelehrten, er wußte in der Geschichte und Literatur seiner Heimat guten Bescheid, gab auch, wenn er gesprächig geworden war, geheimnisvolle Andeutungen über Hankas Königinhofer Handschrift und die anderen Funde, durch welche die Gelehrten seines Stammes ihrem Volke eine glorreiche literarische Vergangenheit zurecht machen wollten. In seiner Reisetasche brachte er das Manuskript eines Trauerspiels mit, »Der Przimislawiden Glück und Ende«, welches er in Leipzig aufführen wollte, darin wurde das Glück Tschechiens durch die Niedertracht eines deutschen Bösewichts vernichtet. Bei allem Ungeschlachten seines Wesens war er doch im Grunde gutartig, und wurde auch dem Blatt nützlich, für welches er eine Anzahl Artikel schrieb. Als er nun eines Abends sehr wegwerfend über Schiller sprach und erklärte, der ganze Wallenstein sei voll von Schnitzern, der Name Terzky sei grundfalsch, Max sei ein ganz anderer Mann gewesen, und er wolle ein Buch gegen Schiller schreiben, da wurde er freundlich gebeten, uns den Schiller vor der Welt nicht klein zu machen, und es wurde ihm zugemutet, gegen eine Flasche weißen Arraks sein besseres Wissen zu verkaufen. Er hatte Laune genug darauf einzugehen, erhielt die Bestechung und trank, zu unserem geheimen Entsetzen, ein ganzes Wasserglas gemütlich aus; reuig beobachteten wir die Wirkung, es tat ihm gar nichts. Harmloser war ein ähnlicher Kauf. Als Alfred Meißner einmal die Unterredung erzählte, welche ein uns wohlbekannter Wiener Redakteur mit seinem Journalisten gehabt und wie er diesen aufgefordert hatte, gewichtig und brillant zu schreiben, kaufte ich ihm das Anrecht auf die hübsche Geschichte um einige Flaschen Rüdesheimer ab, sie ist im letzten Akt der Journalisten durch

Schmock, mit der Klage des gedrückten Mitarbeiters, fast wortgetreu auf das Theater gekommen.

Auch den Leipzigern blieben 1849 die Schrecken des Straßentumults nicht erspart. Da nach dem ersten Barrikadenbau der Stadtrat alle 579 wohlgesinnten Bewohner aufgefordert hatte, sich bewaffnet, durch eine weiße Armbinde kenntlich, in der nächsten Nacht zur Verstärkung der Kommunalgarde einzufinden, holte auch ich eine alte Jagdflinte hervor, band die weiße Binde um den Arm und ging zur Nacht von Gohlis, wo ich damals im Sommerquartier wohnte, durch das stille Rosental nach der Stadt. Auf den Straßen fand ich alles leer, die Türen verschlossen, den Markt wie ausgestorben, nur ein Hause verlotterter Buben zog trunken und johlend mit allerlei Waffen und einer roten Fahne an mir vorüber. Als ich aber auf die Hauptwache kam und mich bei dem Offizier der Kommunalgarde, welcher die Wache befehligte, zum Dienst meldete, Namen und Absicht nannte, fand ich keine willige Annahme, ja, weil ich keinem von der Wache bekannt war, wurde ich mit unverhohlenem Mißtrauen betrachtet und mir endlich erklärt, hier könne man mich nicht brauchen, ich müsse mich da und dort melden und legitimieren. »Jetzt bei Nacht? Dann also gehe ich weiter.« Wieder ging ich durch leere Straßen, es war die schläfrigste Revolution, die man sich denken kann. Endlich öffnete sich schnell eine Haustüre, eine kleine rundliche Gestalt stolperte einige Stufen herab, die Türe wurde wieder zugeschlagen, in dem schwindenden Lichtschimmer erkannte ich den Kleinen, es war Julius Seybt, der bekannte Übersetzer des Boz und vieler anderer Werke, auch ein Mitarbeiter der Grenzboten. Seybt war ein gewandter, zuweilen flüchtiger Schriftsteller, am Morgen ebenso schnell und regelmäßig bei seinem Werke, wie abends beim Becher. Er übte den Brauch, seine Übertragungen aus dem Englischen einem Stenographen zu diktieren und wußte so in wenigen Wochen einen starken Roman zu bewältigen. Blieb bei diesem Verfahren auch vieles für die Übersetzung zu wünschen übrig, sie war immer noch besser, als die große Mehrzahl ähnlicher behender Leistungen. Obgleich er nach Geburt und Sprache ein echter Sachse war, erwies er sich doch in seiner Gesin- 580 nung durch sein ganzes Leben dem preußischen Wesen leidenschaftlich zugetan, und wenn er des Abends mit sächsischen Offizieren zusammensaß, was er regelmäßig tat, so war er unermüdlich, ihnen Gutes von Preußen zu erzählen. Es ist wohl möglich, daß sie den werten Tischgenossen in diesem Punkt lange für unzurechnungsfähig hielten, bis die

Zeit erwies, daß er nicht Unrecht gehabt. In jener Nacht also gingen wir, jetzt zu zweien, den Ereignissen nach, zuerst in die Gegend, wo Schmidt wohnte, auch dort war alles still, endlich saßen wir nieder und waren bald in feuriger Unterhaltung über Macaulay, den Seybt gerade den aufständischen Deutschen zur Lektüre empfehlen wollte.

Aber Leipzig bot noch andere persönliche Verbindungen, als die mit federschnellen Männern der Tagespresse. Die Universität hatte damals das Glück, daß auf ihr drei unserer größten Philologen lehrten: Moritz Haupt, Otto Jahn und Theodor Mommsen. Die Freundschaft, in welcher die drei zusammen lebten, und die vornehme Gesinnung, mit der sie ihrer Wissenschaft dienten, waren eine ganz einzige Erscheinung. Die erste Bekanntschaft mit ihnen wurde mir durch die Übereinstimmung der politischen Anschauungen vermittelt. Die drei Professoren waren wegen ihrer Teilnahme am deutschen Verein der sächsischen Regierung verleidet worden und durch eine Untersuchung in ihrer Lehrtätigkeit gehemmt. Haupt, der älteste, hielt sich seitdem sehr eingezogen, aber er freute sich über den Besuch eines Gleichgesinnten; gern saß ich in der Abenddämmerung auf seinem alten Sofa mit ihm und seiner klugen Frau zusammen, zuweilen gelang es auch den ernsten, in sich gekehrten Mann zu geselliger Unterhaltung in eine stille Ecke zu verlocken. Er war geneigt, von dem leichtlebigen Schlesier Gutes zu hoffen, und ich fühlte eine recht innige Hochachtung vor dem reichen Wissen und dem starken Ausdruck des gewissenhaften und schwerflüssigen Gelehrten.

581

Mit den jüngeren Genossen Jahn und Mommsen entstand bald ein kameradschaftliches Einvernehmen, beide wurden hochgeschätzte Mitarbeiter der Grenzboten, denen sie manchen Prachtartikel geliefert haben. Nur wenige Jahre weilten die drei unter uns, aber auch zu den Abgerufenen bestand das alte Bundesverhältnis und es wurde mit den Jahren noch inniger. Ihre Freundschaft kam meinem gesamten Geistesleben zugute. Bei dem Beruf, den ich gewählt, war ich nicht mehr in der Lage, auf den weiten Gebieten der deutschen und alten Philologie mich in selbständigen Forschungen zu vertiefen, aber ich brachte aus meiner Vergangenheit Verständnis und lebhaften Anteil an den Eroberungen meiner starken Helden mit. Konnte ich nicht selbst Philologe sein, so war ich doch stolz darauf, daß es die Freunde auch für mich waren, und ich bin seit jener Zeit auf den neuen Bahnen, welche die drei Gelehrten in ihrer umfangreichen und großartigen Tätigkeit eröffneten, getreulich nachgewandelt. Dies bescheidene Mitleben an ihrer Arbeit verklärte auch den persönlichen Verkehr, sie gewöhnten sich, mich als einen ihrer Getreuesten zu betrachten. Zwei von ihnen sind uns verloren, aber der jüngste und genialste ist unermüdlich, als Häuptling der deutschen Wissenschaft neue Gebiete botmäßig zu machen.

Da die Sorge für die österreichischen Berichte mir zugefallen war, wurde ich genötigt, mich ernsthaft um die Verhältnisse des Kaiserstaats zu kümmern, und ich habe durch einige Jahre vom Standpunkt eines »Kleindeutschen« tapfer darüber geschrieben. Bald aber fand sich ein Freund, welcher weit besser als ich unterrichtet und in der Hauptsache nach denselben Gesichtspunkten die Zustände Österreichs für das Blatt behandelte. Anton Springer, der damals als junger Gelehrter zu Bonn seine erfolgreiche akademische Laufbahn begonnen hatte, wurde mir durch Otto Jahn, seit dieser Professor in Bonn war, bekannt. Springer und seine Gattin, die Tochter eines treuen Gönners der Grenzboten in 582 Prag, wurden mir bald zuverlässige Freunde, er aber einer der wichtigsten und treuesten Mitarbeiter des Blattes, nicht nur als Kunstschriftsteller auf dem Gebiet, welchem er wegen einer seltenen Verbindung von strengen historischen Untersuchungen mit edlem Schönheitssinn seine größten Erfolge verdankt, sondern fast noch mehr durch seine politischen Aufsätze. Die Bedeutung, welche der Verfasser der »Geschichte Österreichs« als politischer Schriftsteller zu beanspruchen hat, ist gerade in Österreich nicht nach Gebühr gewürdigt worden, vielleicht deshalb, weil sein klares Urteil oft keiner der kämpfenden Parteien zustimmte. Wer aber, wie ich, durch eine lange Reihe von Jahren seinen Auffassungen gefolgt ist, muß innige Hochachtung vor der Sicherheit und Größe seines politischen Urteils empfinden und vor der seltenen Begabung eines Mannes, der zwei grundverschiedene Gebiete, schöne Kunst und leidige Politik, so sicher beherrscht.

Als die Politik nicht mehr das ganze Interesse der Leser in Anspruch nahm, begann Schmidt literarische Artikel gegen die Jungdeutschen und Romantiker. Seine energische Tätigkeit nach dieser Richtung schuf ihm und dem Blatt viele Gegner, unter denen Gutzkow der erbittertste war, aber sie ist wohl wert, daß man mit Anerkennung daran zurück denke. Es war damals die Zeit, wo alle Gegensätze scharf gegeneinander schlugen und Schmidt war nicht der Mann, in seinem Feuereifer jedes Wort vorsichtig abzuwägen. Doch der letzte Grund seines Unwillens war immer ehrenwert, es war der Haß gegen das Gemachte und Gleißende, gegen ungesunde Weichlichkeit und gegen eine anspruchsvolle Schönseligkeit, welche an den Grundlagen unseres nationalen Gedeihens, an Zucht und Sitte und deutschem Pflichtgefühl rüttelte mit einem Hochmut, dessen letzte Ursache Schwäche des Talents oder gar des Charakters war.

583 Jetzt wo diese Schwächen und Fehler überwunden oder mit anderen vertauscht sind, wird uns eine unbefangene Beurteilung leichter. Damals galt es, das anspruchsvolle, noch mächtige Schädliche zu beseitigen. Es ist auch nicht richtig, daß durch die Bewegung des Jahres 1848 und deren Folgen bereits eine Besserung bewirkt war, und daß es absterbende Richtungen waren, welchen die Grenzboten den Krieg erklärten. Denn indem Schmidt verurteilte, was in unserer Literatur krank war, wies er auch unablässig auf die Heilmittel hin und wurde dadurch in Wahrheit ein guter Lehrer für die Jüngeren, welche falschen Vorbildern, die in unbekämpftem Ansehen stehen, zu folgen bereit sind. Ihn selbst haben die Gegenangriffe der Gekränkten, an denen es nicht fehlte, vielleicht einmal geärgert, nie beirrt.

Und doch, obgleich er als Kritiker dafür galt, daß ihm Anerkennung schwer wurde, stand er nichts weniger als kalt dem geschaffenen Dichterwerke gegenüber. Er hatte an allem wohl Gelungenen eine tief innige Freude und behielt vor echter Poesie die Wärme und Begeisterung eines Jünglings bis in sein höheres Alter. Vor allem fesselte ihn originelle Zeichnung der Charaktere, nächstdem die Grazie in Schilderung und Sprache. Die Darstellungsweise der englischen Dichter war ganz nach seinem Herzen, den Zauber der wundervollen Färbung bei Dickens empfand er so voll, wie nur ein Engländer jener Zeit, und für die stärkeren Talente der Franzosen, z.B. für Balzac, fühlte er weit größere Sympathie als sein Mitredakteur. Wo er hohe Intentionen fand, wurde er auch durch große Mängel in der Ausführung nicht erkältet. Er ließ nicht ab, mit dem Schwulst und der Neigung zum Häßlichen bei Hebbel abzurechnen, aber obgleich ihn in jedem neuen Werk desselben vieles verletzte, so blieb ihm doch das Bedürfnis dieses Talentes, Großartiges darzustellen, sehr ehrenwert. Wo er vollends die Gabe erkannte, gesunde Menschen zu schildern, wurde er ein freundlicher Ratgeber. Er war es,

584 der in der Presse zuerst das kräftige Talent Otto Ludwigs verkündete, und vollends Fritz Reuter hat keinen wärmeren und besseren Beurteiler gefunden als ihn. In gehobener Stimmung und mit schöner Herzensfreude trug er die Gestalten und Situationen jeder neuen Geschichte des wackeren Mannes in sich herum und wurde nicht müde, sie in heiterer

Gesellschaft zu rühmen. In derselben bereitwilligen Anerkennung eigenartiger Schilderung von Charakteren und Zuständen wurde er auch später ein Bewunderer und Freund Iwan Turgenjews. – Fand er aber in einer Dichternatur nicht viel von dem, was ihn kräftig anzog, so ging er in seiner Kritik an den Grenzen solcher poetischen Begabung herum, er bornierte sich gewissermaßen das, was ihm fremdartig blieb, und weil er dann, um seine Kälte zu rechtfertigen, mehr von den Schwächen als von dem Guten des Werkes sprach, so machte seine Besprechung wohl einmal den Eindruck zu großer Strenge. Aber er selbst war, wo er später zu besserer Würdigung kam, sogleich bereit und eifrig, sein Urteil zu ändern. Denn immer urteilte er ehrlich seiner eigenen Natur gemäß und ehrlich gegen die Kunst, nur um der guten Sache willen, und immer vom Standpunkt eines tüchtigen Mannes und eines wackeren Deutschen. Und diese Eigenschaft hat ihm, dem Kritiker, bei der jüngeren Generation auch zuerst seine Bedeutung verschafft, denn bei einer Kritik sucht der Leser geradeso wie bei der Geschichtschreibung nicht nur geistvolles Urteil, sondern über allem in dem Beurteilenden einen Mann, in dessen Charakter er Vertrauen setzen kann.

Langjährige fortgesetzte Beschäftigung mit Kritik, zumal mit ästhetischer, bereitet auch dem Beurteilenden Gefahren, leicht wird die Fähigkeit gemindert, Neues warm aufzunehmen, eine gewisse Sättigung macht anspruchsvoll, und die Gewöhnung, nach festgewordenen Ansichten zu urteilen, bedroht mit Einseitigkeit. Deshalb ist besonders bezeichnend für die Tüchtigkeit Julian Schmidts, daß er mit den Jahren nicht absprechender und mürrischer, sondern milder, vielseitiger und anerkennender wurde.

Bei der zunehmenden Gleichgültigkeit der Leser gegen Fragen der Politik wurde es fortwährend nötig, neuen Stoff der Unterhaltung und Belehrung heranzuziehen, und während Schmidt vorzugsweise literarische Artikel schrieb, nahm ich frühere Arbeiten wieder auf und begann geschichtliche Bilder aus der Vergangenheit mitzuteilen, soweit die Grenzboten dergleichen vertragen konnten.

Die Wochenschrift setzte sich allmählich bei den Lesern fest, sie erwarb sich die Achtung, welche selbständiger Überzeugung und dem festen Ausdruck derselben von den Deutschen niemals versagt wird. Sie gewann auch gute und bedeutende Mitarbeiter, unter diesen einige, welche seitdem in der politischen Literatur unserer Nation Bedeutung gewonnen haben, außerdem namhafte Gelehrte: Philologen, Historiker

585

und Kunstschriftsteller, welche einem größeren Leserkreis neue Funde der Wissenschaft und den Gewinn eigener Forschung entgegenbrachten, darunter eine lange Reihe unserer besten Namen.

Allerdings gelang es nie, dem Blatt die Fülle und Reichlichkeit der Beiträge zu verschaffen, deren eine große Revue bedarf; die besten französischen und englischen Unternehmungen blieben nach dieser Richtung ein unerreichtes Vorbild. Der kleinen Wochenschrift war die Vielteiligkeit Deutschlands hinderlich, die Enge unserer Verhältnisse und die immer noch bescheidene Abonnentenzahl des Blattes. Oft blieb zufällig, ob eine wichtigere literarische Erscheinung oder ein größeres Tagesinteresse in dem grünen Umschlage die geeignete Besprechung fand, und es fehlte auch nicht an solchen Wochen, in denen der Mangel an gutem Manuskript dazu zwang, sehr Unbedeutendes zu bringen. Trotzdem sagt die Behauptung wohl nicht zu viel, daß die Grenzboten einen wesentlichen Einfluß auf die Bildung der jungen Generation ausgeübt und allmählich den Ruhm erworben haben, viel von deutscher Einsicht und deutschem Gewissen zu Tage zu bringen. Das Hauptverdienst aber dieses Erfolges in den dreizehn ersten Jahren herben Kampfes gegen eine öde Reaktion und gegen die Mutlosigkeit und Zerfahrenheit im Volke kommt Julian Schmidt zu, der Regelmäßigkeit seines Fleißes, seiner festen Vaterlandsliebe, dem unerschütterlichen Vertrauen zu der Tüchtigkeit der Nation und zu der Kraft des preußischen Staats, und seiner tapferen Rücksichtslosigkeit.

Er war ein schneller Arbeiter, pünktlich im Abliefern des Manuskriptes, Freude und Trost der Setzer; die Gedanken strömten ihm voll und gleichmäßig aus der Feder, auf den Seiten, die er von oben bis unten zu beschreiben liebte, fand sich selten ein Wort korrigiert. Die Rückseite seiner Konzepte war gewöhnlich mit algebraischen Formeln beschrieben, solches Rechnen trieb er unablässig als Privatvergnügen zur Erholung.

Mit der Redaktion wechselten wir nach den ersten Semestern halbjährig und da ich einen Teil des Sommers auf dem Lande zubrachte, so machte sich's, daß Schmidt im Sommer, ich im Winter die Redaktionsgeschäfte besorgte, dadurch erhielt jeder von beiden für ein halbes Jahr Muße zu größerer Arbeit. Doch war bei diesem Wechsel nicht zu vermeiden, daß Verschiedenheiten in der Behandlung der Eingänge bemerkbar wurden. Schmidt hatte z.B. eine souveräne Stimmung gegenüber dem Mannigfaltigen, wodurch ein Blatt den Lesern anmutig zu werden sucht, und besserte ungern an dem mangelhaften Stil solcher Artikel, welche aus der Fremde kamen und wegen des zeitgemäßen Stoffes nicht zu verachten waren; ja er schrieb lieber ein halbes Heft selbst, als daß er verstruwelten Gedanken und Sätzen den redaktionellen Bürstenstrich vergönnte. Nun war uns der treue Kaufmann verloren. Die österreichische Regierung hatte wegen eines mißliebigen Artikels seine Auslieferung verlangt und wir hatten, um ihn vor dem Spielberg zu bewahren, seine Abreise nach England veranlaßt. Deshalb wurde, zumal auch das sächsische Preßgesetz ein Landeskind zum verantwortlichen Redakteur forderte, allmählich wünschenswert, einen besonderen Redakteur zu bestellen. Damals war Moritz Busch aus Amerika zurückgekehrt, und hatte in dem Blatt ein ganz ungewöhnliches Talent für Schilderungen und erzählende Artikel erwiesen. So wurde er 1857 zum Redakteur bestellt. Und es soll bei dieser Gelegenheit gesagt werden, daß er durch eine Reihe von Jahren mit treuer Hingabe für das Blatt tätig war, zum großen Nutzen für die Grenzboten und zur Freude der Eigentümer, und daß er in dieser Zeit uns beiden auch im persönlichen Verkehre wert und vertraulich wurde. Erst in dem Jahre 1865 zog ihn das Schicksal in andere Bahnen.

Unterdes hatte Schmidt auch sein eigenes Leben redigiert, er hatte sich eine liebenswerte Gattin aus einem niederdeutschen Pfarrhause geworben, sie wurde die Vertraute seiner Gedanken, das beste Glück seines ganzen späteren Lebens. Vergnügt richtete er sich den eigenen Haushalt ein und verlebte von da an meiner Seite einige friedliche Jahre, freilich in doppelt angestrengter Tätigkeit. Die erste Ausgabe seiner Literaturgeschichte war erschienen, sein Ruf als Kritiker festgestellt; auch gesellschaftlich hatte er sich in Leipzig eingelebt, die früheren Tischgenossen Jahn und Mommsen waren fortgezogen, aber Heinrich v. Treitschke, damals in blühender Jugend, wurde den Grenzboten ein lieber Gefährte, Freude und Stolz des Kreises, und Karl Mathy kam als Direktor der Kreditanstalt nach Leipzig und wurde ein hochgeschätzter Mitarbeiter. Seitdem gab es wohltuenden Familienverkehr und täglich anregendes Männergespräch, zu dem sich am runden Tisch eine Anzahl gescheiter und tüchtiger Leipziger mit den Grenzboten zusammenfand.

Julian Schmidt hatte der Zeitschrift dreizehn Jahre angehört, als ihm 1861 von Berlin aus der Antrag gestellt wurde, dort unter sehr günstigen Bedingungen die Leitung einer neuen, unabhängigen Zeitung zu übernehmen. Er erhielt dadurch die Aussicht auf eine größere Wirksamkeit und auf festere Stützen seines äußeren Lebens. Als er sich entschloß, dem Ruf Folge zu leisten, da durften seine alten Freunde zwar unsicher sein, ob das Zeitungswesen ihm auf die Dauer gedeihen könne, aber daß er selbst in dem literarischen Treiben der großen Stadt sich ehrenvoll behaupten werde, das war uns allen zweifellos. Die neue Zeitung dauerte nicht, Schmidt aber gewann in der Hauptstadt eine neue Heimat, die ihm lieb wurde. Der kleine Haushalt, in dem er mit der geliebten Frau waltete, wurde eine Stätte, an welcher sich viele der besten und vornehmsten Geister der großen Stadt an dem Frieden, der seelenvollen Heiterkeit und den klugen Gedanken eines alten Vorkämpfers der deutschen Journalistik erfreuten. Denn durch sein ganzes Leben trug er in sich den Adel einer guten und kräftigen Menschennatur, Wahrhaftigkeit und Lauterkeit der Gesinnung, die Unschuld einer Kinderseele bei gereiftem Urteil und einem hochgebildeten Geiste, als ein reiner und guter Mann ohne Falsch, warmherzig, treu seinen Freunden. Es ist nach seinem Tode 1886 dem älteren Genossen beschieden, hiervon seinen Verdiensten um die Grenzboten zu erzählen.

Noch zehn Jahre blieb ich nach seinem Abgange an der Wochenschrift beteiligt, und es sei mir gestattet, hier vorgreifend die Schicksale des Blattes in dieser Zeit kurz zu berichten. –

Den Anteil am Eigentum der Grenzboten, welchen Schmidt besessen, übernahm ein anderer Freund, Max Jordan. Durch ihn wurden dem Blatt regelmäßige Berichte über die Literatur der bildenden Künste zugeführt, er ist mein treuer Geschäftsgenosse geblieben bis zu unserem gemeinsamen Ausscheiden.

Für die Deutschen war seit 1861 eine Zeit neuer Hoffnungen gekommen, ich schrieb wieder häufiger politische Artikel und besprach literarische Neuigkeiten. Als im Frühjahr 1866 Moritz Busch aufhörte Redakteur zu sein, wurde Julius Eckardt aus Riga für die Zeitschrift gewonnen. Daß die Politik siegreich wurde, welcher die Wochenschrift diente, kam auch ihr zu Gute, die Zahl der Leser wuchs mit jedem Jahr, neue Kräfte wurden gewonnen, die Mitarbeiter schrieben jetzt in gehobener Stimmung. Auch ich fand in meiner Tätigkeit als Journalist wieder erhöhte Befriedigung und ich dachte oft, daß es schön sei, mit der Feder in der Hand die größten Ereignisse zu begleiten und der Begeisterung und leidenschaftlichen Teilnahme in der Nation Ausdruck zu geben. Drei Jahre lang gereichte die ungewöhnliche Arbeitskraft und die gute Kenntnis der osteuropäischen Verhältnisse, welche Eckardt zubrachte, dem Blatt zum Vorteil und der persönliche Umgang mit ihm mir selbst zur Freude. Als den zuverlässigen Mitarbeiter die Rücksicht auf seine Familie und Zukunft von uns fortführte, trat Alfred Dove an seine Stelle. Aber nur bis zum Ende des Jahres 1870 genoß das Blatt die Fürsorge dieses reichen Geistes. Da veranlaßte ein Gegensatz mit dem Verleger, welcher durch die Haltung des Blattes in konfessionellen Fragen schon oft schmerzlich berührt worden war, uns alle von den Grenzboten zu scheiden. Dove übernahm noch auf einige Jahre die Leitung der Zeitschrift »Im neuen Reich«, welche Hirzel für unseren Kreis einrichtete, auch dorthin lieferte ich Beiträge, doch war ich der Ansicht, daß die Aufgabe, die ich als Tagesschriftsteller übernommen, gelöst sei.

Durch fünfundzwanzig Jahre hatte ich, wenn auch in den bescheidenen Verhältnissen einer Wochenschrift, unter den Stimmführern der deutschen Presse gestanden. Was Traum und Sehnsucht meiner Jugend gewesen war, das war auf den Schlachtfeldern und in den Kabinetten, durch die Tapferkeit unserer Soldaten und durch die Größe unserer politischen Führer Wirklichkeit geworden: ein machtvoller, deutscher Staat.

Ich kehrte zu meinen Büchern und zu meiner Dichterarbeit zurück. Hier aber sei einem alten Journalisten gestattet, in Freude zurückzudenken an die lange Reihe tüchtiger und guter Männer, welche mit ihm vereint an dem Blatte Anteil gehabt haben, fast sämtlich nahe persönliche Freunde und Kampfgenossen auf verschiedenen Gebieten unseres geistigen Lebens. Die meisten der regelmäßigen Mitarbeiter und Redakteure hat das große Preußen den kleinen Grenzboten einen nach dem andern abgenommen, sie sind dort in einflußreicher und angesehener Stellung tätig. Nicht alle gehören demselben Parteilager an, aber ich hoffe, daß sie sämtlich die Jahre ihrer teilnehmenden Sorge für die grünen Blätter nicht für verlorene Zeit halten. 590

591

10. Arbeiten der Mannesjahre

Meine unsichere Gesundheit, die sich nach 1848 in der Stadtluft von Leipzig nicht kräftigen wollte, hatte den Arzt veranlaßt, für den Sommer Landaufenthalt zu empfehlen. Im Jahre 1851 erwarb ich deshalb ein Landhaus mit Garten zu Siebleben bei Gotha. Das altfränkische Haus, gerade für einen bescheidenen Haushalt ausreichend, war im Anfange des Jahrhunderts von dem Minister Gothas, Sylvius von Frankenberg,

eingerichtet worden, es hatte damals oft die Gäste von Weimar: Karl
August, Goethe und Voigt auf ihren Fahrten nach Eisenach beherbergt
und war in ihrem Kreise unter dem Namen »die gute Schmiede« wohl
beleumdet gewesen. Jetzt stand der kleine alte Bau, nach manchem
Wechsel der Besitzer, als ein Zeugnis, wie enge, anspruchslos und doch
behaglich ein früheres Geschlecht gehaust hatte. Ich fühlte mich in dem
Besitz sehr wohl und siedelte jedes Frühjahr gern dorthin über. Die
heitere Ruhe förderte mir auch die literarische Tätigkeit, dort ist bei
weitem der größte Teil meiner größeren Arbeiten ausgesonnen.

Seitdem verlief mein Leben, wie das unserer alten Heidengötter,
zweigeteilt zwischen Sommer und Winter; so oft der Frühling kam, die
Obstbäume blühten, Fink und Star ihre Stimmchen erhoben, zog ich
hinaus ins freie Land, dort pflanzte ich Blumen, beobachtete meine alten
Lieblinge die Kürbisse, sprach mit meinen Dorfleuten kluge Worte und
schrieb an meinen Büchern; genoß den Zuspruch werter Männer aus
der Nähe und Ferne, verkehrte auch artig nach Hofbrauch mit Fürsten
und hohen Herren. Wenn aber der Wintersturm über die kahlen Felder
fegte, fuhr ich mit der Heldenschar meiner Phantasiegestalten nach der
Stadt zurück, wurde Journalist und hauste, von meinen Artikeln, den
Raben, umflattert, im Schatten der Bücherschränke. Dort freute ich mich
an dem Hausverkehr mit vertrauten Männern der Stadt, die auf den
Bänken der Wissenschaft lagerten oder im Ratstuhle und im Comptoir
saßen. Im Winter sammelte ich ein, was ich im Sommer ausgab.

In der Stille des Dorfes, unter dem Blätterdach alter Linden kam im
Jahr 1852 wieder die Freude an eigener Erfindung. Ich war unter das
Völklein der Journalisten geraten und trug im Herzen die Bilder vieler
närrischer Käuze, die ich kennen gelernt. Da machte es sich wie von
selbst, daß ich dies Stück Welt, in welchem ich mit Behagen verkehrte,
für mein altes Handwerk in Anspruch nahm. Die Vorbilder für die
kleinen Typen der Charaktere fand ich überall in meiner Umgebung,
auch die Handlung: Wahl eines Abgeordneten, an welcher meine Journalisten sich zu beteiligen hatten, lag sehr nahe. Ich schrieb das Lustspiel
»Die Journalisten« in den drei Sommermonaten nieder. Nie ist mir ein
Plan so schnell fertig geworden als dieser, auch bei der Arbeit empfand
ich mit Befriedigung, daß die vor Jahren erworbene Sicherheit im szenischen Ausdruck unvermindert war. Als ich das fertige Stück im Herbst
nach Leipzig brachte, meinte ich, mein Genosse Schmidt müßte, nächst
meiner Hausfrau, der erste sein, welcher ein Urteil darüber auszuspre-

chen hatte, ich trug es dem Überraschten zu und hatte die Genugtuung, daß er damit einverstanden war.

Alsbald besorgte ich Bühnendruck und Versendung und sah mich auf einmal wieder im Verkehr mir den deutschen Theatern. Zu den wohlwollenden Freunden, welche das Lustspiel gewann, gehörte Eduard Devrient, derzeit Leiter des Hoftheaters zu Karlsruhe. Ich beschloß also das Einstudieren und die Aufführung seiner Bühne zu einer Probe für mich selbst zu machen, um durch eigene Anschauung des Bühnenbildes über das Gelungene und Mangelhafte sicher zu werden. Als ich zu Karlsruhe eine gute Aufführung erlebt hatte, mußte das Stück in der Hauptsache für mich abgetan sein. Noch bei wenigen Aufführungen anderer Bühnen, die mir nahe lagen, war ich in den nächsten Monaten zugegen, später hielt ich mich fern. Jeder Schaffende hat darauf zu achten, daß ein beendetes Werk ihm selbst sobald als möglich in den Hintergrund gerückt werde, damit ihm während einer neuen Arbeit nicht frühere Gestalten in der Phantasie umhergaukeln und die Frische des neuen Bildes beschränken. Doch noch aus anderem Grunde sehe ich meine eigenen Stücke ungern auf den Brettern. Denn die Zurichtung, welche die deutschen Theaterstücke auf den verschiedenen Bühnen erhalten, nicht nur durch die Regisseure, sondern noch mehr durch beliebte Darsteller der einzelnen Rollen, wird dem Autor oft peinlich und unleidlich. Der Mangel an Pietät gegen den geschriebenen Text ist bei uns eine alte wohlbegründete Klage, er wird selbst von dem Publikum zuweilen als Übelstand empfunden. Selten widersteht der deutsche Schauspieler der Versuchung, Stellen, die seinem Talent unbequem sind, wegzulassen, wohl auch an den Worten zu ändern und was das Schlimmste ist, eigene kleine Erfindung, von denen er sich eine Wirkung verspricht, dazwischen einzutragen.

Solche Veränderungen in den Rollen und Textbüchern gehen an den Theatern von einer Generation der Schauspieler auf die andere über. In früherer Zeit fuhr ich zuweilen dazwischen, ich mußte es aufgeben, weil eine Überwachung von hundert Textbüchern auf die Länge unmöglich ist, und weil diese Unart aufs Engste mit dem Hauptleiden unserer Bühnen, Schwäche und Ohnmacht der Regie, zusammenhängt.

Das Stück fand bei den deutschen Theatern schnelle und wohlwollende Aufnahme und die Gunst der Zuschauer ist ihm geblieben. In Berlin stand die königliche Bühne an, dasselbe in Szene zu setzen, weil damals bei Hof und Regierung alles, was irgend liberal erschien, verpönt war.

Unverkennbar aber hatten die in dem Stück bevorzugten Journalisten der Union einen gewissen liberalen Strich. So erschien das Lustspiel zuerst auf einem andern Theater Berlins, die Intendanz nahm es aber auf, sobald sie vermochte, und hat es seitdem dem Publikum der Hauptstadt häufig zugeteilt.

»Die Journalisten« wurden geschrieben, bevor die unglückliche Erfindung eines Zwischenvorhangs die Akte, welche Szenenwechsel haben, auseinanderriß. Deshalb ist im zweiten und vierten Akt die Verwandlung nicht vermieden. Als einige Zeit darauf Eduard Devrient von einer Sitzung der Bühnenvorstände nach Siebleben kam und zufrieden mitteilte, es sei beschlossen worden, den Szenenwechsel innerhalb der Akte durch Herablassen eines Zwischenvorhangs zu decken, damit das widerwärtige Umstellen der Kulissen und Möbel den Augen der Zuschauer entzogen werde, da war der befreundete Mann betroffen, als ihm entgegengehalten wurde, daß man den Teufel austreiben wolle durch den Obersten der Teufel. Denn der Zusammenhang der Stücke wurde durch die neue Erfindung in ganz neuer Weise zerrissen, die Regisseure konnten sich seitdem nicht versagen, durch reichlichere Ausstattung mit allerlei Kram und unwesentlichem Beiwerk die einzelnen Szenen zu verzieren, Stücke mit häufigem Szenenwechsel von Shakespeare, Heinrich von Kleist und anderen wurden in eine Reihe von Situationsbildern aufgelöst, und das ist ein sehr ernster Übelstand für die künstlerische Gesamtwirkung dieser Stücke geworden. Wollte man den unleugbaren Übelstand des Szenenwechsels bei offener Bühne mindern, so mußte man die vervollkommnete Technik unserer Bühneneinrichtungen gerade hier in Anwendung bringen, wo sie nottat, um den Wechsel durch Maschinerie, Versenkungen usw. so schnell als möglich zu bewirken, immer aber mußte die Ausstattung der Szene mit Versetzstücken und Möbeln auf das Nötigste beschränkt bleiben. Das Publikum freilich gibt sich gern der Betrachtung eines wohlgefälligen Theaterbildes hin, auch dem Schauspieler

fördert vielleicht schmuckvolle Einrichtung einmal die gute Stimmung und kleine Kunstwirkungen. Aber beides ist unwesentlich gegenüber der Gefahr, daß die Nebendinge zu einer Hauptsache werden. Wir haben seitdem erlebt, wie das Streben nach historischer Treue, stilvoller Einrichtung der Szenen, nach Beleuchtungseffekten, zeitgemäßem Kostüm und Gerät sich ausgebreitet hat. Für die ernste Kunst ist das kein Vorteil. Alle guten dramatischen Wirkungen eines Stückes können vollständig zur Geltung kommen und würden in manchen Fällen größer sein, auch wenn das Stück von Anfang bis zu Ende vor demselben dunkeln Hintergrunde abgespielt werden müßte. Denn der Zuschauer ist sich doch immer bewußt, daß er nicht der Wirklichkeit gegenüber sitzt, und er soll diese stille Empfindung auch gar nicht verlieren. Nun ist selbstverständlich, daß wir nicht zu dem einfachen Brettergerüst alter Zeit zurückkehren können, und daß auch in Dekorationen, Tracht und Beiwerk auf einen gewissen mittleren Durchschnitt der geschichtlichen Bildung unter den Zuschauern Rücksicht genommen werden muß. Diese Beachtung unserer geschichtlichen Kenntnisse darf sich aber auf der Bühne nie in den Vordergrund drängen. Und der Dichter, welcher es ehrlich mit seiner Kunst meint, wird sich sorgfältig hüten, solche dekorative Wirkungen in seine Arbeit aufzunehmen. Er ist durch den Zwischenvorhang ohnedies in die Lage gebracht, jeden Szenenwechsel innerhalb des Aktes vermeiden zu müssen. Das ist für ihn, zumal bei historischen Stoffen, eine Aufgabe, die oft unüberwindlich scheint. Aber fast immer vermag kluge Erfindung darüber hinwegzuhelfen.

Das Lustspiel »Die Journalisten« erschien 1853 im Buchhandel, zuerst allein, dann zusammen mit den früheren Stücken.

So war ich wieder mit einem Erfolg über die Bretter gewandelt und es hätte nahe gelegen, in derselben Dichtungsform fortzufahren. Aber ich selbst war in diesen Jahren ein anderer geworden, die großen geschichtlichen Verhältnisse, in denen ich als Schriftsteller mich tummelte, manches was ich erlebt und angeschaut hatte, die volle und starke Strömung des Lebens, welche mir jetzt durch die Seele zog, wollte sich in den Rahmen eines Theaterabends, in die knappe Form des Dialogs, und in die kurzen Szenenwirkungen nicht einpassen. Mich überkam der Wunsch, mein Verständnis der Zeit und was ich etwa von guter Laune besaß, mit der Fülle und Reichlichkeit auszusprechen, welche in einer poetischen Erzählung möglich wird. Im Sommer 1853 trat ich darüber mit den kleinen geflügelten Kollegen, den Lyrikern meines Gartens in Beratung und begann meinen ersten Roman, welcher mich auch noch im nächsten Jahre beschäftigte. Im Winter schrieb ich wieder Artikel und redigierte die grünen Blätter.

Nach den Tagen von Olmütz und Bronzell war Preußen einer trübseligen Reaktion verfallen, und die Wochenschrift hatte keinen leichten Stand, wenn sie zu gleicher Zeit die Gegner Preußens verurteilte und die Zustände in Preußen unzufrieden besprach. Die argwöhnische Gehässigkeit, mit welcher man damals zu Berlin jede selbständige Äußerung in der Presse betrachtete, hatte bewirkt, daß auch gemäßigte Blätter keine von der Regierung unabhängigen Berichte über die Landtagsverhandlungen erhielten, jeder Korrespondent, welcher in den Verdacht solcher Tätigkeit kam, wurde aus Berlin ausgewiesen, und doch verhielt sich die Opposition in jenen Jahren durchaus nicht unpatriotisch, ihr stärkster Vorkämpfer war Georg Vincke. Um diesem unleidlichen Notstand in der Presse abzuhelfen, kamen im Winter 1853 einige Gesinnungsgenossen überein, durch kleine Beiträge eine autographierte Korrespondenz zu erhalten, welche unentgeltlich an Zeitungen und an Parteigenossen in der Kammer versandt werden sollte. Ich übernahm es dieselbe einzurichten, ein junger Gelehrter in Berlin – es war Karl Neumann, der Geschichtsforscher – wurde bestimmt, regelmäßig Kammerberichte nach Leipzig zu senden, dort war ein passender Redakteur für das Autographieren und den Versand an die Adressen geworben. Das kleine Unternehmen trat, bei den sächsischen Behörden angemeldet, ins Leben und erwies sich als nützlich. Die Zusendungen von Berlin, außer den Berichten Neumanns noch gelegentliche kleine Briefe von Parteigenossen, wurden in der Regel an mich adressiert, durch mich dem Redakteur und Verleger zugestellt. Nun kam einmal unter den Eingängen eine kurze Mitteilung, in welcher berichtet wurde, daß der preußische Mobilmachungsplan dem Kaiser von Rußland verraten worden sei, der Verrat war mit scharfen Worten verurteilt. Die Tatsache war unleugbar, die Mitteilung derselben in der Presse aber erregte zu Berlin den höchsten Unwillen. Es wurde deshalb die ganze Meute der Polizei, v. Hinkeldey, v. Nörner, Stieber nach Leipzig geschickt, dort mit Hilfe der sächsischen Behörde nach dem Verbreiter der Nachricht zu forschen. Der geforderte Redakteur der Korrespondenz nannte mich als Übersender. Darauf wurde von mir verlangt, daß ich den Urheber der Notiz nennen solle, und weil diese Forderung in Sachsen nicht gesetzlich zu begründen war, unter dem Vorwande, daß man dadurch dem Verräter des Mobilmachungsplans auf die Spur kommen wollte. Solch törichter Zumutung gegenüber war dasjenige Verhalten geboten, welches man das aufschiebende nennt, zumal man annehmen konnte, daß zu Berlin mit der Zeit ruhigere Betrachtung eintreten würde. Da nun auch die sächsische Behörde nicht allzu willig war, sich von den übelbeleumdeten Spürern aus Berlin in dieser Angelegenheit benutzen zu lassen, kam über den Rechtseinwendungen das Frühjahr heran und ich zog wieder nach Siebleben. Jetzt aber leitete man von Berlin aus bei dem Gothaer Gericht ein gerichtliches Verfahren ein, das voraussichtlich ebenfalls keinen Erfolg haben konnte, und erließ noch nebenbei einen geheimen Haftbefehl gegen mich. Dies seltsame Schriftstück wurde mir anonym von Frankfurt a. M. zugesandt. Die preußischen Behörden wurden darin aufgefordert, den Verfasser von den und den Werken, an dessen Ergreifung viel gelegen sei, bei dem Betreten von preußischem Gebiet zu verhaften und nach der Hausvogtei zu Berlin abzuliefern. Das war übermäßig abgeschmackt. Doch, da ich preußischer Staatsbürger war, bereitete mir dieser jähe Eifer die sichere Aussicht, demnächst auf Grund bestehender Auslieferungsverträge aus Siebleben abgefordert zu werden. Da auf dem gewöhnlichen Wege eine Entlassung aus dem preußischen Untertanenverband nicht zu bewirken war und ich nicht Luft hatte, den Winter über in der Hausvogtei zu wohnen, so gab es nur ein Mittel, mich in Gotha sicher festzusetzen. Dies war ein kleines Hofamt, da die Anstellung am Hofe von selbst die Landeszugehörigkeit verleiht. Der Fall wurde dem Herzog von Gotha vorgetragen, und dieser half gütig aus der Verlegenheit, indem er mich zu seinem Vorleser ernannte. Seitdem war ich Hofrat, nicht *parceque*, sondern *quoique*. Aber das gewalttätige Vorgehen wurde dadurch gehemmt. Den Winter brachte ich wie gewöhnlich in Leipzig zu, nachdem ich durch einen Freund aus Dresden die Nachricht erhalten, daß man in Sachsen zwar einer Abforderung von Berlin nicht entgegentreten könne, mich aber rechtzeitig benachrichtigen werde. Doch zu Berlin gab man die Verfolgung in aller Stille auf, nachdem der Haftbefehl etwa ein Jahr bestanden hatte. Daß er aufgehoben sei, wurde mir wieder durch anonyme Zuschrift mitgeteilt.

Als der Roman »Soll und Haben« zu Ostern 1855 in drei hübschen Bänden gedruckt auf meinem Tische lag, packte ich das erste Exemplar für meine Mutter ein; und erhielt an demselben Tage die Nachricht von ihrem Tode. Mein Bruder hatte mir ihre letzte Krankheit aus Sorge für meine Sicherheit verschwiegen.

Um den Erfolg des Romans machte ich mir geringen Kummer. Man war damals ärmer als jetzt, es wurden weniger Bücher gekauft und ich hatte das Zutrauen, daß die Arbeit meinem Verleger nicht gerade zum Schaden gereichen würde. Doch war der Erfolg besser als wir annahmen, und es konnten noch in demselben Jahre einige kleine Auflagen gedruckt werden. Wichtiger war mir die Zufriedenheit meiner nächsten Freunde, auch sie wurde dieser Arbeit reichlich zu Teil. Im ganzen hatte ich die

Stimmung: ich habe es ungefähr so gut gemacht, als ich konnte, nun mögen die anderen sehen, wie sie damit fertig werden.

Der Aufbau der Handlung wird in jedem Roman, in welchem der Stoff künstlerisch durchgearbeitet ist, mit dem Bau des Dramas große Ähnlichkeit haben. Vor allem eine poetische Idee, welche schon in der Einleitung sichtbar wird und den ganzen Verlauf der Ereignisse bestimmt. Für »Soll und Haben« ist diese Idee in dem leitenden Kapitel auf Seite 9 in Worte gefaßt, der Mensch soll sich hüten, daß Gedanken und Wünsche, welche durch die Phantasie in ihm aufgeregt werden, nicht allzu große Herrschaft über sein Leben erhalten. Anton und Itzig, der Freiherr und Ehrenthal, und in geringerem Maße auch die andern Gestalten haben mit solcher Befangenheit zu kämpfen, sie unterliegen oder werden Sieger. Auch die Teile der Handlung sind in der Hauptsache dieselben wie im Drama: Einleitung, Aufsteigen, Höhepunkt, Umkehr und Katastrophe. In »Soll und Haben« sind die gelungene Schurkerei Itzigs, der Ruin des Freiherrn und Ehrenthals, und die Trennung Antons aus dem Geschäft der Höhepunkt des Romans, und die Rückkehr Antons in das Geschäft mit allem, was daraus erfolgt, die Katastrophe. Bei der Beschaffenheit des Stoffes, welcher eine breite Ausführung der zweiten Hälfte notwendig machte, nahm der Verfasser sich die Freiheit, die Umkehr in zwei Bücher zu scheiden, dadurch hat die Erzählung sechs Teile erhalten, notwendig wäre nur die Fünfzahl. Es hat Jahrhunderte gedauert, bevor die Handlung der Romane zu künstlerischer Durchbildung gelangt ist, und es ist das hohe Verdienst Walter Scotts, daß er mit der Sicherheit eines Genies gelehrt hat, die Handlung in einem Höhenpunkt und in großer Schlußwirkung zusammen zu schließen.

Auch meine Weise der Arbeit war bei dem Roman dieselbe wie bei den Theaterstücken, ich erdachte mir zuerst die ganze Handlung im Kopfe fertig, dabei suchte ich sogleich für alle wichtigeren Gestalten die Namen, welche nach meiner Empfindung zu ihrem Wesen stimmten – keine ganz leichte und keine unwichtige Arbeit –, endlich schrieb ich auf ein Blatt den kurzen Inhalt der sechs Bücher und ihrer sämtlichen Abschnitte. Nach solcher Vorbereitung begann ich zu schreiben, nicht vom Anfang in der Reihenfolge, sondern wie mir einzelne Abschnitte zufällig lieb und deutlich wurden. Zumeist solche aus der ersten Hälfte. Alles was durch die Schrift befestigt war, half natürlich der schaffenden Seele die neue Erfindung für noch nicht Geschriebenes anregen. In dem was ich wollte, war ich ganz sicher, nicht ebenso schnell kam mir für einzelne Abschnitte die Wärme, die zur Ausarbeitung nötig ist, und ich habe manchmal längere Zeit warten müssen, bevor eine Situation von der Phantasie fertig zugerichtet war, was diese freundliche Helferin, wie ich überzeugt bin, dem Dichter auch besorgt, während er gar nicht über dem Werke ist, wohl gar während er schläft. Zuweilen aber blieb sie störrig und manche kleine Übergänge wollten nicht herauskommen, z.B. nicht im letzten Buche die Rückkehr Antons zu Sabine und das Wiedersehen. Dies ist auch dürftig geblieben.

Die Niederschrift habe ich, wie bei allen späteren Prosaarbeiten nicht selbst besorgt, sondern diktiert. Dies war mir wegen meines kurzen Gesichts und der gebückten Haltung am Schreibtisch nach meiner Krankheit geraten worden und ich hatte mich bei den Tagesarbeiten für die Grenzboten daran gewöhnt. Ich erhielt dadurch den Vorteil, daß ich Wortlaut und Satzfügung, während ich schuf, zugleich hörte, und dies kam dem Klang und Ausdruck oft zu Gute. Ein Übelstand aber war, daß die arbeitende Seele durch die Gegenwart des Schreibers zu einem ununterbrochenen und gleichförmigen Ausspinnen des Fadens veranlaßt wurde und in Gefahr kam sich an Stellen, wo sie träge zauderte oder wo die innere Arbeit noch nicht fertig war, durch ungenügenden Ausdruck über die Schwierigkeit wegzuhelfen. Deshalb vermochte diese Art der Niederschrift meine eigene Anspannung nicht zu mindern, denn was der Schreiber auf das Papier gebracht, arbeitete und besserte ich noch einmal gründlich durch.

Es lohnt kaum, die Frage zu stellen, wie der erfindende Schriftsteller die Stoffbilder seiner Dichtungen gesammelt hat. Wo wächst das Farnkraut, wo liegt der Stein und auf welcher Hausschwelle sitzt das Kind, deren Formen der Maler in das Skizzenbuch aufnimmt, um sie für sein Bild zu verwenden? Ist die Erfindung des Schriftstellers in der Tat Poesie und nicht schlechte Nachschrift der Wirklichkeit, so wird auch, was er etwa nach Vorlagen des wirklichen Lebens in ein Werk aufgenommen hat, so umgebildet sein, daß es etwas ganz anderes, in der Tat ein Neues geworden ist. Das ist selbstverständlich. Deshalb bereiten die Ausnahmefälle, wo der Dichter sich mit größerer Treue der Wirklichkeit anschließen muß, z.B. wo er eine wohlbekannte historische Person in seine Dichtung setzt, ihm und seinem Werk besondere Schwierigkeiten. Denn leicht empfindet der Leser vor solchen Abbildern eine Besonderheit in Farbe, Ton und Schilderung, welche erkältet und die Wirkung des gesamten Kunstwerks nicht mehrt, sondern mindert.

Wenn es den Personen in »Soll und Haben« gelungen ist, als wahrhafte und wirksame Darstellungen von Menschennatur zu erscheinen, so kommt das gerade daher, weil sie sämtlich frei und behaglich erfunden sind, und weder der Kaufmann noch Fink, noch selbst Ehrenthal und Veitel haben jemals ein anderes Leben gehabt, als das in der Dichtung, sie sind nur unter dem Zwange der erfundenen Handlung geschaffen und scheinen gerade deshalb hundert wirklichen Menschen zu gleichen, welche unter ähnlichen Verhältnissen leben und handeln müßten.

Will man sich aber die Mühe geben, die geschilderten Menschen gegeneinander zu stellen, so kann man finden, daß sie unter einem eigentümlichen Zwange gebildet sind, dem des Gegensatzes: Anton und Fink, der Kaufmann und Rothsattel, Leonore und Sabine, Pix und Specht haben einander veranlaßt. Denn wie in dem menschlichen Auge jede Farbe ihre besondere Ergänzungsfarbe hervorlockt, so treibt auch in dem erfindenden Gemüt ein lieb gewordener Charakter seinen kontrastierenden hervor. Auch Charaktere, welche dieselbe Grundfarbe erhalten, wie Ehrenthal und Itzig, werden durch die Zumischung der beiden Gegenfarben voneinander abgehoben. Dieses Schaffen in Gegensätzen geschieht nicht als Folge verständiger Erwägung, sondern mit einer gewissen Naturnotwendigkeit ganz von selbst, es beruht auf dem Bestreben der schöpferischen Kraft, in der nach den Bedürfnissen des menschlichen Gemütes zugerichteten Begebenheit ein Abbild der gesamten Menschenwelt im kleinen zu geben.

Für die Handlung des Romans fehlte es mir nicht an Erfahrungen, die ich hier und da gemacht hatte. Den Geschäftsverkehr in der Handlung kannte ich aus meiner Breslauer Zeit, das alte Patrizierhaus der Molinari bot der Phantasie gute Anregungen, ich selbst bin mit meinem Freunde Theodor beim Ausbruch der polnischen Revolution in die Nähe von Krakau gereist. Und vollends die Wuchergeschäfte jüdischer Händler habe ich gründlich kennen gelernt, da ich als Bevollmächtigter eines lieben Verwandten jahrelang vor Gericht gegen einige von ihnen zu streiten hatte. Auch die Bilder aus dem polnischen Aufstande haben zum Teil Grundlagen. Ein Kampf, wie der in der Stadt Rosmin, und das Herauswerfen der polnischen Insurgenten hat im Jahre 1848 zu Strzelno wirklich stattgefunden. Die mutigen Männer, welche dort die deutschen Kräfte sammelten und wochenlang den Polen widerstanden, waren der Oberamtmann Kühne, ein Schüler Koppes, und seine Inspektoren Lachmann und v. Kleist. Und die weichenden Polen haben dort wirklich die blauen Kartoffelwagen und die Feuertonne für Artillerie gehalten. Dem Verfasser waren alle solche Eindrücke und Beobachtungen vom höchsten Wert, weil sie ihm Kenntnis der zu schildernden Verhältnisse zuteilten, oder weil sie ihm Phantasie und gute Laune anregten, und ohne sie hätte er seine Geschichte gar nicht schreiben können. Aber für den Leser sind auch sie ganz unwesentlich und zufällig geworden.

Der Roman erschien mit einer Widmung an Herzog Ernst II. von Koburg-Gotha. Gern möchte ich, daß diese Zuschrift zugleich mit dem Roman erhalten bleibe, sie erscheint mir wie eine gedruckte Urkunde über mein gutes Verhältnis zu zwei ungewöhnlichen Menschen, welches von jenen Jahren ab durch mein ganzes späteres Leben bestanden hat. Auch die Verbindung mit dem Herzoge hat für mich eine kleine Geschichte. Als die Zuneigung noch jung war, verkehrte ich gern am Hofe und freute mich über die vielen merkwürdigen und bedeutenden Persönlichkeiten, welche dort aus- und einzogen. Durch Herzog und Herzogin lernte ich ihre hohen Verwandten kennen: die Höfe von Baden und Darmstadt, die englischen Herrschaften, den Kronprinzen und die Kronprinzessin. Die fröhlichsten Stunden aber habe ich mit ihnen allein verlebt, beide haben die Eigenschaft, welche an Fürsten besonders anmutig ist, daß sie jede Menschennatur unbefangen und mit freudiger Anerkennung gewähren lassen und im Austausch auch sich selbst reichlich mitzuteilen wissen. Während sonst vornehme Herren gewöhnt sind, unter gefälligen Formen und bei vertraulichem Verkehr, andere für ihre Zwecke zu gebrauchen, hat mein Herzog mit einem Zartgefühl, das ich oft dankbar erkannt habe, nie den Wunsch geäußert, meine Feder in Anspruch zu nehmen, und nie ein Ansinnen gestellt, dem ich mich hätte versagen müssen. Seinem Vertrauen, so weit es mir zuteil werden konnte, glaube ich durch offene Ehrlichkeit entsprochen zu haben. Nicht immer vermochte ich den Flug dieses rastlosen Geistes zu begleiten, aber ich war sicher, daß ich in den Tagen großer Entscheidung seinen Entschlüssen mit innigem Einverständnis folgen durfte. Als im Jahre 1866 die deutschen Fürsten vor der Wahl standen, welchem der beiden Großmächte sie ihr und ihres Landes Schicksal anvertrauen wollten, hatte ich Gelegenheit, meinem Landesherrn in die Seele zu sehen. Während mancher andere zauderte und des Erfolges harrte, stellte er sich zu Preußen, schnell, feurig, in der gehobenen Stimmung eines Mannes, der weiß, daß die Stunde großer Pflichterfüllung für ihn gekommen ist. Und doch drohte gerade ihm und seinem Lande damals der

Einbruch der Hannoveraner. Ich denke die Deutschen sollen ihm das nicht vergessen. In späteren Jahren, wo ich durch Krankheit in meiner Familie veranlaßt wurde, mich still auf meine Häuslichkeit zurückzuziehen, bewährte sich noch besser die treue Gesinnung der vornehmen Freunde, und ein mildes Wort meiner Fürstin: »Ich bin als Freundin brauchbarer für Unglückliche als für Glückliche«, ist an meinem Leben reichlich wahr geworden. Schweres, was ich im geheimen durchzukämpfen hatte, durfte ich dort vertrauend in die Seelen legen, und die wahrhafte Teilnahme, welche ich in jeder Lage fand, wurde mir oft ein Trost. Bis zur Gegenwart hat dies feste Einvernehmen bestanden. Es vergeht zuweilen längere Zeit, bevor mir zuteil wird, beide wieder zu sehen, so oft ich aber auf der Terrasse des Kallenbergs stehe und über den Gartenschmuck des Herrnsitzes in die lachende Landschaft hinabsehe, öffnen sich die Herzen im alten Vertrauen und ich fühle, daß diese alte gute Verbindung nicht nur ein Schmuck, auch Bereicherung meines Erdenlebens geworden ist.

605

Wenn ich nach dem Druck von »Soll und Haben« in die Winterwohnung zu Leipzig kam, fand ich einen Kreis vertrauter Männer, zunächst solcher, welche mit den drei gelehrten Freunden verkehrt hatten. Einer von ihnen, mein Verleger Hirzel, dessen Geschäft ich seit dem Druck der Journalisten verbunden war, empfing mich heiter mit dem Bericht, wie artig die deutschen Leser sich gegen den Roman verhielten. Salomon Hirzel stammte aus einem alten Patriziergeschlecht Zürichs, welches seit der Jugend Klopstocks seinen Namen auch in unsere Literatur eingezeichnet hat, er war ein kluger, vornehmer Geschäftsmann von reicher Bildung; überlegenes Urteil und seine sarkastische Laune machten ihn jedem, der sich eine Blöße gegeben hatte, gefährlich. Meine Verbindung mit ihm wurde eine so innige, wie sie nur irgend zwischen Schriftsteller und Verleger bestehen kann. Daß wir nebeneinander wohnten, kam dem Tagesverkehr zugute. Er war der aufmerksamste, zartsinnigste Freund, der meisterhaft verstand, durch kleine Überraschungen und literarische Gaben wohl zu tun, seine schöne Büchersammlung wurde eine Fundgrube für meine Arbeiten. Bald gab auch ich mich dem Bücherkauf hin und wurde ein geschätzter Kunde der Antiquare.

Das Behagen an irdischer Existenz betätigt sich in dem Ansammeln von allerlei Dingen, welche lieb und begehrungswert erscheinen; der Zufall, die Mode leiten die Phantasie; ist erst ein kleiner Besitz gewonnen, so wird der Wunsch ihn zu vergrößern stärker, zuletzt wohl gar eine

Leidenschaft, die der Mensch sorglich behüten mag, damit ihm nicht Pflichten verletzt, das Gleichgewicht gestört werde. Der Trieb regt sich früh im Kinde, er dauert bis ins höchste Lebensalter, er wechselt nach Zeit, Mode, Bildung, und wer eine Geschichte des Sammelns schreiben wollte, von den Schatzhäusern germanischer Könige herab über die Handschriften des Mittelalters, die Münzen, Bilder und Statuen der Renaissance, die Kunstkammern, geschnittenen Kirschkerne und das Porzellan des siebzehnten Jahrhunderts, die Tulpenzwiebeln und Conchylien der Holländer, bis zu den zahllosen Gegenständen des modernen Sammeleifers – der könnte manches Traurige und vieles Heitere aus dem Gemütsleben der Menschheit zur Anschauung bringen.

Auch von den Leipziger Freunden wurde eifrig und mit Einsicht gesammelt, wohl die Mehrzahl hegte eine stille Liebhaberei, nicht weniges davon ist der Literatur und Kunstgeschichte zugute gekommen. Zwar Mommsen hatte für seine Wissenschaft das Zusammentragen einer so unermeßlichen Menge alter Inschriften übernommen, daß ihm zu häuslichen Liebhabereien weder Zeit noch Raum blieb, und Haupt sah ohne jede Achtung auf den Sammeleifer der andern, er behauptete, daß solch begehrliches Einheimsen keine gute Wirkung auf den Charakter ausübe. Die übrigen ließen sich dadurch nicht stören. Otto Jahn sammelte Bücher, Briefe, Musikalien für die Lebensgeschichten von Mozart und Beethoven, Dr. Härtel, Chef der großen Handlung Breitkopf & Härtel, eine feinbesaitete Künstlernatur, der in seinem schön gebauten Hause viele Wandervögel der bildenden Kunst und Musik aufnahm, sammelte Stiche nach Raphael, der Buchhändler Georg Wigand Holzschnitte Ludwig Richters, von der befreundeten Familie der Cichorius wenigstens der eine, Eduard, ebenfalls Kupferstiche und Holzschnitte. Vor allen andern war Hirzel auch als Sammler großartig, in seiner Bibliothek stand eine Menge der seltensten Drucke aus früheren Jahrhunderten versammelt. Seine größte Freude aber war das Zusammentragen aller literarischen Erzeugnisse, welche irgendwie mit Goethe zusammenhingen: Ausgaben seiner Werke, Handschriften, Briefe und Bildnisse. Es war ihm gelungen, in seiner Goethe-Bibliothek wohl den größten Schatz zu vereinen, welchen ein Verehrer Goethes gewonnen hat, und seine Sammlung hat auch in unserer Literaturgeschichte die verdiente Würdigung gefunden. Ihm konnte man kein größeres Vergnügen bereiten, als wenn man ihm einen Brief des großen Dichters spendete, und seine Augen strahlten vor Freude, wenn er ein neu erworbenes Stück, das noch ungedruckt war und einigen Inhalt hatte, den Vertrauten vorzeigen konnte. Ich fürchte, daß er meine Teilnahme daran bisweilen für lau hielt.

Einer der entschlossensten Sammler war Haupts alter Freund, der Jurist Böcking aus Bonn, er trug bald für Hutten, bald für andere Lieblinge zusammen, kam wohl jedes Jahr einmal zu uns und den Leipziger Antiquaren, und hatte immer etwas Seltenes in der Tasche oder in Aussicht, er war ungewöhnlich gewandt im Entdecken verborgener Schätze und sorgte zuweilen auch für die Liebhabereien seiner Freunde. In diesem großen Gelehrten war eine seltsame Mischung von rücksichtsloser Derbheit und sentimentaler Weichheit, er wechselte leicht mit Gunst und Abneigung, strich sich die Menschen gern weiß oder schwarz an und wollte nicht leiden, daß die, welche für ihn gerade weiß waren, mit den Schwarzen irgendwie Gemeinschaft pflogen. So oft einer von uns nach Bonn kam, übte er seine Tyrannei. Mit Hirzel stand er in alter Bundesgenossenschaft, dieser aber war mit dem anspruchsvollen und launischen Wesen des Freundes in der Stille gar nicht einverstanden, und Böcking, der große Zuneigung zu ihm hatte, merkte das wohl auch. Als er nun einmal nach Leipzig gekommen war, zog er bei Hirzel eine dicke Rolle aus der Tasche und knotete sie bedächtig auf, es war eine Sammlung kostbarer ungedruckter Briefe von Goethe, die er im Elsaß aus dem Brionscher Nachlaß erworben hatte. Hirzel blickte starr auf den Schatz und Böcking weidete sich an der aufsteigenden Sehnsucht, die er wohl erkannte. Als er dem Freunde eine Ahnung von dem unschätzbaren Werte dieses Besitzes gegeben hatte, packte er die Briefe 608 wieder zusammen, steckte sie ein und sagte nachdrücklich: »Diese Sammlung ist für Sie bestimmt, Sie haben mich aber in der letzten Zeit schlecht behandelt, und ich muß die Zuteilung von Ihrem Verhalten gegen mich abhängig machen. Bin ich einmal mit Ihnen zufrieden, so bekommen Sie einen Brief.« Nun waren der Briefe sehr viele, und Böckings Zufriedenheit mit einem Mitmenschen unberechenbar. Vergebens bäumte Hirzel gegen diese grausame Verheißung auf, Böcking hielt die Seele des Sammlers schadenfroh an den Flügeln fest. Von da an sandte er dem Freunde zuweilen am Geburtstag und zur Weihnacht einen einzelnen Brief aus dem Bündel, den Hirzel jedesmal mit gemischten Gefühlen aufnahm. Als aber einige Jahre darauf Hirzel nach Bonn kam und gegen die Forderung Böckings, bei ihm zu wohnen, mannhaft im Gasthofe einkehrte, erschien Böcking mit einer Droschke vor dem

Gasthof, ließ Hirzels Gepäck, trotz aller Einwendungen, gebieterisch durch den Hausknecht aufladen und entführte den Gast in seine Wohnung. Dort lud er ihm einige Bekannte zum Essen, als Hirzel seine Serviette auseinanderschlug, fand er das Bündel Briefe als Angebinde darunter.

In dieser Gemeinschaft mit sammelfrohen Männern begann auch ich, alter Neigung folgend, in der Stille zusammen zu tragen. Zunächst für meine geschichtlichen Liebhabereien. Immer hatte mich das Leben des Volkes, welches unter seiner politischen Geschichte in dunkler unablässiger Strömung dahinflutet, besonders angezogen, die Zustände, Leiden und Freuden der Millionen kleiner Leute. Dafür hatte ich schon in Breslau allerlei aus den Chronisten des Mittelalters eingesammelt. Für die ersten Jahrhunderte seit Erfindung des Bücherdrucks entdeckte ich viel in den Flugschriften, welche dem Bedürfnisse des Volkes zu dienen bemüht waren. Aber das Auffinden kleiner Drucke in den großen Bibliotheken war umständlich; was dort vorhanden war, stand häufig in Mischbänden unbequem gebunden, nicht ohne Mühe zu ermitteln. Deshalb legte ich eine Sammlung alter Flugschriften an, die Literatur der fliegenden Blätter und dünnen Quartbüchlein, alles was einst in Reimen und Prosa der Erheiterung und Belehrung und den Tagesinteressen des Volkes gedient hatte, von den Gedichten der Humanisten und den Reformationsschriften über den dreißigjährigen Krieg bis zum Beginn der neuen Literatur. Ich verdanke diesen Büchlein allerlei Kenntnis von Zuständen im Volk, Sitte und Brauch, die man in größeren Werken der vornehmen Literatur vergebens sucht.

Nun hatte ich für die Grenzboten eine Anzahl Bilder geschrieben, in denen Aufzeichnungen vergangener Menschen benutzt wurden, um von dem Gemütsleben und den Verhältnissen alter Zeit zu erzählen. Jetzt, wo ich von einer größeren Arbeit ausruhte, kam mir der Gedanke, diese Schilderungen zu erweitern und in geschichtlicher Reihenfolge zusammen zu stellen. Wenn man bei den Schicksalen der einzelnen das für ihre Zeit Gemeingültige heraushob, so konnte eine Folge solcher Schilderungen auch von geschichtlichen Wandlungen in Sitte, Brauch, Lebensverhältnissen der Nation eine Vorstellung geben. Ich griff zuerst in die Jahrhunderte der Reformation und des dreißigjährigen Krieges hinein. Hier war Gelegenheit geboten, die große Gestalt Luthers im Zusammenhange mit seiner Zeit zu behandeln; auch aus der Zeit des dreißigjährigen Krieges waren die Verwüstung, die Leiden des Volkes und das gesamte

609

Heerwesen, trotz einer massenhaften Literatur, noch wenig bekannt. Das Buch wurde unter dem Titel »Bilder aus der deutschen Vergangenheit« 1859 gedruckt und meinem Verleger Hirzel zugeschrieben.

Es war keine schwere und es war eine behagliche Arbeit, der ich mich unterzogen hatte, sie sollte auch für den Leser so leicht und anmutend werden, daß sie ein Hausbuch gebildeter Familien abgeben konnte. Doch leichtsinnig wurde sie nicht gemacht, es sind dafür zu anderem einige Tausend kleiner Flugschriften durchgesehen worden. Alle kulturgeschichtlichen Werke, welche die ungeheure Masse des Stoffes in systematischer Einteilung zu bewältigen versuchen, entgehen schwer dem Übelstand langweilig zu werden, und gleichen in ihrer Schilderung alter Sitten, Gebräuche, Lebensgewohnheiten zuweilen großen Trödelläden mit alten Kleidern, zu denen die Menschen fehlen, die einst damit bekleidet waren. In den Bildern ist die entgegengesetzte Methode gewählt. Es sind, wo es immer möglich war, einzelne Menschen aus alter Zeit herauf geholt, welche sich selbst dem Leser wert zu machen suchen, und der Verfasser beschränkt sich darauf, bescheiden von der Seite auf ihre Tracht, ihr Gebaren und Wesen hinzuweisen. Vielleicht lernt der Leser auf diesem Wege am meisten von dem Charakter der alten Zeit kennen, obgleich nicht selten dem Zufall überlassen bleibt, was gerade aus der Fülle des Stoffes hervorgehoben wird.

Die freundliche Aufnahme, welche das Buch fand, bestärkte mich in der Ansicht, daß es einem Bedürfnis entgegenkomme, und ich schrieb deshalb in den folgenden Jahren eine Fortsetzung unter dem Titel »Neue Bilder aus der deutschen Vergangenheit«, welche 1862 gedruckt wurde. Darin behandelte ich in ähnlicher Weise die Neuzeit bis in unser Jahrhundert. Für diesen Band wurde Friedrich der Große und sein Staat der Mittelpunkt, Ausführungen und eigene Zutat durften hier reichlicher sein.

In diesen Jahren gaben meine drei Gelehrten viel zu tun. Namentlich Mommsen schuf Not. Denn kaum hatte man eines seiner Werke in sich aufgenommen, so war eine andere große Arbeit da, welche wieder zwang ihm nachzugehen. Durch seine römische Geschichte und noch mehr durch kleinere Abhandlungen kam ich dazu, mich mit der ältesten Zeit Italiens und den Schicksalen der Tiberlandschaft zu beschäftigen. Rom erschien schon in seiner ersten politischen Einrichtung als ein Kunstbau, in welchem frühere Bundesgenossenschaften von Bauern und deren Häuptlinge durch Königsgewalt zu einem kleinen Staat mit einer zweckvoll zugerichteten Staatsreligion geformt waren; und ich suchte mir die Zustände solcher alten Clane deutlich zu machen, aus denen das römische Wesen zusammenwuchs. Dabei stieg das Bild eines römischen Verbandes auf, dessen Überlieferungen noch in die Urzeit reichen, und der mit seinen Ansprüchen im Kampf gegen die Bedürfnisse des neugebildeten Staatswesens untergeht. Das Geschlecht der Fabier wurde Mittelpunkt eines Trauerspiels.

Nun waren aber unser Theater und unsere Schauspieler, welche einem breiten, immer zunehmenden Tagesbedürfnis zu dienen haben, für die tragischen Aufgaben der Kunst nicht mehr recht geeignet, die Heldenväter waren im Aussterben, jüngere namhafte Talente gehörten vorzugsweise dem sogenannten Charakterfach an. Der Aufführung älterer Trauerspiele, welche auf unserer Bühne Bürgerrecht gewonnen haben, kamen noch die Erfindungen früherer Schauspieler zu gute; denn die Auffassung derselben und zahlreiche Einzelheiten ihres Spiels gingen auf die späteren über, und man konnte bei jüngeren Künstlern oft die Vorbilder erkennen, denen sie ihre Kunstwirkungen in tragischen Rollen abgelernt hatten. Am besten gediehen den Schauspielern die Helden Schillers, aber sein prachtvoller Vers und die langen Wellen, in denen seine pathetische Empfindung ausströmt, waren einem scharfen Charakterisieren gar nicht günstig, und verlockten zu schwungvollem Vortrag. Das machte die Aufführung neuer Trauerspiele zu einer mißlichen Aufgabe für Dichter und Bühnenleiter. Vollends die römische Welt war durch Shakespeares Coriolan und Julius Cäsar und durch zahlreiche Nachahmungen in derselben Schablone den Zuschauern sattsam bekannt, und gegenüber der stillen Sehnsucht jeder Zeit, neue Verhältnisse in neuer Behandlung zu sehen, ein wenig verbraucht. Deshalb gedachte ich, diesmal gerade ein Stück zu schreiben, welches den Darstellern der Hauptrollen die schwersten Aufgaben stellte und das Höchste zumutete, und zwar in einer Verssprache, welche so schmucklos sein sollte, daß sie ihnen den Mangel an eigenem Schaffen nicht deckte, sondern in jedem Augenblicke zwang, selbst zu erfinden, um die angedeuteten Wirkungen der Rolle heraus zu bringen. Ich wußte wohl, daß ein solches Drama, selbst wenn es glückte, keinen Bühnenerfolg haben konnte wie die früheren, und ich wollte es auch nicht auf diesen Weg treiben; es konnte warten, bis einmal Darsteller kamen, welche die Aufgabe zu bewältigen wußten. Dabei suchte ich noch einige stille Wünsche zu befriedigen. In der szenischen Einrichtung sollte dem Übelstand, daß auf

612

unserer tiefen Bühne die Gruppen einander zu sehr decken, durch einen Treppenbau abgeholfen werden. Auf diesem stellte sich der einzelne beim Kommen und Gehen besser dar, und jede größere Menschenzahl wurde leichter und wirksamer verteilt. Endlich lag mir auch am Herzen, das Zusammenspiel der Hauptdarsteller und der Menge anders einzurichten, als seither Brauch war. Die schönen Volksszenen bei Shakespeare, denen die späteren in der Regel nachgemacht sind, werden durch die eintretende Prosa im Tone zu stark von den Versen des übrigen Textes abgesetzt. Dagegen liegt in dem Zusammensprechen derselben Worte durch mehrere Personen, wenn dasselbe geschickt eingerichtet und nach den Stimmlagen der einzelnen sorgfältig einstudiert wird, eine Reihe guter Wirkungen, welche zur Zeit auf unserm Theater noch kaum benutzt sind. Auch diese Neuerung wollte ich dem Stück zuteilen.

Unter solchen Erwägungen entstand im Sommer 1858 zu Siebleben das Trauerspiel »Die Fabier«. Dem Verfasser wurde dabei der volle Genuß zuteil, welcher mit dem Erfinden tragischer Momente verbunden ist. Es ist der höchste, den der Dichter erhalten kann, man meint während des begeisterten Schaffens bei einzelnen Stellen zu empfinden, wie sich das eigene Haar auf dem Haupte sträubt. Dieser eigentümliche Genuß des Furchtbaren ist dem Dichter weit mehr und wohltuender als dem Zuschauer beschieden. – Bis zum Frühjahr 1853 beendigte ich das Werk in Leipzig und ließ es in Abweichung von früherem Brauch sogleich im Buchhandel erscheinen. Das Buch sandte ich an die Gefährten: Laube in Wien, Devrient in Karlsruhe, sonst nur noch nach Berlin, Dresden und zwei bis drei Theater. Auf diesen Bühnen wurde es in den nächsten Wintern aufgeführt. Bei den Vorstellungen, welche ich sah, ging es ungefähr, wie ich erwartet hatte. Die Schauspieler gaben sich redlich Mühe, und vieles gelang recht wohl, aber die Hauptsache, die tragische Wucht, welche für die Hauptrolle und für das Stück unentbehrlich ist, fehlte überall. Die Zuschauer nahmen – außer in Dresden, wo der Erfolg gering war – das fremdartige Stück mit guter Teilnahme auf, aber es hat sich nirgend auf dem Repertoir erhalten.

Mir zwar blieb die Arbeit wert und ich meine noch jetzt, daß sie in ihren Hauptteilen, dem dritten und vierten Akt, nicht mißlungen ist. Aber die ungewöhnliche Schwierigkeit, welche eine Aufführung den Schauspielern und der Regie bereitete, war nicht der einzige Grund, der das Drama von der Bühne fern hielt. Denn ihm hängen Übelstände an, die ich beim Schreiben gar nicht oder zu wenig erkannte. Der erste ist das Düstere und Furchtbare des Stoffes, ein Kampf zwischen Vater und Sohn, der in seiner Härte so weit geht, daß er deutschem Gemüt peinlich wird. Darüber vermag nur seltene Begabung eines großen Schauspielers wegzuhelfen. Ein zweiter untilgbarer liegt darin, daß der Zuschauer nicht sofort erfährt, wer Held des Stückes wird, und daß er durch das ganze Stück an warmer Parteinahme für eine der Hauptrollen verhindert ist. Der Liebhaber Icilius steht nur unter den Gegenspielern und deshalb wirken die Liebesszenen nur als Episoden; der junge Held Markus, der sich in den ersten Akten in den Vordergrund stellt, wird am Ende des zweiten Aktes durch den Mord des Sicanius den Zuschauern verleidet, seine allmähliche Verdüsterung und die Erhebung am Schluß vermögen ihm nur noch einen beschränkten pathologischen Anteil zu gewinnen. Der Konsul aber, die wirkliche Hauptperson, tritt erst vom Höhepunkt des Dramas, der Unterredung mit Spurius, in den Vordergrund; denn das Stück gehört nach seinem Bau zu den Tragödien, worin die Gegenspieler, hier Marcus und die Icilier, die Führung der ersten Hälfte haben. Und die volle Wärme des Schauenden vermag der Held mit seiner verhängnisvollen Befangenheit selbst in der zweiten Hälfte nicht zu erwerben.

Auch das letzte Bedenken darf nicht verschwiegen werden. Die breit ausgeführte Handlung hat nicht zwei, sondern drei Parteien, welche gegeneinander ringen: die Icilius, den Stamm und den Konsul. Das macht die Handlung zu künstlich, die Ausführung zu breit für die Zeit eines Theaterabends. Es ist auch darum vom Übel, weil die Teilnahme der Zuschauer auseinander gezogen wird. Entweder mußte die Handlung: Mord des Sicanius, Gericht des Konsuls und Auszug, auf den Kampf der Iciler gegen den Konsul Fabius gegründet sein, und dann war der junge Held Marcus Fabius mehr im Hintergrund zu halten, oder der Kampf wurde ganz in das Haus der Fabier gelegt, dann mußten die Iciler nur als Nebenfiguren dienen, Marcus aber zugleich der Liebhaber werden, etwa einer Tochter des Spurius.

Diese Bedenken kamen mir nach und nach, als ich bereits das Bühnenbild einer ersten Aufführung vor mir hatte. Und ich frug mich, woher diese Unsicherheit entstanden sei. Der Verfasser war ja in dramatischen Dingen – man verzeihe das harte Wort der Selbstkritik – neunmal klug, wie durfte ihm so etwas begegnen? Endlich erkannte er, daß dies ein kleiner gelehrter Zopf sei, der ihm während der jahrelangen Entfernung vom Theater, bei den Arbeiten über Politik und Völkerleben, in dem innigen Verkehr mit gelehrten Männern und historischer Wissenschaft gewachsen war. Denn die ganze Schwäche des Baues rührt im Grunde daher, daß der Verfasser sich wie ein Historiker den ganzen Stamm der Fabier als den tragischen Helden des Stückes gedacht hatte, und das ist beim Drama durchaus nicht ausführbar. Auf den Brettern wird aus einem Kampf der Plebejer mit dem Stamm der Fabier mit Notwendigkeit ein Kampf des Plebejers Spurius mit dem Konsul Fabius. Wer auf die Länge mit Erfolg für die Bühne schreiben will, muß im festen und dauernden Verkehr mit dem Theater bleiben, wenn er sich während des Schaffens eine sichere Empfindung für den Bau des Dramas und die Szenenführung erhalten will. Sogar dann ist solche Feinfühligkeit ein Besitz, welcher dem Dichter, zumal wenn er nicht selbst Schauspieler ist, leichter verloren geht, als anderes in seinem Gestaltungsvermögen. Der größte der deutschen dramatischen Dichter, Schiller, vermochte diesen Besitz nicht zu bewahren, er hat ihn in der Jugend sicherer als in späterer Zeit, gerade in seinen letzten Stücken, dem »Tell« und dem »Demetrius«, ist die haushälterische Herrschaft über die Handlung fast verloren. Ja sogar Shakespeare zeigt in seinen alten Tagen, im »Macbeth« und im unzweifelhaft echten »Timon«, geringere Sicherheit im Bau der Handlung, als in früheren Lebensjahren.

Die Freude an meiner Arbeit wurde mir noch vor der Beendigung durch den Tod meines Bruders Reinhold verkümmert. Er hatte durch einige Jahre als Staatsanwalt zu Gleiwitz in angestrengter Tätigkeit gelebt, hatte im Sommer 1858 als Landwehroffizier die Übung mitgemacht und die tödliche Krankheit, welche damals in den Dorfquartieren Oberschlesiens herrschte, heimgebracht. Als er nach kurzem Leiden im blühenden Mannesalter starb, verlor der Staat an ihm einen guten Beamten, ich meinen ältesten Freund. Ein reines und schönes Familienglück war zerstört. Er hinterließ der geliebten Frau die Sorge für fünf Waisen, die zum Teil noch im zarten Kindesalter waren. Meine Schwägerin zog kurz darauf mit den Kindern nach Thüringen in meine Nähe. Von den Geliebten des Elternhauses war ich jetzt allein übrig.

Die Beobachtungen, die ich über das eigene Trauerspiel gemacht, legten nahe, die Lebensbedingungen des dramatischen Schaffens an Stücken hohen Stiles wieder genau einmal ins Auge zu fassen. Ich hatte dazu noch eine andere Veranlassung: die häufige Zusendung von Bühnenwerken jüngerer Dichter, welche ein Urteil über ihr Stück und wohl gar über die Stärke eines Talentes, welches sich noch gar nicht erwiesen hatte, von mir forderten. Nicht immer war es leicht, solches Vertrauen abzulehnen, und doch konnte an dem fertigen Stück auch eingehende Kritik vielleicht einzelne Übelstände entfernen, in den Hauptsachen nichts bessern. Eine Darstellung der Lebensbedingungen des Dramas vom technischen Standpunkt aus mochte für andere nicht unnütz sein, und mir eine zeitraubende und in den meisten Fällen unfruchtbare Arbeit ersparen. Nun hatte ich bereits einzelnes darüber in Aufsätzen der Grenzboten veröffentlicht, jetzt arbeitete ich alles, was ich etwa zu geben hatte, in ein Buch zusammen: »Die Technik des Dramas«, welches ich im Winter 1863 drucken ließ. Einzelnen Abschnitten der Arbeit sah man wohl an, daß sie aus schnell geschriebenen Aufsätzen einer Zeitschrift entstanden waren; in späteren Auflagen suchte ich diese Mängel zu beseitigen. Das Werk hatte äußerlich besseren Erfolg, als ich angenommen, und es fand in den Abschnitten über die antike Tragödie auch wohlwollende Beachtung der Philologen, aber die gute Wirkung, welche ich für die Schaffenden davon gehofft hatte, und vollends die Entlastung meines eigenen Briefschreibens traten nicht ein. Im Gegenteil, die Zusendungen wurden überreichlich. Meine jungen Genossen pflegten ihr Vertrauen seitdem fast regelmäßig durch die Versicherung zu begründen, daß sie die »Technik« gründlich durchgenommen hätten und daß alles, was ich gefordert, in ihrer Arbeit zu finden sei. Ich aber vermochte nur selten dieselbe Meinung zu gewinnen.

Das Buch schrieb ich dem Grafen Wolf Baudissin, dem Übersetzer Shakespeares zu. Wenn ein himmlischer Bädeker, einer der wohlbewanderten Engel, welche dort oben die Merkwürdigkeiten der Erde verzeichnen, sich herablassen wollte, ein Menschenkind durch die Straßen deutscher Städte und Landschaften zu führen, so würde ihm der Arm wehe tun von vielem Hinzeigen auf die Häuser, in denen bei uns gute und tüchtige Menschen wohnen, es sind ihrer so viele im Lande, daß es nur einem Unsterblichen möglich ist, sie alle zu kennen. Das ist die beste Habe und der wohlberechtigte Stolz der Deutschen. In Dresden aber war das letzte Haus der Pirnaischen Straße, welches nach dem Großen Garten zu liegt, eine solche Stelle, nach welcher der erwähnte Führer mit besonderem Nachdruck und mit zwei Sternen in seinem Buch hingewiesen hätte. Dort war die Winterwohnung Wolf Baudissins, der in höherem Alter mit der geliebten Gattin ein Stilleben führte, das durch die Gunst guter Mächte wie geweiht erschien. Die hohen Jahre, in denen sonst dem Menschen die Teilnahme an den Kämpfen eines jüngeren Geschlechts vermindert wird, waren fast spurlos über sein Haupt hingezogen und es herrschte bei ihm wie unzerstörbar Frieden, Ruhe und ein heiteres Licht, welches aus zwei warmen Menschenherzen ausstrahlte. Eine Lebensskizze des Freundes wird in einem späteren Bande der »Gesammelten Werke« zu finden sein, hier darf ich nur erwähnen, wie wert er und seine Gattin auch mir wurden. So oft ich dort als Gast einzog, verlebte ich gute Tage im regen Austausch der Ansichten und im Mitgenuß des Schönen, womit die lieben Menschen ihr Leben und Dichten erfüllt hatten. Baudissin war von einer rührenden Bescheidenheit, er verstand wundervoll, den Inhalt des anderen zur Geltung zu bringen, ohne doch die eigene Selbständigkeit aufzugeben; seine Freude an allem, was dem Freunde etwa gelang, war warm und sein Verständnis sein; man fühlte sich bei ihm wie in reiner Luft, immer in behaglich gehobener Stimmung, und die Stunden, in denen er die sorgfältig abgeknippte Zigarre herantrug und neben dem Teekessel zurechtlegte, gehören zu den glücklichsten, die ich bei diesen dampfenden Symbolen geselligen Behagens verlebt habe. Die Freunde erwiesen sich auch als gute Briefschreiber, welche alles, was sie gerade anregte und beschäftigte, anmutig mitzuteilen wußten. Dieser besondere Vorzug eines älteren Geschlechtes, der uns jetzt kleiner wird, erhielt das Zusammenleben für die Zeit, in welcher der persönliche Verkehr fehlte. Und das innige Bundesverhältnis zu dem stillen Hause ist dem Verfasser auch nach dem Tode des Freundes geblieben. Oft hatten wir miteinander über die Gesetze des künstlerischen Schaffens gesprochen, und als ich ihm die Technik zusandte, geschah dies mit dem Bewußtsein, daß er in den Dingen, die darin verhandelt wurden, schon längst mein Vertrauter war.

Während mich das Buch beschäftigte, wurde ich in die Kommission zur Erteilung des Berliner Schillerpreises für neue dramatische Werke berufen. Diesen Preis hatte König Wilhelm als Prinzregent eingesetzt, der Befehl war eine seiner ersten öffentlichen Kundgebungen und die Absicht der Stiftung, in königlicher Weise der deutschen Poesie wohlzutun, war auch allgemein dankbar erkannt worden. Als eine erwählte Kommission zum erstenmal über die Preiserteilung zu entscheiden hatte, waren gerade »Die Fabier« erschienen und in Frage gekommen. Die Kommission, meist aus großen Gelehrten der Universität Berlin: Ranke, Boeckh usw. zusammengesetzt, hatte sich nicht entschließen können, eines der fraglichen Stücke für den Preis vorzuschlagen. Nun

wäre es richtig gewesen, gerade das erste Mal den Preis zu geben, zumal
außer den »Fabiern« noch andere Stücke vorlagen, welche Beachtung
beanspruchen durften. Wollte aber die Kommission keines der Stücke
wählen, so mußte sie doch ihre Abschätzung des Vorhandenen geheim-
halten. Da ihr dies nicht gelang, und da die Zeitungen von den Urteilen
der Kommission und von ihrem Vorsatz plauderten, die »Fabier« vielleicht für die bestimmte Geldsumme, nicht aber für die Ehre des Preises
vorzuschlagen, so sah ich mich veranlaßt, den Kultusminister – damals
noch Bethmann-Hollweg – anzugehen, er möge im Interesse der Stiftung
bei der ersten Preisverteilung eine solche halbe Maßregel abhalten, jedenfalls bewirken, daß man von mir gänzlich absehe, da nach den bereits
öffentlich besprochenen Ansichten der Kommission für mich irgend
welche Zuwendung mehr Kränkung als Ehre sein müsse. Der Minister
antwortete zustimmend, der Preis wurde nicht erteilt. Aber für die
nächste Wahl wurde ich selbst zu einem Mitglied der Kommission bestimmt. Ich ging also nach Berlin mit der Absicht, dort womöglich die
Stiftung wirksam zu machen. Bei den würdigen Herren von der Universität fand sich aber nicht viel guter Wille, einer und der andere von ihnen hatte vielleicht seit langen Jahren kein Theater besucht, und sie
waren, um alles zu sagen, als Preisrichter über ein neues Drama so übel
daran, wie ein kleiner Trupp Elefanten, welchem zugemutet wird,
Hackenschottisch zu tanzen; fast jeder trottete seinen eigenen Weg und
sie trompeteten wohl auch einmal gegeneinander. Einer von den Größten, welchem bei einem Besuch vorgestellt wurde, daß die ganze Idee
der Stiftung und die Rücksicht auf die gute Meinung des Königs dazu
dränge, den Preis zu erteilen, gab sehr bereitwillig zu, daß auch er die
Notwendigkeit einsehe, aber dem fraglichen Stück – es waren Hebbels
Nibelungen – könne er nicht zustimmen. Nun sei ja ein anderes Stück
vorhanden, das ihm die Frauen des Abends vorgelesen hätten, dem
würde er den Preis geben. Obgleich dies Stück von keiner anderen Seite
Anerkennung gefunden hatte, mußte man doch antworten: »Also
schlagen Sie es nur vor«. Er aber versetzte: »Ich werde mich wohl hüten,
andere Herren würden doch nicht zustimmen«. »Dann also bleiben nur
die Nibelungen.« – »Kann ich nicht.« Gegen solche Logik war schwer
anzukämpfen. Auch einer der nächsten Genossen zeigte wenig guten
Willen, vergebens trank ich ihm bis lange nach Mitternacht seinen Wein
aus, und vergebens ließ ich das schwarze Eichhörnchen seiner Kinder
immer wieder innerhalb der Rockärmel hinauslaufen, damit ihm das

nächtliche Erscheinen und Verschwinden in der Tarnkappe eine freundlichere Ansicht über gewagte dramatische Wirkungen in den »Nibelungen« nahe lege, er blieb strotzig. Zuletzt gelang es der gebelustigen Partei doch, in der Sitzung die nötige Stimmenzahl für Erteilung des Preises zu gewinnen.

Mir aber kam diese Begegnung mit akademischen Charakteren und die heiteren Eindrücke derselben gerade recht, denn ich war eben dabei, die Art deutscher Professoren in Betracht zu nehmen und einem poetischen Gericht zu unterziehen. Ich schrieb in dieser Zeit über dem Roman »Die verlorene Handschrift«.

In dieser Erzählung schilderte ich Lebenskreise, welche mir seit meiner eigenen akademischen Zeit vertraut waren: die Wirtschaft auf dem Lande und die Universität. Möchte man den Schilderungen ansehen, daß ich hier recht mühelos und froh aus dem Vollen geschöpft habe. Bei den Gestalten der akademischen Welt würde man vergebens nach bestimmten Vorbildern suchen, denn Herr und Frau Struvelius, Raschke und andere sind Typen, denen wohl auf jeder deutschen Universität einzelne Persönlichkeiten entsprechen. In dem Charakter des Professors Werner hat man meinen Freund Haupt erkennen wollen. Es ist aber darin nur soviel von Haupts Art und Weise zu finden, als ein Dichter von dem Wesen eines wirklichen Menschen aufnehmen darf, ohne sich die Freiheit des Schaffens zu beeinträchtigen und ohne den andern durch Unzartheit zu verletzen. Eine gewisse, immerhin entfernte, Ähnlichkeit empfand Haupt selbst mit Behagen und dieser Zugehörigkeit zu dem Roman gab er in seiner Weise dadurch Ausdruck, daß er sich einigemal bei Sendung seiner Berliner Programme über den lateinischen Geschichtschreiber Ammianus auf diesen in guter Laune als »Magister Knips« verzeichnete, der in dem Roman eine traurige Rolle zu spielen hat und zuletzt nur durch den Gedanken an seine gelehrten Arbeiten über Ammianus davor bewahrt wird, sich selbst aufzuhängen.

Schon einige Jahre vor dem Erscheinen von »Soll und Haben« hatte Haupt mich plötzlich aufgefordert, einen Roman zu schreiben. Dies stimmte damals mit stillen Plänen und ich hatte ihm zugesagt. Zu der verlorenen Handschrift aber steuerte er in ganz anderer Weise bei. Denn als wir einmal zu Leipzig, noch vor seiner Berufung nach Berlin, allein beieinander saßen, offenbarte er mir im höchsten Vertrauen, daß in irgend einer westfälischen kleinen Stadt auf dem Boden eines alten Hauses die Reste einer Klosterbibliothek lägen. Es sei wohl möglich, daß darunter noch eine Handschrift verlorener Dekaden des Livius stecke. Der Herr dieser Schätze aber sei, wie er in Erfahrung gebracht, ein knurriger, ganz unzugänglicher Mann. Darauf machte ich ihm den Vorschlag, daß wir zusammen nach dem geheimnisvollen Hause reisen und den alten Herrn rühren, verführen, im Notfall unter den Tisch trinken wollten, um den Schatz zu heben. Weil er nun zu meiner Verführungskunst bei gutem Getränk einiges Zutrauen hatte, so erklärte er sich damit einverstanden, und wir kosteten das Vergnügen, den Livius für die Nachwelt noch dicker zu machen, als er ohnedies schon ist, recht gewissenhaft und ausführlich durch. Aus der Reise wurde nichts, aber die Erinnerung an jene beabsichtigte Fahrt hat der Handlung des Romans geholfen.

In Leipzig hatte ich kurze Zeit auf der letzten Straße am Rosental bei einem Hutmacher gewohnt, der in seiner Fabrik Strohhüte verfertigte, 622 neben ihm war zufällig ein anderes wohlbekanntes Geschäft, welches den Bedürfnissen des männlichen Geschlechts durch Filzhüte entgegen-kam. Dieser Zufall veranlaßte die Erfindung der Familien Hummel und Hahn, doch auch hier sind weder die Charaktere noch die Familienfeind-schaft der Wirklichkeit nachgeschrieben. Nur die Tatsache ist benützt, daß mein Hauswirt besondere Freude daran fand, seinen Hausgarten durch immer neue Erfindungen auszuschmücken: die weiße Muse, die Hängelampen und das Sommerhaus am Wege habe ich dem Gärtchen entnommen. Außerdem sind zwei Charaktere seines Haushalts, gerade die, welche wegen ihres mythischen Charakters Anstoß erregt haben, genaue Kopien der Wirklichkeit, die Hunde Bräuhahn und Speihahn. Diese hatte mein Hauswirt irgend woher als Wächter seines Besitzes erstanden, sie erregten durch ihr köterhaftes Verhalten den Unwillen der ganzen Straße, bis sie einmal von einem erzürnten Nachbar vergiftet wurden, Bräuhahn starb, Speihahn blieb am Leben und wurde seit der Zeit ganz so struppig und menschenfeindlich, wie er im Roman abge-schildert ist, so daß ihn nach zahllosen Missetaten, die er verübt, sein Besitzer wieder auf das Land geben mußte.

Der Roman erschien im Herbst 1864 in drei Bänden, die beiden ersten zusammen, der dritte, wegen Erkrankung des Verfassers, einige Wochen später. Die Teilung war für diesen Fall besonders unbequem, weil der dritte Band den Bedürfnissen der Handlung gemäß ernste Konflikte und deshalb im ganzen eine etwas dunklere Farbe zeigte. Aber auch davon abgesehen, war die Trennung ein Übelstand. Denn der Roman, welcher den Anspruch erhebt ein Dichterwerk zu sein, soll nur als ein

Ganzes das Gemüt des Lesers beschäftigen. Vollends das Zerreißen in kleine Teile, wie es bei einem Abdruck in periodischen Blättern Brauch geworden ist, halte ich für ein Unrecht gegen die Kunst. Die kleinen Wirkungen werden die Hauptsache, und das Größte im Werke, die dichterische Bildung der gesamten Handlung, geht dem Leser fast verloren. Auch neuere Romandichter der Engländer, vor allen Boz, sind durch die bruchstückweise erfolgten Veröffentlichungen ihrer Geschichten zum Schaden ihrer Kunst beeinflußt worden. Was würde man von dem Maler oder dem Musiker denken, welche eine große Komposition in einzelnen Stücken nach und nach dem Publikum zuwenden wollten?

Die verlorene Handschrift fand bei meinen vertrauten Kritikern Widerspruch; die dunklere Färbung des letzten Bandes gab Anstoß, dann der Umstand, daß die religiösen Konflikte und die geistige Entwickelung der Heldin Ilse nicht in den Vordergrund gestellt waren, endlich, daß Felix Werner für die Pflichtverletzung gegen seine Gattin nicht härter gestraft wurde. Vor allem befremdete der Cäsarenwahn des Fürsten, und dem Verfasser wurde entgegengehalten, daß solche Gestalt in unserer Zeit nicht mehr möglich sei. Meine Freunde hatten in diesen Ausstellungen unrecht. Auch der Fürst und sein Sohn der Erbprinz sollen Typen sein, der erste zeigt Verbildungen eines älteren Geschlechts, welches aus dem Verderb der napoleonischen Zeit herausgekommen war, der jüngere den Druck und die Enge des kleinstaatlichen Lebens der damaligen Zeit.

Wer die Idee des Romans wohlwollend erwägt, kann finden, daß sie große Ähnlichkeit mit der von »Soll und Haben« hat. Doch ist die Behandlung eine verschiedene, und die Ähnlichkeit wird dem Leser kaum auffällig werden. In die unsträfliche Seele eines deutschen Gelehrten werden durch den Wunsch, Wertvolles für die Wissenschaft zu entdecken, gaukelnde Schatten geworfen, welche ihm, ähnlich wie Mondlicht die Formen in der Landschaft verzieht, die Ordnung seines Lebens stören, zuletzt durch schmerzliche Erfahrungen überwunden werden. Ebenso bestimmen übermächtige Eindrücke die junge Seele Anton Wohlfarts in »Soll und Haben«, bis er sich von ihnen befreit. Da bei dem neuen Roman die Voraussetzungen: Tacitus, eine verlorene Handschrift des Mittelalters und das Interesse des Gelehrten am Wiederfinden des versteckten Schatzes nicht leicht verständlich waren, entschloß ich mich kurz, dem Leser nichts von den Beschwerden der ersten Aufnahme zu ersparen, sondern ihm gleich im Anfange etwas zuzumuten, das mochte manchen abschrecken, es gab aber der ganzen Erzählung einen sicheren

Hintergrund. Meine lieben Landsleute ließen sich die Ansprüche, welche die Erzählung stellt, nachsichtig gefallen, auch der Verleger war nicht unzufrieden. Der Roman hat sich einen Leserkreis bewahrt, der ungefähr halb so groß ist, als der von Soll und Haben.

Dem Verfasser aber sei hier noch gestattet, zu seiner und seiner Berufsgenossen Ehre die frei erfundenen Erzählungen in Prosa zu loben.

Der Roman, viel gescholten und viel begehrt, ist die gebotene Kunstform für epische Behandlung menschlicher Schicksale in einer Zeit, in welcher tausendjährige Denkprozesse die Sprache für die Prosadarstellung gebildet haben. Er ist als Kunstform erst möglich, wenn die Dichtung und das Nationalleben durch zahllose geschichtliche Erlebnisse und durch die Geistes- und Kulturarbeit vieler Jahrhunderte mächtig entwickelt sind. Wenn wir aus solcher späten Zeit auf die Vergangenheit eines Volkstums zurücksehen, in welcher jede erhöhte Stimmung in gebundener Rede austönte, so erscheint uns, was damals unter anderen Kulturverhältnissen der notwendige Ausdruck des Erzählenden war, als besonders vornehm und ehrwürdig. In Wahrheit aber ist die Arbeit des modernen epischen Dichters, dessen Sprachmaterial die Prosa ist, genau in demselben Grade reicher und machtvoller geworden, wie die Fähigkeiten seiner Nation, das innere Leben des Menschen durch die Sprache zu schildern. Denn die Geschichte der Poesie ist im höchsten Sinne nichts anderes als die historische Darstellung der Befähigung jeder Zeit, dem, was die Seele kräftig bewegt, Ausdruck durch die Sprache zu geben. 625

Bei einem Volke von aufsteigender Lebenskraft ist dieser Ausdruck des innern Lebens, das Gebiet der Stoffe und was von dem Wesen des Menschen darstellbar ist, in jeder früheren Zeit enger und ärmer als in der späteren. Alle Fortschritte in der Bildung zeigen zunächst in der vermehrten Fähigkeit der Sprache, Gedanken und Empfindungen in Worte zu fassen, und demnach in der Fähigkeit der Poesie, Geheimes von Gefühlen und Charakteristisches der Menschennatur wirkungsvoll auszudrücken. Wenn uns das reizvolle Volkslied, die epische Erzählung, ja auch die dramatische Poesie irgend einer vergangenen Zeit in ihrer Eigentümlichkeit schön, groß, gewaltig erscheinen, so dürfen wir doch nicht übersehen, daß in jeder Zeit die Zahl der Stimmungen, der Charaktere und Situationen, deren Darstellung den alten Dichtern lockend und möglich war, nicht nur im ganzen sehr viel geringer war als in der Gegenwart, sondern daß diese größere Befangenheit und Enge auch an dem einzelnen, selbst dem schönsten Kunstwerk fühlbar wird.

Das Mehr der modernen Erfindung ist nach allen Richtungen erkennbar in der Mannigfaltigkeit und Genauigkeit der Schilderungen, in Stil und Färbung, vor allem aber in dem freien Ersinnen einer Handlung, welche menschliches Schicksal nach dem Verständnis und den Bedürfnissen des gebildeten Bewußtseins zusammengefügt und nach den Gesetzen schöner Wirkung ordnet. Es versteht sich, daß diese Tätigkeit des Dichters keiner Zeit und keinem Volke gänzlich fehlt. Auch die alten Sänger, welche die Odyssee schufen, fügten bewußt und um eine Wirkung hervorzubringen, die Schiffersagen des Mittelmeeres aneinander und erfanden dazu die breiter ausgeführte Erzählung von den Ereignissen in Ithaka bei der Rückkehr des Odysseus. Und auch für uns ist nach 2500 Jahren ein Unterschied in Ton und Farbe zwischen dem ersten und zweiten Teil erkennbar. Aber wenn nicht geleugnet werden soll, daß der erste Teil, die Seeabenteuer, im ganzen den hohen epischen Stil fester bewahrt, so wird doch immer die zweite Hälfte, in der wir hie und da Schwäche in Einzelheiten der Komposition und vielleicht eine gewisse Begrenzung der dichterischen Begabung wahrnehmen, unvergleichlich stärkere Wirkung hervorbringen, und zwar deshalb, weil wir die eigene Arbeit des Dichters in der größeren Ausführung und den freier erfundenen Situationen deutlich erkennen, das heißt, weil dieser Teil der modernen Weise des Schaffens näher steht. Doch wir haben gar nicht nötig, bis zur Odyssee zurückzugehen, auch in unserer deutschen Vergangenheit finden wir, seit der Prosaroman auftritt, in jedem Zeitabschnitt der Vergangenheit, daß die eigene Arbeit des Dichters im Zusammenfügen der Handlung weniger frei und in Schilderung der Charaktere weniger sicher und reich ist, als wir von einem Roman der Gegenwart verlangen. Das gilt für Deutsche selbst noch von Goethes Romanen.

Nun enthalten auch der moderne Roman und seine kleine Schwester, die Novelle, immer wiederkehrende Situationen, welche allen gemeinsam sind. Denn wie in alter Zeit der Gegensatz und Kampf zweier Helden, so ist in unserem Roman das Verhältnis zweier Liebenden die leitende Idee. Aber die Mittel, dies Gemeinsame durch Farbe und Schilderung immer wieder neu, eigentümlich und fesselnd zu machen, sind unermeßlich größer, als in der Zeit des alten Epos.

Und die Sprache? Die hohe Schönheit des rhythmischen Klanges bei Homer und den Nibelungen, ja auch noch bei Dante und Ariost, entgeht doch der Erzählung des modernen Dichters. Auch hier gilt der Vergleich, daß die Formen des Kindes eigenartige Schönheit haben, welche der Leib des Erwachsenen nicht besitzt. Dagegen reichlich andere, welche im ganzen bedeutender und mannigfaltiger sind. Jene alten Dichter schufen in Versen, weil es zu ihrer Zeit noch keine Prosa gab, die zu reichem Ausdruck seelischer Stimmungen und zu gehobener Schilderung befähigt war. Was uns als besondere Schönheit der Alten erscheint, ist 627 im letzten Grunde der größte Mangel. Auch unsere erzählenden Dichter vermögen einmal ihre Erfindung mit rhythmischem, hohem Klang zu umkleiden, und eine Literatur, welche Hermann und Dorothea unter ihrer wertvollsten Habe besitzt, wird die Bedeutung des Verses nicht gering achten dürfen. Aber der moderne Dichter weiß auch, daß er gegen die vornehme Schönheit, welche der Vers für unsere Empfindung hat, vieles andere, was nicht weniger schön, reizvoll, fesselnd ist, in Kauf geben muß: Die behagliche Fülle der Schilderungen, den scharf charakterisierenden Ausdruck das Meiste von seiner guten Laune und dem Humor, mit welchem er menschliches Dasein zu betrachten vermag, das geistreiche Scherzwort, die scharf bestimmte Ausprägung eines Gedankens, nicht zuletzt die Mannigfaltigkeit und Biegsamkeit des sprachlichen Ausdrucks, welcher sich in Prosa bei jedem Charakter, bei jeder Schilderung anders und eigenartig äußern kann. Die ungebundene Rede ist in unserem wirklichen Leben ein wundervoll starkes und reiches Instrument geworden, durch welches die Seele alles auszutönen vermag, was sie erhebt und bewegt. Deshalb dürfen wir auch ihre Herrschaft in der erzählenden Dichtung nicht für eine Minderung, sondern für eine Verstärkung des poetischen Schaffens halten.

Der Roman ist auch von allen Gattungen der Poesie die, welche sich als Kunstform am spätesten entwickelt, später noch als das Drama; die Würdigung darf uns nicht dadurch beeinträchtigt werden, daß schwaches und schlechtes Schaffen sich darin in übergroßer Reichlichkeit kund gibt. Welcher Gattung der Poesie hat, wenn sie gerade nach dem Zuge der Zeit obenauf war, die Masse des Schlechten gefehlt? Wären alle die epischen Gedichte des alten Hellas, welche schon den späteren Griechen sagenhaft waren, bis in unsere Zeit erhalten, wir würden bei dem Durchstudieren die allergrößte Langeweile empfinden, die Armut der 628 Dichter im Ausdruck der inneren Gemütsprozesse, die unablässige, ewige Wiederkehr derselben Beschreibung und der Kämpfe ohne inneres Leben, wäre gar nicht auszuhalten. Der Umstand, daß der schnell bereitete Bücherdruck und die hochgestiegene Leselust das unberufene

Schreiben so sehr begünstigen, ist ein Übelstand, aber ein unvermeidlicher.

Unsere gesamte Bildung wird durch geschichtliches Wissen geleitet. Alles was in irgend einer Vergangenheit des Menschengeschlechts für groß, gut, schön und begehrenswert galt, dringt, soweit es erhalten ist, in unsere Seelen und trägt dazu bei, uns die Ansichten und den Geschmack zu richten. Solch unermeßlicher Reichtum an bildendem Stoff ist unsere Stärke, aber auch unsere Schwäche, er verleiht uns dem Neuen gegenüber oft eine Tiefe der Einsicht und eine Größe des Urteils, wie sie in keiner der vergangenen Perioden möglich waren. Ebenso oft macht er uns einseitig und verhindert unbefangene Schätzung dessen, was aus den Bedürfnissen unseres eigenen Lebens heraufwächst, ja er mindert uns zuweilen auch die Fähigkeit, frisch nach dem Zuge unserer Zeit zu gestalten. Nirgend wird dies auffallender, als bei den Urteilen über den Wert einer künstlerischen Erfindung. Zur Zeit Shakespeares galt das dramatische Schaffen durchaus nicht für vornehm, kaum für eine ernsthafte Dichterarbeit, ebenso wie in der Gegenwart das Romanschreiben. Und doch ist wohl möglich, daß man in irgend einer Zukunft für den größten und eigentümlichsten Fortschritt in der Poesie des neunzehnten Jahrhunderts gerade den Prosaroman betrachten wird, wie er sich seit Walter Scott bei den Kulturvölkern Europas entwickelt hat. Deshalb wollen auch wir deutschen Romanschriftsteller uns nicht darum kümmern, wie man jedem von uns in der Folge das Maß seiner dichterischen Begabung abschätzen wird, sondern wir wollen das Selbstgefühl bewahren, daß wir gerade in der Richtung tätig sind, in welcher sich die moderne Gestaltungskraft am vollsten und reichsten ausprägt.

11. Unter König Wilhelm

Unterdes waren über das politische Deutschland trübe Jahre hingegangen. In den Regierungen des hergestellten Bundes innere Unsicherheit und Mißtrauen gegeneinander, in der Bevölkerung Abspannung und Mangel an Wärme; dazu die Verdüsterung und Erkrankung Friedrich Wilhelms IV. In dieser Zeit blieb dem unabhängigen Mann, der sich nicht ganz auf die Familie und seine Privatarbeit zurückziehen wollte, wenig anderes übrig, als gegen gute Bekannte mündlich und in Briefen seinen Kummer auszusprechen, vielleicht in vorsichtigen Artikeln die ungenügende Gegenwart zu beurteilen. Dies geschah reichlich. Der Briefwechsel mit politischen Freunden, das Debattieren über die Zeitlage in Zusammenkünften der Gesinnungsgenossen ist bezeichnend für jene Zeit. Wurde auch nicht viel dadurch erreicht, so wurde doch ein Zusammenhang der Gleichgesinnten gefestigt. Oft fuhr ich von Leipzig nach Halle hinüber, wo Max Duncker und Haym den Mut aufrecht hielten, die milde Ruhe Dunckers und das Wohltuende seiner warmen Natur übten auf einen weiten Kreis günstigen Einfluß aus. Auch in Gotha hatte ein Verein patriotischer Männer seinen Mittelpunkt gefunden, der sich zur Aufgabe stellte, durch kleine Flugschriften auf die öffentliche Meinung zu wirken, in ihm machte Karl Mathy seine letzten literarischen Feldzüge in vortrefflich geschriebenen Broschüren, und Francke erhob mit dem scharfen Eifer, der ihm eigen war, den Kampf gegen den Sundzoll. Wenn bei Beseitigung dieses mittelalterlichen Leidens, welches auf dem Welthandel lag, das Verdienst eines Kämpfenden gerühmt werden darf, so kam diese Ehre der leidenschaftlichen Tätigkeit Franckes zu, welcher bis nach Amerika und England seine Fäden zu spinnen wußte und die Frage zu einer brennenden machte, deren Lösung sich zuletzt die Regierungen nicht mehr entziehen konnten. 630

Das erwachte Bedürfnis vieler einzelnen, sich zu regen, führte endlich zur Bildung des Nationalvereins.

Dies Unternehmen, die Liberalen der einzelnen deutschen Staaten miteinander zu verbinden und durch den Zusammenhang auf gemeinsame Tätigkeit vorzubereiten, hielt ich für den größten Fortschritt, den das politische Leben im Volke seit den Niederlagen des letzten Jahrzehnts gemacht hatte, ich wurde mit Freuden Mitglied des Vereins und bin ihm, solange er bestand, treu geblieben. Er vereinigte Liberale verschiedener Schattierungen und hatte im Anfange bei seinen Zusammenkünften, den Redeübungen und Beschlüssen zuweilen das Aussehen einer Bewahranstalt, in welcher eigenwillige und schreilustige Kinder zu politischer Tugend und Weisheit herangezogen wurden. Aber die geduldige und ausdauernde Arbeit der Führer, welche sich um Rudolf von Bennigsen gesammelt hatten, die Fähigkeit dieses ausgezeichneten Mannes, aus dem Schwall der Debatten zuletzt den gesunden Menschenverstand herauszuziehen und in Formeln zu bringen, seine freie und großartige Auffassung unserer Verhältnisse und vor allem die hochsinnige Vaterlandsliebe erfüllten mich mit hoher Achtung. Durch mehrjährige opfervolle Tätigkeit gelang es ihm und seinen Freunden eine Partei zu schaffen, welche, als Tag und Stunde kamen, stark genug war, eine deutsche Regierung bei der neuen Arbeit für einen deutschen Staat zu beeinflussen und zu stützen. Denn nur durch die freudige Mitwirkung der Nationalpartei wurde die Gesetzgebung des Norddeutschen Bundes und des Deutschen Reiches möglich, vorzugsweise durch sie gelang es der starken Willenskraft, welche das neue Reich gegründet hatte, den Widerstand der inneren Gegner zu besiegen. Das waren glückliche Jahre für Deutschland.

Da wurde es für uns alle ein Unglück von unabsehbarer Weite, auch für mich das bitterste politische Leid meines Lebens, daß die große Partei, welche sich in der Not gebildet und im Kampfe bewährt hatte, in den Jahren nach dem Siege nicht den Zusammenhang zu bewahren wußte. Die Männer, welche in der Verstimmung des Tages den Wert ihrer Bundesgenossenschaft zu gering achteten, glichen hochfahrenden Korpsstudenten, welche sich von ihren alten Häuptern scheiden. Es gibt für ihr Verhalten hundert Entschuldigungen, keine Rechtfertigung. Die Stärke einer Partei beruht nicht allein, aber doch vor allem in ihrer Stimmenzahl. Jede Partei hat innere Konflikte durchzukämpfen, und jede hat Zeiten verhältnismäßiger Schwäche, aber in keiner darf Verschiedenheit der Ansichten über einzelne Tagesfragen so weit gehen, daß die Streitenden mitten im heftigen Kampf gegen nationale Gegner durch Selbstzerstörung der eigenen Macht die Feinde zu Herren des Kampfplatzes, zuletzt gar zu ihren Gebietern machen. Daß ein falscher Schritt auch andere nach sich zieht, haben die Ausgeschiedenen überreichlich erfahren, wohl keinem von ihnen blieb das innere Mißbehagen, die Verbitterung und die Verengung des politischen Gesichtskreises erspart, welche durch eine fortdauernde geschärfte Opposition gegen alte Freunde in die Seelen hineingetragen wird. Unser parlamentarisches Leben aber ist seitdem für Jahrzehnte verdorben, seine Bedeutung ebenso gemindert, wie der Regierung der Wert einer Rücksichtnahme auf das liberale Element im Staatsleben. Wir zahlen jetzt unsere Buße dafür, daß wir durch die Lebensbedürfnisse des preußischen Staates und durch die Energie eines einzelnen fast plötzlich auf eine Höhe hinausgehoben wurden, welcher die politische Schulung unserer Nation nicht gleichkam.

Damals, vor fünfundzwanzig Jahren, waren wir Deutsche sehr arm an Erfolgen und Ruhm, aber wir glaubten daran, daß die Vertrauensmänner des Volkes wohl einmal bessere Verhältnisse herbeiführen würden. Doch seltsam, während wir unsicher und ohne jedes Zutrauen zu den Regierungen um die Zukunft sorgten, hatte das Jahrzehnt begonnen, in welchem die Nation den größten Fortschritt machen sollte, der 632 jemals in so kurzem Zeitabschnitt erreicht worden ist, sie war, ohne es zu ahnen, im Aufstieg zur Höhe politischer Macht und zur Bildung eines Reiches, durch welche das Machtverhältnis sämtlicher Staaten der Erde geändert und dem deutschen Wesen ein Herrenanteil an den Geschicken der Welt zugeteilt werden sollte, wie die Nation ihn nie besessen und wie ihn die kühnsten Träume eines Deutschen nicht geahnt hätten. König Wilhelm hatte seine Regierung angetreten. Diese Fürstengestalt von mildem Wesen und stetem Willen, welche in einer Notzeit des preußischen Staates herangewachsen war, besaß in einziger Weise die Regententugenden, welche der deutschen Art wohltun sollten: die Bescheidenheit und neidlose Anerkennung fremder Verdienste, die Arbeitsamkeit und besonnene Klugheit, welche das Wesen der Macht höher achtet, als den Schein. Auch die ganze Anlage seines Gemütes, die Heiterkeit, die Leutseligkeit, der kameradschaftliche Sinn, die fürstliche Umsicht welche jedem bereitwillig die gebührende Ehre zu erweisen sucht, waren genau, was unsere stolzen Fürsten und was das warmherzige Volk von dem Oberherrn eines deutschen Staates begehrten.

Selten hat ein Fürst unter so schwierigen Verhältnissen die Regierung angetreten, die Sorgen des hohen Amtes wurden ihm eher zugeteilt, als die Ehren und die volle Macht des Königtums. Er übernahm die Leitung eines Staates, der unter den großen Mächten mißachtet, im Innern durch ein parteisüchtiges Regiment verstört war. Auch ihn verletzte im Anfang der grämliche Zug, welcher das Antlitz der Deutschen leicht verzieht, wo sie nicht mit vollem Herzen sich hingeben. Daß die Möglichkeit jeder größeren Kraftentfaltung des Staates von der starken Vermehrung des stehenden Heeres und von einem Zurücktreten der Landwehr abhing, verstand der König besser als seine Preußen. Uns andern konnte man daraus keinen Vorwurf machen. Seit den Freiheitskriegen war die 633 Landwehr, das »Volk in Waffen«, auch von militärischen Schriftstellern immer wieder als der eigentliche Kern des Heeres dargestellt worden, zahllose teure Erinnerungen aus dem früheren Geschlecht hingen an ihr, sie galt für das Gegengewicht gegen den Kastengeist und die Gefahren eines stehenden Heeres, dessen geforderte Verdoppelung nicht nur als schwere Last, sondern auch als eine Gefahr für die innere Entwickelung erschien. In allen Fällen wo die Regierung mit höherer Einsicht neu erwachsene Bedürfnisse des Staates durch tief einschneidende Veränderungen befriedigen will, ist vor Gesetzanträgen die Belehrung der Nation und eine allmähliche Erziehung der öffentlichen Meinung durch die Presse wünschenswert, eine stille Agitation, bei welcher die Regierenden sich selbst zunächst im Hintergrund halten. Solche Einwirkung auf die öffentliche Meinung braucht freilich Zeit, und Muße war damals nicht vorhanden. Aber man verstand auch in der Regierung die vorbereitende Arbeit viel zu wenig.

So oft ich nach Koburg kam, verbrachte ich eine Morgenstunde bei Baron Stockmar, der sich nach langjähriger Tätigkeit in großen Geschäften nach seiner Heimat zurückgezogen hatte und dort in höherem Alter mit reger Teilnahme die Weltereignisse betrachtete und zuweilen beeinflußte. Sein Sohn Ernst gehörte zu meinen näheren Bekannten und der alte Herr gönnte mir wohl deshalb freundliches Zutrauen. Er besaß eine seltene Kenntnis politischer Persönlichkeiten und der Regierungen Europas und äußerte sich darüber mit entzückendem Freimut. Immer fesselte an ihm die geradsinnige Redlichkeit, Klarheit und Größe des Urteils, dabei die patriotische Wärme und in deutschen Angelegenheiten eine hoffnungsvolle Freudigkeit, welche damals auch bei jüngeren Männern selten war. Mir kam sein mitteilsames Wesen und die Offenheit, mit welcher er die politischen Verhältnisse besprach, vielfach zu

Gute. Er war es wohl auch, der dem Kronprinzen und der Kronprinzeß Günstiges von mir berichtete, so daß mir gestattet war, das junge Glück dieser Verbindung zuweilen als ergebener Vertrauter mit meinen Wünschen zu begleiten. Bei dem letzten Besuch, welchen die Königin von England mit dem Prinzen Albert in Koburg machte, bot sich Gelegenheit, allerlei fremde Gäste in höflicher Darstellung ihres Wesens zu beobachten. John Russell war da, welcher Versuche machte, sich über die unverständlichen deutschen Stimmungen zu unterrichten, und Graf Alexander Mensdorff, der spätere Minister, ein feinfühlender gescheiter Mann, der sich verständig über die Stellung Österreichs zu den deutschen Dingen ausließ. Als er nach dem Jahre 1866 wieder zu uns kam, war er krank und gebrochen, da erinnerte er an sein eigenes Urteil in früheren Jahren und daß vieles eingetroffen sei. Er war es sicher nicht, der zum Kriege geraten hat.

Im ganzen freilich hat solcher gelegentliche Verkehr an größeren Höfen mir die Ansicht gebracht, daß wir alle, die wir als Gelehrte oder Künstler dahinwandeln, zum vertrauten Verkehr mit den Großen der Erde weniger geeignet sind, als andere. Uns fehlt die gleichmäßige, be-

scheidene Hingabe, welche dem wackern Mann des Hofes so wohl an-
steht, die Vorsicht fehlt und wohl auch die Schweigsamkeit; wir sind
genötigt, uns viel mit uns selbst zu beschäftigen, und geneigt, unser
Licht leuchten zu lassen, während bei Hofe die Umgebung doch vorzugsweise dazu da ist, die Persönlichkeit der Herrschaften hervorzuheben.
Jede der Künste bildet an nicht sehr günstig beanlagten Naturen besondere Schwächen aus, bei den Dichtern einen nicht wohltuenden Wechsel
von Gefügigkeit und Hochmut, bei den Malern, welche gewohnt sind,
das Weib ohne Hülle zu denken, eine burschikose Frechheit, bei den
Musikern anspruchsvolle Grobheit, bei den Schauspielern das Gecken-
hafte. Veranlaßt der Zufall und ein gewisses Kunstbedürfnis unsrer hohen
Herren einmal ein solches Verhältnis, so mögen beide Teile sich wahren,
daß sie nicht ihren Preis dafür bezahlen.

Bei dem erwähnten Hofhalt der englischen Herrschaften war etwas
von fremdem Brauch zu sehen, was hier erwähnt werden darf, weil es
eine kleine dramatische Seltsamkeit erklärt.

Als die Königin an der Hand des Herzogs in den Saal trat, in welchem
eine große geladene Gesellschaft der Fürsten harrte, ließ der Herzog
nach dem Eintritt die Hand der hohen Dame los und diese glitt in einem
eigentümlichen marschähnlichen Pas den ganzen Saal entlang bis zum
oberen Ende, wo sie ihre Rundverbeugung mit einer vornehmen Grazie
machte, um die sie jede Künstlerin beneiden konnte. Darauf begann die
gewöhnliche wohltätige Arbeit des Cercles, den einzelnen Huld zu
streuen, deren gute Körnlein die geladenen Vögel freudig aufpickten.
Mich aber machte das Schassieren der Königin nachdenklich. Denn genau denselben Schritt, nur gröber, hatten englische Schauspieler, Phelps
und Ira Aldridge bei ihren Besuchen in Deutschland ausgeführt, sooft
sie in Shakespeareschen Stücken aus den Seitenkulissen kamen und in
dieselben zurückgingen. Was uns seltsam erschien, war also alte Über-
lieferung, vielleicht noch aus der Zeit der Königin Elisabeth, die man
bei Hofe wie auf der Bühne bewahrt hatte, und es war offenbar die alte
Form des feierlichen Heldenschrittes. Es ist immer hübsch, solchen
Brauch aus früherer Zeit mit Augen zu sehen. Ebenso befremdlich
würde uns der deutsche Marsch des sechzehnten Jahrhunderts erscheinen, bei welchem die linke Hand auf die Hüfte gestützt die Seitenwehr
hielt und der steif zurückgestaute Körper nicht nach der Marschlinie
gerichtet blieb, sondern sich dem fortschreitenden Fuße nachgebend
bald der rechten, bald der linken Seite herausfordernd zuwandte.

Bei einem spätern Besuche forderte Stockmar mich auf, seinen alten Freund Rückert in Neuseß zu begrüßen. Ich hatte die Bekanntschaft nicht gesucht, weil man von Rückert sagte, daß er in seiner Zurückgezogenheit ungern die Störung durch Fremde ertrüge. Durch die Hintertür trat ich in sein Haus und wurde in das Wohnzimmer des unteren Stocks geführt, das so altväterisch und einfach bürgerlich ausgestattet war, wie ich es in meiner Kinderzeit etwa bei Bekannten zu Kreuzburg gesehen hatte. Er trat ein, eine hohe, starkknochige Gestalt mit langer Pfeife in der Hand, die erste Begrüßung war sehr gemessen und die Unterhaltung wollte im Anfange nicht recht gedeihen, aus seiner Seele klang die Verstimmung über die Teilnahmlosigkeit der Deutschen an seinem Schaffen, und ich mußte mir einigemal sagen, daß es ein großer Gelehrter und ein großer Dichter war, der mir gegenüber saß. Endlich kam das Gespräch auf die Zeit der Befreiungskriege und auf seinen Anteil an der Poesie jener Jahre; da begann sein Auge zu leuchten, das Eis war gebrochen, er wurde warm und mitteilend, und ich hatte die Freude, einen wohltuenden Eindruck seines Wesens mit mir zu nehmen. Seitdem dauerten die freundlichen Beziehungen zu ihm. Als ich einige Jahre darauf in meinem Hause sein Gedicht »Nal und Damajanti« vorgelesen hatte und erfuhr, daß er erkrankt sei, schrieb ich ihm von meiner Freude über das Werk und empfing als Antwort mit zitternder Hand verfaßte Zeilen, worin er nach einem artigen Reim berichtete, daß ihm das liebste seiner erzählenden Gedichte »Sawitri« sei und wie leid ihm tue, daß dasselbe in einer wenig gelesenen Sammlung ganz versteckt liege. Hirzel, in dessen Verlag die erwähnte Sammlung übergegangen war, erklärte sich sofort bereit, das kleine Gedicht in besonderer Ausgabe drucken zu lassen. Er beschleunigte die Herstellung und sandte das zierliche Heft nach wenig Wochen an den Dichter, Antwort war eine Anzeige seines Todes. Mit ihm schied das letzte der großen Talente, in denen einzelne Farben der deutschen Lyrik ausstrahlten, welche der

Genius Goethes in seinem Wesen vereinigt hatte, und die gemäß einem uralten Lebensgesetz alles lyrischen Schaffens sich nach ihm sonderten, wie das weiße Licht sich in den Farben des Prismas scheidet. Von allen aber, welche farbige Strahlen ausgesendet haben, war Rückert vom Standpunkt des Handwerks die stärkste Kraft, durch seine wundergleiche Fruchtbarkeit und durch die einzige Verbindung von großer Gelehrsamkeit auf schwer zugänglichen Gebieten und von einer Schaffensfreude, die ein langes Leben unverändert dauerte, auch durch seine seltene

Herrschaft über Wortklang, spielendes Wortbilden und Reim, wie sie seit Fischart kein Deutscher besessen hat. Dieser Herrschaft über den Reim und die Klangfarbe entsprach nicht ganz seine Empfindung für den lyrischen Wohllaut, wie ihn der Gesang fordert, nach dieser Richtung lassen zuweilen auch gute Gedichte zu wünschen übrig. Dem Dichter aber blieb immer der geheime Schmerz, daß gerade sein Lichtstrahl, sein Stoffgebiet und seine Behandlungsweise poetischer Empfindungen den Deutschen fremdartig war.

Als gegen Ende des Jahres 1863 der Tod des Königs von Dänemark in den politischen Streit um Holstein fiel, war es zweifellos, daß die Ansprüche, welche der Herzog von Augustenburg sofort geltend machte, das einzige und letzte Mittel waren, nicht besser das geschützte Bundesland Holstein, wohl aber Schleswig für Deutschland zu erhalten. Deshalb war eine Unterstützung seiner Forderungen durch die unabhängige Presse geboten. Zu Gotha war ich mit dem Vertrauten des Herzogs von Augustenburg, Samwer, jahrelang in freundschaftlichem Verkehr gewesen, und hatte von der Proklamation und den ersten Maßnahmen des Herzogs gewußt. Bald aber stellte sich ein gewisser Gegensatz heraus zwischen der Politik, welche die Vertrauten des Herzogs für zweckmäßig hielten, und den Gesichtspunkten eines Preußen, und es blieb wenig anderes zu tun übrig, als die deutsche Bewegung in den Herzogtümern gegen die dänischen Übergriffe zu steigern. Großes konnte dadurch nicht gewonnen werden, denn die Herzogtümer waren noch müde von dem dreijährigen Kampf früherer Jahre, und fast aller politischen Führer beraubt. Aber schon im Beginn des nächsten Jahres eröffnete der Einmarsch der Preußen und Österreicher in Schleswig Aussichten auf eine Entscheidung durch das Schwert.

In dieser Zeit, in welcher Preußen sich für seine kriegerische Tätigkeit rüstete, machte ich an mir selbst die Erfahrung, daß ich viel zu wenig von militärischen Dingen verstand, und ich versuchte diesem Mangel abzuhelfen, soweit dies einem früheren Armeereservisten möglich war. Ich begann eifrig Militärisches zu lesen. Daraus wurde eine dauernde Neigung, die meiner Büchersammlung eine neue Abteilung zuführte. Auch im Verkehr mit gescheiten Offizieren suchte ich mich über mancherlei zu unterrichten, was dem Laien aus Büchern nicht verständlich wurde. Unter diesen Bekannten wurde mir v. Stosch, zu jener Zeit Chef des Generalstabes im vierten Korps, besonders wert. Er galt für einen Offizier, welcher zu großen Hoffnungen berechtigte. Damals hatte er das Unglück, daß ihm durch den Hufschlag eines Pferdes das Bein zerschmettert wurde. Noch war er nicht hergestellt, als der Kronprinz ihn beim Beginn des Feldzuges von 1866 zu seinem Generalquartiermeister wählte, und er ritt im Kriegszuge dahin, während Wilms für ihn einige Monate Krankenlager forderte. In Böhmen fand er beim ersten Zusammenstoß hinter Nachod Gelegenheit, durch die Wucht seines persönlichen Eingreifens das bedenkliche Zurückfluten erschreckter Vortruppen und Fuhrwerke aufzuhalten. Bald wurde er durch die scharfe Energie seines Wesens und durch sein militärisches Urteil den obersten Führern wertvoll als eine der bevorzugten Naturen, denen hohe Gefahr nicht die Geisteskräfte lähmt, sondern den Entschluß beflügelt. Beim Beginn des französischen Krieges war er zum Generalintendanten der Armee ernannt, er wußte unser Verpflegungswesen, welches in seiner Einrichtung den ungeheuren Anforderungen dieses Krieges doch nicht entsprach, nach Möglichkeit den neuen Aufgaben anzupassen und seinen Beamten von der durchgreifenden Tatkraft mitzuteilen. Vor der großen Rechtsschwenkung des Heeres zur Verfolgung Mac Mahons übernahm er entschlossen die Verantwortung für Verpflegung des Heeres, welche auf den Wegen durch unfruchtbare Gegenden kaum möglich schien. Den Soldaten mußten schwere Entbehrungen zugemutet werden, aber die Hauptsache gelang ihm. Als vor Paris Ende November das Heranrücken der großen französischen Armee bedrohlich wurde und die Ankunft des Prinzen Friedrich Karl sich verzögerte, ward er vom König in der Vertrauensstellung eines Generalstabschefs dem Großherzog von Mecklenburg zugeordnet, dessen Feldherrnkunst den schweren Anforderungen dieser Wochen nicht gewachsen schien. Dort machte er als militärischer Führer sein Probestück. Durch mehr als zwanzig Tage hielt er mit zwei schwachen preußischen Divisionen und dem zweiten bayrischen Korps, dessen Kraft in den Anstrengungen des Feldzugs fast verbraucht war, neben der zweiten Armee den Andrang des französischen Heeres auf, indem er die Feinde in täglichen Gefechten bis hinter Orleans zurückdrängte. Seiner Armeeabteilung fiel in dem ungleichen Kampfe gegen die Übermacht der Hauptanteil und die härteste Arbeit zu, und oft hatte er Veranlassung, nach dem Stand der Wintersonne zu sehen und den Abend herbei zu sehnen, weil ihm keine Reserven mehr zur Verwendung geblieben waren. Als er nach Lösung seiner Aufgabe in das Hauptquartier nach Versailles zurückkehrte, stand seine Bedeutung als Feldherr fest, nicht sowohl für die Deutschen daheim, welche kaum erfuhren, daß er die treibende Kraft im harten Ringen dieser Wochen gewesen war, wohl aber bei der obersten Armeeleitung. Da er seine Begabung für militärische Verwaltung im Kriegsministerium und als Generalintendant bewährt hatte, wurde er kurze Zeit nach dem Frieden zum Leiter unserer Kriegsmarine ernannt, in dieser elfjährigen umfassenden Tätigkeit wurde er auch der Nation bekannt und wert. Er bewies auch hier seine Fähigkeit, sich schnell auf neuem Boden zurechtzufinden, Größe des Urteils und einen starken Willen, der sich nie durch Einzelheiten beirren ließ, immer die Hauptsache im Auge behielt und die einfachsten Mittel zur Lösung der Aufgabe fand. Er hat in seiner entschlossenen Weise die Kräfte, welche ihm zur Verfügung standen, auf das höchste angespannt, wohl auch einmal im einzelnen herbe Strenge gezeigt, aber er hat in wenigen Jahren nicht nur das Material unserer Flotte zeitgemäß umgestaltet, sondern, was noch wichtiger war, den Offizieren und der Bemannung viel von seiner stolzen Energie mitgeteilt. Durch ihn erst ist die Marine als gleichberechtigter Teil unserer Wehrkraft neben das Landheer getreten.

Allen diesen Erfolgen einer ungewöhnlichen Menschenkraft bin ich mit Freundesanteil gefolgt. Wir tauschten zuerst Bücher und unsere Urteile darüber aus. Daraus entstand ein regelmäßiger Briefwechsel. Dann wurde er veranlaßt, Mitglied eines Vereins von Geburtstagskindern zu werden. Dieser Verein hatte zu Gotha in dem Hause unseres gemeinsamen Freundes v. Holtzendorff sein Bundesheiligtum und war dazu gegründet, die Tyrannei des Kalenders zu brechen und die anmutigen Feste der Geburt auf die Zeiten zu verlegen, wo das Schicksal ein fröhliches Zusammensein gestattete. Für dergleichen humane Zwecke war das Holtzendorffsche Haus ausgezeichnet geeignet, es besaß alles Erforderliche: die Gastlichkeit, den herzlichen Frohsinn, einen schönen Reichtum von edler Weiblichkeit und Musik mit Schonung. Viele frohe Erinnerungen hängen an diesem Haushalt, dem auch die letzten Reime meiner lyrischen Bekenntnisse zugeschrieben sind.

Dort kehrte zwischen anderen auch Stosch jeden Sommer ein und ich war in der Nähe zu finden. Aber auch in einigen großen Stunden unseres Lebens standen wir nicht weit voneinander, während der Schlacht bei Sedan kam er vom Standpunkt des Königs zu uns herüber auf die Höhe von Donchery und wir sahen gemeinsam, wie der eherne Ring der Deutschen sich um das französische Heer schloß. Zu Reims hatten wir verabredet, die letzte Stunde meines Aufenthalts gemeinsam zu verbringen. Als ich zu ihm ging, fand ich, daß man den Generalintendanten der Armee in der fürstlich eingerichteten Wohnung von Dame Cliquot einquartiert hatte, ich traf ihn mit einigen seiner Herren beim Essen. Die Besitzer des Hauses hatten sich entfernt, ein mißvergnügter Haushofmeister am Büffett wurde beauftragt, zum Valettrunk eine Flasche Champagner aufzustellen, den die Deutschen bis dahin nicht begehrt hatten. Was der tückische Bursch heranbrachte, war das schlechteste Getränk unter silbernem Kopfe, das man sich denken kann, es war offenbar ein verunglücktes Werk, das man zurückgelassen, weil es für die Barbaren noch gut genug war. Niemand machte eine Bemerkung. Diese vornehme Gleichgültigkeit der Sieger war ein guter Abschiedsgruß, den ich nach der Heimat mitnehmen konnte. Wenn wir jetzt als treue Nachbarn am Rheine unsere Ansichten über Vergangenes und Gegenwärtiges vergleichen, habe ich noch immer den Genuß, zu merken, wie gut die Urteile zusammenklingen, welche das Leben in zwei Männern von so verschiedener Anlage und so verschiedenem Berufe zur Reise gebracht hat.

Sofort nach Beendigung der »Verlorenen Handschrift« hatte ich eine größere Arbeit für die »Bilder« aufgenommen. Die drei Bände, welche erschienen waren, umfaßten nur die vier letzten Jahrhunderte der deutschen Vergangenheit. Jetzt, wo die deutsche Art sich in Europa wieder kraftvoll rührte, lockte es mich, in alte Zeiten zurückzugehen und in ähnlicher Weise, wie in den früheren Büchern, die großen Wandlungen des Volkslebens im ganzen Mittelalter zu schildern. Was unsere Geschichtswerke über die größten Begebenheiten unserer Vorzeit, über die Völkerwanderung, die Einführung des Christentums, selbst noch über die Kreuzzüge, das Rittertum, die Schwurgenossenschaften des Adels, der Städte und einzelner berichteten, schien mir keine genügende Erklärung dieser welthistorischen Vorgänge zu geben, denn es blieb bei allem Berichten von Tatsachen unklar, welche treibende Kraft in den Zuständen und in dem Gemüt des Volkes dies Große veranlaßt hatte. Schon in meiner Jugend hatte ich mich zuweilen mit diesen Rätseln beschäftigt. Weshalb waren die Germanen ein eroberndes Kolonistenvolk geworden, wie niemals ein zweites auf Erden? Wie hatte es in den Seelen der frommen Heiden ausgesehen, als das Christentum sich Eingang verschaffte? Was hatte der neuerwachte Wandertrieb in den Zeiten der Kreuzzüge und die neue Verbindung mit dem Orient im Leben der Deutschen geändert? Wie hatte das Tagesleben in den Burgen und

Dörfern sich dargestellt, damals, als unser niederer Adel entstand? Und welches waren die wirklichen Zustände des Ritterstandes, über welchen die Poesie des dreizehnten Jahrhunderts eine gewisse Verklärung verbreitet hat? Wie mußte in den Städten die deutsche Selbstwilligkeit der einzelnen dem starren Zwang der großen Schwurgenossenschaften und Verbrüderungen sich fügen? Wie endlich war das Heerwesen jeder Periode aus den Zuständen der Nation zu erklären und wie hatten die Kriegsleute gehaust und zum Volke gestanden? Auf diese und ähnliche Fragen bemühte ich mich eine Antwort zu finden. Das Ausarbeiten in ein Buch beschäftigte mich durch zwei Jahre. Da die erhaltenen Berichte von Zeitgenossen für die ersten Jahrhunderte nicht reichlich vorhanden waren, wurde die eigene Zutat umständlicher, wenn ich nur einigermaßen ein Bild geben wollte von fast zweitausendjähriger Entwickelung unserer Volksseele. Sehr bald erwies sich als notwendig, auch das bereits Gedruckte neu zu ordnen und zu vertiefen, um die junge Arbeit mit der früheren zu einem einheitlichen Werk zu verbinden. Neu geschrieben wurde der erste Band »Aus dem Mittelalter« und fast ganz der zweite »Vom Mittelalter zur Neuzeit«, nur an den Schluß konnten einige Abschnitte aus der früheren Arbeit gefügt werden. Im Herbst 1866 hatte ich die Befriedigung, daß die fünf Bände des Werkes beendigt vor mir lagen, ich schrieb sie meinem Verleger Hirzel zu, der dem Unternehmen vom ersten Beginn warmen Freundesanteil erwiesen hatte. Mich aber erfüllte mit heimlichem Stolz, daß die Beendigung des Werkes mit dem Erfolge des Jahres 1866 zusammenfiel.

Die Kriegswochen des Jahres 1866 verlebte ich in Leipzig. Kurz vor Beginn des Kampfes war ich auf einige Tage nach Siebleben gegangen, dort mein Haus für den Krieg zu bestellen, und hatte zu Gotha in der Nähe des Herzogs die Verhandlungen mit dem König von Hannover erfahren. Vor dem Treffen bei Langensalza reiste ich zurück, weil man einen Zusammenstoß nicht mehr besorgte, und sah zu Leipzig, wie die ersten Preußen der Vorhut, die Pistole in der Faust, einritten. Es war von Feindseligkeit der Bevölkerung wenig zu spüren, denn das Gefühl der Zusammengehörigkeit war untilgbar. Ich darf hier sagen, daß ich auf einen guten Ausgang für den Staat meiner Väter sicher vertraute, und nur durch die Schnelle und Größe des Erfolges überrascht war.

Alle Deutschen wurden zur leidenschaftlichen Parteinahme in diesen Kampf gezogen, aber fast nur den Preußen war vergönnt, in der ersten Zeit das beglückende Gefühl des Sieges und Fortschritts voll zu genießen.

Am vollständigsten wurde dieser Segen dem ältern Geschlecht zuteil, welches die erfolglosen Anläufe und Niederlagen der letzten Jahrzehnte in tiefem Schmerz durchlebt hatte. Dieser Gewinn, als einzelner Teil zu haben an dem politischen Fortschritt des eigenen Staates, an Siegen und Erfolgen, welche größer waren als jede Hoffnung, ist das höchste Erdenglück, welches dem Menschen vergönnt wird. In solcher Zeit erscheint das eigene Leben als klein und unwesentlich, in gehobener Stimmung fühlt der Mensch sich als Teil eines großen Ganzen, alles, was in ihm tüchtig ist, wird gesteigert, die Hingabe an eine große Pflicht adelt ihm die Gedanken des Tages, alles Tun, seine Haltung. Die Männer, welche als Leiter des Staates und des Krieges diese Erhebung der Seelen bereiten, werden der Nation liebe und vertraute Helden. Für Deutschland war endlich die Zeit gekommen, wo die stärkste Kraft der Nation in den Führern verkörpert erschien, und wo der Mann das Schicksal des Volkes beherrschte. Das ungeheure und in vielem unverständliche Leben der Nation, welches in gewöhnlicher Zeit nach entgegengesetzten Richtungen dahin flutet, die einander kreuzen und bekämpfen, erschien zusammengefaßt und dienstbar der Kraft einzelner Menschen. Das Walten einer ewigen Vorsehung über den Schicksalen der Nationen und Reiche wurde uns dadurch so verständlich, wie uns sonst eine Menschenseele verständlich ist.

Als die Wahlen zum konstituierenden Reichstage des Norddeutschen Bundes ausgeschrieben waren, wurde mir aus Erfurt der Antrag gestellt, ich möge mich einer Wahl unterziehen. Die Tätigkeit eines Abgeordneten lag außerhalb des Kreises, in welchem mich mein Wesen festhielt, auch außerhalb des Gebietes, in welchem mein Ehrgeiz nach Erfolgen zu ringen hatte. Dennoch war es geboten, dem ehrenden Vertrauen zu entsprechen, weil man noch nicht übersehen konnte, wie sich in der Versammlung die Parteiverhältnisse stellen würden, und weil in solcher Zeit jede Stimme, welche aus voller Seele das Gelingen des Verfassungswerkes forderte, wertvoll sein konnte. Ich erklärte deshalb meinen politischen Freunden, daß ich mich nur für diesen Reichstag geeignet betrachte, hielt meine Wahlreden und ging als Abgeordneter nach Berlin. Ich wurde natürlich Mitglied der nationalen Partei. Unter meinen Parteigenossen habe ich viele kennen gelernt, welche mir sehr wert geblieben sind. Ich fand auch Gelegenheit, den Schaden zu beobachten, welchen Rechthaberei und Eitelkeit in den Seelen verursachen. Von aller Eitelkeit auf Erden ist wohl die parlamentarische die häßlichste, jedenfalls die schädlichste. An mir selbst machte ich bei einem erfolglosen Versuch auf der Tribüne die Beobachtung, daß ich noch nicht das Zeug zu einem Parlamentsredner besaß und dafür längerer Übung bedurft hätte, die Stimme wär zu schwach, den Raum zu füllen, ich vermochte bei dem ersten Auftreten die unvermeidliche Befangenheit nicht zu überwinden, auch war ich durch langjährige Beschäftigung in der stillen Schreibstube wohl zu sehr an das langsame und ruhige Ausspinnen der Gedanken gewöhnt, welches dem Schriftsteller zuteil wird. Diese Erkenntnis tat mir im geheimen doch weh, obwohl ich sie weltmännisch zu bergen suchte. Von feurigen Rednern der Partei aber wurde ich seitdem mit besonderer Herzlichkeit behandelt, und ich übte um so völliger meine Pflicht beim Abstimmen, was zuletzt die Hauptsache blieb.

Da ich durch literarische Kritik gewöhnt war, die poetische Natur der Zeitgenossen abzuschätzen, so lag mir nahe, auch aus der politischen Richtung meiner Kollegen die entsprechende Grundlage ihres Wesens herauszusuchen. Man kann unter den Vertretern des Volkes leicht dieselben Anlagen erkennen, wie an den Dichtern, und es ist mehr als spielender Vergleich, wenn man bei ihnen eine epische, dramatische und lyrische Begabung unterscheidet. Die Konservativen sind unsere Epiker, in den Männern der Mittelparteien ist die Naturanlage vorherrschend, die den Dichter zum Dramatiker formt, das heißt eine verhältnismäßig unbefangene und gerechte Würdigung der kämpfenden Interessen, dazu die Fähigkeit, diese miteinander verhandeln zu lassen und den großen Ideen des Staates dienstbar zu machen. Auf der linken Seite stehen die Lyriker, von denen sicher mancher in seiner Jugend in einem 646 Bändchen Gedichte auch dichterische Wallungen abgelagert hat. Aber freilich sind solche Naturen in der Politik nicht mehr von der Harmlosigkeit meines jungen Kollegen Bellmans, sie fühlen lebhaft, oft leidenschaftlich, was sie in ihrem Privatleben einmal wund gedrückt hat, und was sie leitet und aufregt, sind im letzten Grunde fast immer einige schmerzliche Eindrücke ihrer eigenen Vergangenheit. Solch Verletzendes wirkt in den Seelen übermächtig und beeinträchtigt eine billige und gerechte Beurteilung der Zustände, welche ihnen beschwerlich sind. Mit den Männern von dieser Anlage, welche in den kleinen Kreisen unseres Volkes gewöhnlich ist, verbinden sich andere Naturen: harte Doktrinäre, welche die Wirklichkeit gegen dem Idealbild des Staates, wie sie es konstruiert haben, als unleidlich betrachten, herrschsüchtige und gewissenlose Demagogen, und manche, denen der Wurm der Eitelkeit allzuviel von dem gesunden Kern ihres Lebens abgenagt hat. Auch diese Partei ist, in mäßiger Zahl den anderen beigefügt, unentbehrlich für den Staat, weil vor wirklichen großen Schäden die Beschwerde darüber in ihr am hellsten ausklingt, sie wird zum Unglück für die Nation, wenn durch die Verhältnisse, oder durch die Fehler der Regierung ihr Einfluß übermächtig heraufwächst. Sieht man aber näher zu, was im geheimen, vielleicht ihnen selbst unbewußt, reizt und stachelt, so ist dies im Grunde sehr häufig eine Abneigung des Bürgertums gegen die Bevorzugung des Adels, gegen eine nirgend ausgesprochene und doch fühlbare Neigung unserer Herren, einen Stand von regierenden Gentlemen dem regierten Volke vorzusetzen. So wertvoll deshalb der aus unserer Vergangenheit überkommene erbliche Adel unserem Staatswesen geworden ist – er gibt unter anderem der Nation die Hälfte ihrer militärischen Turnlehrer –, so sollte doch jede monarchische Regierung sich sorgfältig davor wahren, daß nicht die Ansicht überhand nehme, die Plackerei gehöre dem Bürgerlichen, die Ehre des Amtes dem Adeligen. Unsere höchsten Herren haben schwerlich eine Ahnung davon, wie sehr im Volke, namentlich noch in Preußen, dieses Mißtrauen wirtschaftet und wie mächtig es das politische Urteil beeinflußt. Darum unterliegt auch die Verleihung des Adels an Bürgerliche ernstem Bedenken, und sich jetzt um einen Adelstitel zu bewerben, sollte jeder loyale unabhängige Mann vermeiden.

Diese Monate des Berliner Aufenthalts, unter ungewöhnlich günstigen Verhältnissen, waren auch in anderer Hinsicht für mich von hohem Wert: die große Stadt, in der ich mich bald wieder heimisch fühlte, der gütige Anteil des jungen Hofes und ein fast überreichlicher Verkehr mit alten und neuen Genossen. Unter diesen war mir v. Normann, der damals dem Kabinett des Kronprinzen vorstand, schon seit Jahren lieb. Er hatte einst seinen Geburtstag zu Siebleben gefeiert, war seitdem Ehrenmitglied unseres Kriegervereins, und die Schulkinder hatten ihn mit einem Verse angesungen, welcher der Dorfjugend lange im Gedächtnis haftete, kleine Flachsköpfe schrien ihn durch meinen Zaun und oft hatte ich, wenn die Kinder vor dem Hause im Staube der Landstraße tanzten und sangen, das »Hoch« der Schlußworte gehört. Jetzt saß ich im Hause des Freundes und freute mich an seiner hingebenden Tätigkeit und an anderem, was aller Begabung feste Grundlage ist.

Aber in die großen Eindrücke des Berliner Aufenthalts mischte das Schicksal stillen Schmerz. Meine treue Hausfrau erkrankte, es wurde der Beginn eines mehrjährigen Leidens, von dem sie nicht wieder genesen sollte. Unter den Kindern meines Bruders war das älteste zu einem blühenden Mädchen herangewachsen und mir lieb wie ein eigenes Kind. Bei der Pflege eines Verwandten, der an seinem Brustleiden starb, hatte sie den Keim derselben Krankheit empfangen. Es war jammervoll den Kampf eines kräftigen Geistes gegen die zunehmende Zerstörung anzusehen. Als ich im Sommer zu Soden, wo die Sterbende mit ihrer Mutter weilte, von ihr Abschied genommen hatte und nach Fassung rang, sah ich plötzlich vor mir ein bleiches Antlitz, das sich teilnehmend zu mir neigte. Es war mein treuer Genosse von den Grenzboten, Kaufmann, den die Ärzte aus London zu uns zurück geschickt hatten. Auch er war von dem Todesengel gezeichnet.

648

Wie leidenschaftlich aber auch in diesem Jahrzehnt Politik und Völkerkampf in Anspruch nahmen, mein eigenes Leben lief ganz in der alten Umgebung dahin: die Sommerzeit im Dorfe, wo ich aus meinem Fenster auf die altmodischen Gartenblumen sah, welche jedes Jahr unweigerlich auf denselben Beeten zu erscheinen hatten, die Wintermonate in der Stadt, wohin ich mitführte, was der Sommer etwa auf meinem Arbeitstisch zur Reise gebracht. Zu Leipzig fühlte ich mich fest in den Herzen alter Freunde verankert, und ich denke oft mit Sehnsucht der lieben Kameradschaft. Einem jüngeren Geschlecht aber möchte ich das einfache, häusliche und ehrbare Leben des Kreises, der mich dort umgab, gern empfehlen. Jedem war selbstverständlich, daß die Abendstunden, in denen der Mann von seiner Tagesarbeit ausruht, vor allem anderen der Hausfrau und der Familie gehörten. Es ist ein übler Brauch, wenn der Mann den Abend im Klub oder in Restaurationen verlebt, und wer einen neuen Haushalt einrichtet, sei er reichlich oder bescheiden, er möge sich vor dem schweren Unrecht wahren, das er dadurch seinen Liebsten zufügt. Da ein Mann aber auch den frohen Verkehr mit anderen und den Austausch kluger Worte nicht entbehren kann, so war unter uns nach dem Schlusse des Arbeitstages eine Stunde festgesetzt, in der wir uns in einer Tafelrunde zusammenfanden, es war nur eine Stunde, aber sie bot zur Genüge die Anregung und Erfrischung, welche wohltaten. Und wenn wir einander des Abends gegenseitig in unseren Haushalt luden mit den Frauen oder auch für Männergespräch, so war ausgemacht, daß nicht mehr als ein, höchstens zwei Gerichte, aufgesetzt werden durften, und kein teurer Wein. Bei solcher Ordnung schwirrten wir vergnügt wie die Heimchen. Seitdem ist der gesellschaftliche Verkehr

649

viel anspruchsvoller, umständlicher und üppiger geworden, auch in den Kreisen, welchen vor allen obliegt, das Leben der Deutschen gesund zu erhalten. Sogar unsere Gelehrten ergeben sich verschwenderischen Mahlzeiten zu später Abendstunde; wohl jeder empfindet, wie ihm am andern Morgen das Haupt beschwert, die Nerven abgespannt sind, viele beklagen die Unsitte, aber sie fügen sich dem unholden Brauch und laden auch wohl ihre Studenten dazu, damit diese für ihr späteres Leben Sehnsucht und Bedürfnis nach ähnlicher Erschwerung des Daseins erhalten. Dies abgeschmackte Auftischen soll man doch solchen überlassen, welche kein besseres Selbstgefühl haben, als ihren Wohlstand durch Bärenschinken und eingeführte Kostbarkeiten zu zeigen. Gegenüber der Verschlemmung, welche in unser Tagesleben eindringt, ist es Zeit daran zu mahnen, daß alle diese reichlichen Zutaten zu dem äußern Leben, nicht allein bei der Tafel, auch in der gesamten Einrichtung des Hauses ein unnützer Ballast sind, der da, wo er zur Herrschaft kommt, den Menschen nicht heraushebt, sondern herabdrückt, der unserer Jugend die Gründung eines eigenen Haushalts erschwert, und uns am meisten da schädigt, wo wir anderen seither überlegen waren, in der Zucht und Ordnung des Familienlebens.

Zu meinen näheren Freunden in Leipzig gehörte der Jurist Stephani, damals zweiter Bürgermeister, dann durch eine Reihe von Jahren Vertreter der Stadt beim Reichstage. Er war eine Verkörperung der Vorzüge des sächsischen Wesens, durch seine dauerhafte Arbeitskraft, die schöne Verbindung von Gemüt und Verstand, ein maßvolles Urteil, welches allen Illusionen abgeneigt, immer das Praktische und Erreichbare wollte, nicht weniger durch seine treue Wärme, die bescheidene und freudige Anerkennung fremder Tüchtigkeit, der er doch nie feste eigene Überzeugung opferte. Diese Vorzüge machten ihn in der nationalen Partei zu einem Vertrauensmann und Vermittler, wie die Fraktion kaum einen zweiten besaß. Nach dieser Richtung war sein Verlust auch für einen weiteren Kreis unersetzlich. Neben ihnen gehörten zur Genossenschaft Männer von sehr verschiedenem Beruf: Wilhelm Braune, der Anatom, welcher eine Zeitlang auch mein lieber Arzt war, seiner sezierenden Wissenschaft zum Trotz eine warme enthusiastische Natur, hochsinnig und mutvoll, dann der spätere Oberbürgermeister Georgi, der Historiker Woldemar Wenck, mehrere Gelehrte und Häupter der Bürgerschaft.

Auch ein Fremder gehörte zur Tafelrunde, Joseph Archer Crowe, der wohlbekannte Kunstschriftsteller, damals englischer Generalkonsul. Er war in Paris erzogen, als Journalist und Zeichner für eine englische illustrierte Zeitung herausgekommen, dann als Berichterstatter bald hier bald dorthin versandt worden, nach Italien während des österreichisch-französischen Krieges; er war auch als Beamter in Ostindien angestellt gewesen, bis ihn Erkrankung nach der Heimat zurückgeführt hatte. In unserem Kreise wurde Crowe bald ein werter Kamerad, der sich geradsinnig und mit guter Laune unter uns behauptete, wir bewunderten seine Arbeitskraft, und die Findigkeit, womit er sich über unsere Handelsverhältnisse und die politischen Zustände zu unterrichten wußte.

Zehn Jahre meines Mannesalters lebte ich in vertrautem Verkehr mit Karl Mathy, es war in seinem Leben das letzte Jahrzehnt. Gekannt hatte ich ihn längst, wir waren in Gotha zweimal zusammengetroffen, er hatte auch einiges für die Grenzboten geschrieben und zuweilen mit mir Briefe gewechselt. Wenn ich damals mit dem badischen Staatsrat, dem gefürchteten Gegner der Revolutionäre, achtungsvoll verhandelte, hatte ich keine Ahnung davon, daß ihm gerade in diesen Jahren die bescheidene Stellung eines Redakteurs bei den Grenzboten als eine wünschenswerte Unterkunft für sein eigenes Haupt erschienen wäre. Erst im Jahre 1858, wo er die Leitung der Privatbank zu Gotha übernahm, begann das innige Verhältnis; wie er im zweiten Jahr darauf als Direktor der Kreditanstalt nach Leipzig gerufen wurde, zog er für mich nur von der Sonnenseite des Jahreslebens nach der Winterseite. Noch denken viele Deutsche daran, daß der Verstorbene ein ungewöhnlich kluger und kräftiger Mann war, auch daß in seinem Wesen eine Gewalt und furchtbare Entschlossenheit lag, welche bei großen Entscheidungen die Bewunderung der Freunde, den leidenschaftlichen Haß der besiegten Gegner aufregte. Aber nur, wer ihm persönlich nahe gestanden, weiß, wie anspruchslos und bescheiden sein Gemüt war, geneigt zu liebevoller Würdigung andersgeformter Menschennatur, und wie schön sich neben der unermüdlichen Tatkraft seine behagliche Laune und die Fähigkeit heiteren Lebensgenusses ausnahmen. Sein Wirken wurde stets durch hohe Ideen gerichtet, und meinte bei der genauesten Sorge um einzelnes das Ganze und Höchste; immer galt ihm der Mensch weniger als die große Sache, der er diente, aber überall, wohin er durch sein wechselvolles Schicksal geführt wurde, hat er einen großen Kreis warmer persönlicher Freunde um sich geschlossen. Mir, dem jüngeren, kam ihm gegenüber zu gute, daß ich als Preuße bereits besaß, was er ersehnte, den Stolz auf mein Vaterland. Aber es war nicht nur die Politik und gute

Kameradschaft des Tages, welche uns aneinander schloß, auch seine reiche literarische Bildung und die herzliche Teilnahme, in welcher er dem entgegen kam, was ich zu schaffen versuchte. Als er nach einigen Jahren auf Anregung des Freiherrn v. Roggenbach durch den Großherzog von Baden in die Regierung seines Heimatstaates zurückgerufen wurde, hörte der persönliche Verkehr nicht auf, ich ging alljährlich einige Tage zu ihm und sah mit dem Stolz eines Vertrauten, wie gut er sich in den Geschäften und im Hausverkehr mit Karlsruher Freunden eingerichtet hatte. In Mathys Seele kam in diesen Jahren ein neues Sonnenlicht durch die hochsinnige, aufopfernde Freundschaft Roggenbachs, der als Präsident des auswärtigen Ministeriums ihm die Wege gebahnt und um seinetwillen gehäufte Arbeitslast auf sich genommen hatte. Auch der Leipziger Genosse Mathys empfing seinen Anteil an dem Vertrauen und der Neigung dieses seltenen Mannes.

Die Freunde in Leipzig kamen und schieden, die Tafelrunde blieb bestehen, die Entfernten band die Erinnerung an das gute Zusammenleben lange an die Zurückgebliebenen.

Wer die Menschen aufzählt, deren Freundschaft ihm heilsam war, wie ich auf diesem Bogen nicht sparsam getan habe, der berühmt sich dadurch seines irdischen Gewinnes, es ist immer verhülltes Selbstlob dabei. Denn wenn einem so viele tüchtige Menschen zugetan waren, so muß man doch auch danach gewesen sein. Aber mit jedem, der Erinnerungen oder Ähnliches schreibt, mag man in diesem Punkte Nachsicht haben. Denn wenn er sich noch so bescheiden und ehrlich gebärdet, immer setzt er sich auf das Präsentierbrett. Solche Empfindung hat mir die Niederschrift dieser wenigen Bogen schwieriger gemacht, als jemals eine Arbeit. Dennoch muß ich zu dem Selbstlob noch ein anderes fügen.

Da ich ein Deutscher bin, so ist die Zahl der Freunde, die hier genannt und nicht genannt sind, fast immer doppelt zu rechnen. Denn ihre Frauen gehören auch zu der Zahl. Noch ist bei uns Deutschen wie zur Urzeit in wohlgefügtem Haushalt die Frau die Vertraute und Genossin des Gatten auch über den Kreis der Familie hinaus, überall da, wo sein Gemüt stark beteiligt wird. Diese Innigkeit der Ehe ist in den Mittelklassen Deutschlands so rein und voll entwickelt, daß uns manche andere Nation darum beneiden kann, sie ist die beste Bürgschaft für unsere Dauer. In den Dichterwerken, welche die innigsten Beziehungen zweier Menschen erzählen, wird mit Vorliebe die leidenschaftliche Bewegung vor der Ehe dargestellt, von dem Leben in der Ehe vorzugsweise die inneren Kämpfe, oft die Vergehen. Diese bleiben uns Deutschen nicht erspart, aber sie sind bei uns glücklicherweise nur Ausnahmen, in Wirklichkeit ist der Frieden, das Vertrauen, ein dauerhaftes stilles Glück obenauf, und das klare Licht, welches aus dem festen Verhältnis der Gatten in alle Räume des Hauses strahlt, weiht das gesamte Familienleben. Es kommt auch den Vertrauten des Mannes zu gute. Fast alle Freunde, die ich je gewann, besaßen solch stillen Reichtum, bis der Tod dem Zurückgebliebenen die Krone seines Daseins raubte.

Die zwei Familien aber, mit denen ich zu Leipzig in der innigsten Verbindung lebte, sind die von Karl Ludwig, dem Professor der Physiologie, und von Dr. Rudolf Wachsmuth, dem Direktor der Kreditanstalt. Selten vermag der Mann zu beurteilen, was er dem Verkehr mit seinen nächsten Freunden verdankt, denn die Tagesbilder ihres Wesens, welche er aufnimmt, gleichen nicht Photographien, die gesondert in der Seele bewahrt werden, sie gehen unmerklich in seinen eigenen Inhalt über und er selbst wird durch sie reicher, da wo er lernt, und wo er mitteilt. An einer Stelle aber erkennt man die Beschaffenheit solcher, welche unserem Leben nahe stehen, an dem idealen Bild, welches wir uns von Männerwert und Tüchtigkeit machen. Wenn mir beschieden war, hoch von deutscher Natur zu denken, den Schein zu verachten, Liebe und Vertrauen zu der Menschenwelt zu bewahren, so haben die beiden vertrauten Freunde, Ludwig und Wachsmuth redlich dazu geholfen. Denn wie verschieden auch ihr Beruf ist, beide üben in ihm den gleichen Brauch. Der stolze Naturforscher, welcher sein Wissen und Können mit einer auch bei uns unerhörten Selbstlosigkeit den Erfolgen seiner Schüler dienstbar macht, und der uneigennützige Leiter großer Geschäfte, der Berater und Vertrauensmann so vieler, Stolz und Liebling seiner Mitbürger, beide leben in derselben hochsinnigen Hingabe für das Wohl anderer. Sie haben dem Freunde oft das Herz erhoben und durch ihre eigene Art sein Urteil über andere gerichtet. Dasselbe gilt von den Frauen der genannten. Weder Frau Ludwig noch Franziska Wachsmuth sind in einem meiner dichterischen Versuche abgeschildert, aber zu dem Idealbild des liebevollen, tapferen deutschen Weibes, welches in meinen Erzählungen oft wiederkehrt, haben beide, ohne es zu wissen, reichlich beigesteuert.

Als ich im Herbst 1867 bei Mathy in Karlsruhe war, freute ich mich über seine energische Tätigkeit im Staatsministerium und über das schöne Verhältnis, in welches er zu der Person seines gütigen Fürsten gekommen war, aber ich sah auch mit geheimer Sorge die Veränderung in seinem Aussehen und seiner Haltung, welche er seit den schweren Wochen des Kriegsjahres erfahren hatte. Da faßte er mich mitten im heiteren Gespräch, als sich seine Frau gerade abgewendet hatte, am Arme und forderte leise das Versprechen, daß ich zur Stelle nach Karlsruhe kommen solle, sobald ich die Nachricht von seinem Tode erhalte. Ich sah ihn an und die Unterhaltung ging weiter. Wenige Monate darauf kam die Todesbotschaft. Seine Gattin sprach in der Stunde des Wiedersehens den Wunsch aus, daß ich den Nachlaß des Geschiedenen durchsehen und sein Leben beschreiben möge. Dies ist geschehen. Das Buch »Karl Mathy« war für mich in gewissem Sinne eine Fortsetzung der »Bilder«. Zu diesen hatte ich vor Jahren eine Aufzeichnung von ihm erbeten, in welcher er sein Leben als Schulmeister zu Grenchen in der Schweiz schildern mußte. Jetzt suchte ich die deutschen Zustände in einem südlichen Staat und die politische Schulung eines kräftigen Mannes aus der Zeit aufsteigender Bewegung darzustellen. Für die letzten fünfzehn Jahre seines Lebens fand ich reichliches Material in seinen

Tagebüchern, für die frühere Zeit, die in vielem noch lehrreicher war, boten nur zufällig erhaltene Briefe und Berichte seiner alten Freunde, die ich erbat, den unentbehrlichen Stoff. Das Buch wurde, wie fast alle größeren Arbeiten, zu Siebleben geschrieben, im Sommer und Herbst des Jahres 1869. Es sollte der Dank sein, den ich dem geschiedenen Freunde für zehnjährige brüderliche Treue abstattete.

Der Tod Mathys war eine Mahnung, daß auch ich, der jüngere, in das Alter gekommen sei, wo die Verluste an lieben Vertrauten allmählich größer werden als der neue Gewinn, welchen das Leben uns entgegen trägt. Doch dieser Schatten fiel in eine Seele, welche noch in gehobener Stimmung und im Vollgefühl der Kraft die Schwingen regte. Ob mein Leben im ganzen glücklich zu preisen ist oder nicht, das weiß ich nicht, denn ich lebe noch. War ich aber einmal glücklich, so war ich es in diesen Jahren, in denen der deutsche Staat durch Kampf und Verträge gegründet wurde, und man wird auch wohl meinen Arbeiten aus dieser Zeit anmerken, daß sie in einer Periode gesteigerten Lebensmutes geschaffen sind. Schon der Roman »Die verlorene Handschrift« fällt für mich in den Beginn dieser Zeit, mitten in die Jahre des Kampfes die Vollendung der »Bilder aus der Vergangenheit« und in die Zeit der er-

sten Siegesfreude das Buch »Karl Mathy«.

12. Die Ahnen

In der letzten Hälfte des Juli 1870 empfing ich die unerwartete Aufforderung, nach dem Hauptquartier des Kronprinzen zu kommen und bei der dritten Armee während des Feldzuges gegen Frankreich zu verweilen. Dankbar für das hohe Wohlwollen, welches diesen Antrag veranlaßt hatte, traf ich kurz vor dem Einmarsch zu Speier bei der Armee ein. Mit dem Hauptquartier zog ich in der Wetterwolke, welche durch Frankreich dahinfuhr, über Weißenburg, Wörth und über die Vogesen nach Sedan, von da bis nach Reims. So verlebte ich den ersten Abschnitt des Krieges unter den denkbar günstigsten Verhältnissen, um selbst zu sehen und durchzufühlen, was in jenen Wochen für Deutschland erkämpft wurde. Als die Heere sich zur Belagerung von Paris südwärts wandten, die Soldaten immer noch in der Hoffnung auf baldige Heimkehr, erbat ich meine Entlassung, weil es mir unrecht schien, in einer Zeit, wo die Kraft der andern in höchster Anspannung war, ein müßiger Zuschauer zu bleiben, und weil auch die Tätigkeit eines Berichterstatters durch persönliche Beziehungen, welche Zurückhaltung auferlegten, verhindert wurde. Mit dem Feldjäger reiste ich von Reims Tag und Nacht durch das feindliche Land nach der Heimat zurück. – Was ich in dieser Zeit gesehen und erlebt, davon wird einiges an anderer Stelle gedruckt werden. Es fehlt nicht an guten Schilderungen, und das Wenige, was ich etwa vor anderen erfuhr, gehört noch nicht in die Öffentlichkeit. Aber die mächtigen Eindrücke jener Wochen arbeiteten in der Seele fort; schon während ich auf den Landstraßen Frankreichs im Gedränge der Männer, Rosse und Fuhrwerke einherzog, waren mir immer wieder die Einbrüche unserer germanischen Vorfahren in das römische Gallien eingefallen, ich sah sie auf Flößen und Holzschilden über die Ströme schwimmen, hörte hinter dem Hurra meiner Landsleute vom fünften und elften Korps das Harageschrei der alten Franken und Alemannen, ich verglich die deutsche Weise mit der fremden, und überdachte, wie die deutschen Kriegsherren und ihre Heere sich im Laufe der Jahrhunderte gewandelt haben bis zu der nationalen Einrichtung unseres Kriegswesens, dem größten und eigentümlichsten Gebilde des modernen Staates. – Aus solchen Träumen und aus einem gewissen historischen Stil, welcher meiner Erfindung durch die Erlebnisse von 1870 gekommen war, entstand allmählich die Idee zu dem Roman »Die Ahnen«. Der

Erste, dem ich, gegen Gewohnheit, von der Absicht erzählte einen solchen Roman zu schreiben, war unser Kronprinz, als er zu Ligny leidend auf dem Feldbette lag und in seiner rührenden Weise von der Sehnsucht nach den Lieben daheim gesprochen hatte.

Die Erzählungen, in denen ich nach der Heimkehr das Leben desselben Geschlechtes von der Heidenzeit bis in unser Jahrhundert zu behandeln unternahm, sind: 1. Ingo, 2. Ingraban (zusammen gedruckt 1872), 3. Das Nest der Zaunkönige (gedr. 1873), 4. Die Brüder vom deutschen Hause (gedr. 1874), 5. Marcus König (gedr. 1876), 6. Der Rittmeister von Alt-Rosen, 7. Der Freikorporal bei Markgraf-Albrecht (beide zusammen unter dem Titel »Die Geschwister« gedr. 1878), 8. Aus einer kleinen Stadt und Schluß (gedr. 1880). So verteilte sich mir die Arbeit auf acht Jahre, und es mag sich wohl Ebbe und Flut der Gestaltungskraft in diesem unbillig langen Zeitraum erkennen lassen, welcher durch ein Werk in Anspruch genommen wurde. Denn ich selbst bin in dieser Zeit nicht derselbe geblieben, und auch durch Krankheit im Hause und durch eigenes Leiden beeinflußt worden. Doch darf ich sagen, daß mir in den Stunden des Schaffens die Freude an der Arbeit unvermindert bestand. Viel half dazu die dauerhafte Freundschaft, welche die Leser dem Unternehmen bewahrten. Die Ahnen haben seit dem Erscheinen der ersten Bände den größten Erfolg gehabt, welchen der Verleger an meinen Büchern zu verzeichnen hatte, und dies gute Zutrauen ist ihnen bis zur Gegenwart geblieben.

Der Zusatz »Roman« hinter dem Gesamttitel »Die Ahnen« bedarf vorab einer kleinen Entschuldigung. Er wurde nur gewählt, um den Buchhändlern und Lesern die Gattung zu bezeichnen, welcher das Werk angehört, er steht in der Einzahl, weil die Mehrzahl »Romane« dem Verfasser vor dem ersten Band nicht gefiel. Die einzelnen Geschichten aber sind, auch wenn ihr Umfang mäßig ist, nach Inhalt und Farbe keine Novellen.

Durch wohlwollende Freunde des Werkes wurde dem Verfasser schon nach Erscheinen des ersten Bandes der Wunsch ausgesprochen, daß er in einem erklärenden Kommentar über die Gegend, in welcher die Geschichte abspielt, über Fremdartiges in Sitten und Gebräuchen berichten möchte. Mit zureichendem Grunde widerstand er diesem Begehren.

Bei einem Werk, welches freie und moderne Dichtung sein soll, sind geographische, historische und antiquarische Erklärungen, die aus dem Reiche freier Erfindung in Zustände des wirklichen Lebens hinüberführen, immer vom Übel. Die Wißbegierde des Lesers wird in diesem Falle zur Neugierde herabgedrückt, das Hinweisen auf Gebiete unseres gelehrten Wissens beeinträchtigt die gehobene Stimmung, welche hervorgerufen werden soll. Deshalb bin ich dem Grundsatz treu geblieben, jede solche Art von Empfehlung und Entschuldigung zu vermeiden und die Kritik ihr Amt üben zu lassen, wenn sie auch nach den ersten Bänden die Besorgnis nicht fern hielt, daß es bei diesen Erzählungen zuletzt auf Verherrlichung eines noch lebenden Fürstengeschlechtes abgesehen sei, nach dem letzten Bande sich sogar zur Ansicht neigte, daß ich mir selbst eine Ahnengeschichte erdichtet habe.

Jetzt aber, nach Jahr und Tag wo die Urteile über die ganze Arbeit gesprochen und sämtliche Erzählungen zur Genüge bekannt sind, werden einige Mitteilungen über den Plan wenigstens nicht den Eindruck machen, daß ich eine Rechtfertigung und Empfehlung meines Unternehmens beabsichtige. Sie vermögen freilich wenig anderes zu bringen, als was ein Leser, der die ganze Reihe der Geschichten bewältigt hat, sich selbst sagen kann.

Die historische Bildung, welche seit der Herrschaft der lateinischen Schule dem Deutschen zu seinem Segen und Verlust wohl reichlicher zu Teil geworden ist, als den übrigen Kulturvölkern, hat ihm nahe gelegt, das Verhältnis des einzelnen Menschen zu seinem Volke, die Einwirkungen der Gesamtheit auf den einzelnen und das, was jeder einzelne durch seine Lebensarbeit der Gesamtheit abgibt, mit einer gewissen Vorliebe ins Auge zu fassen. Wir sind gewöhnt, das Eigentümliche jeder Zeit in Tracht, Lebensgewohnheit und Sitte, in der Tätigkeit, ja in dem gesamten Schicksal vergangener Menschen zu suchen, und wir verlangen bei allen frei erfundenen Darstellungen eine reichliche Zugabe von dem, was uns als Besonderheit der Zeit erscheint. Solchen Anforderungen zu entsprechen, war ich durch den ganzen Zug meiner geistigen Entwicklung einigermaßen vorbereitet und hatte nicht nötig, durch weitschichtige Vorarbeiten das Fremdartige mir deutlich zu machen.

Aber der Plan, Lebensschicksale vergangener Menschen dichterisch zu behandeln, erhielt dem Verfasser der »Bilder aus deutscher Vergangenheit« sofort einen besonderen, immerhin gewagten Zusatz.

Der Zusammenhang des Menschen, nicht nur mit seinen Zeitgenossen, auch mit seinen Vorfahren, und die geheimnisvolle Einwirkung derselben auf seine Seele und seinen Leib auf alle Äußerungen seiner Lebenskraft und auf sein Schicksal waren mir seit meiner Jugend besonders bedeutsam erschienen. Daß solche Abhängigkeit besteht, sehen wir überall, wenn wir in den Kindern die Gesichtszüge, Gemütsanlagen, Vorzüge und Schwächen der Eltern und Großeltern erkennen. Allerdings vermag die Wissenschaft mit diesen unaufhörlichen zahllosen Variationen früheren Lebens nicht viel zu machen. In Ehrfurcht vor dem Unberechenbaren muß sie sich versagen dies Rätsel des irdischen Werdens zu lösen. Aber was sich der Einsicht des Gelehrten entzieht, darf vielleicht der Dichter anrühren, auch er mit Scheu und Vorsicht. Und wenn er lebhafter empfindet als andere, wie jeder Mensch in dem Zusammenwirken seiner Ahnen und seines Volkes und wieder des Erwerbes, den ihm das eigene Leben gibt, etwas Neues darstellt, das ebenso noch nicht da war, so mag er auch Entschuldigung finden, wenn er trotz alledem zu dem Glauben neigt, daß im letzten Grunde der Vorfahr in dem Enkel wieder lebendig wird.

Solche Betrachtungen legten den Gedanken nahe, eine Reihe Erzählungen aus der Geschichte eines und desselben Geschlechts zu schreiben. Dies war allerdings nur in der Weise möglich, daß eine sehr beschränkte Anzahl von Individuen aus verschiedenen Zeiten vorgeführt wurde, in denen gewisse gemeinsame Charakterzüge und eine zum Teil dadurch bedingte Gleichförmigkeit des Schicksals erkennbar waren. Da aber die Kunst der Poesie nur vermag, einzelne Menschen darzustellen, in dem beständigen Gegenspiel ihres eigenen Willens und des Einflusses ihrer Umgebung und Zeit, so verstand sich von selbst, daß jeder Held seine eigene Erzählung erhalten mußte und daß innerhalb dieser Erzählung jener geheimnisvolle Zusammenhang mit der Vergangenheit keine andere, als eine menschlicher Erkenntnis leicht verständliche Berücksichtigung finden durfte.

Wer freilich in zwei oder drei Erzählungen das Geschick weniger, aufeinander folgender Geschlechter, etwa vom Großvater bis zum Enkel, berichten wollte, dem wird leichter möglich, die Einwirkung einer Generation auf die folgenden, die Ähnlichkeit in den Charakteren und die
Besonderheit, welche jede Zeit ihren Angehörigen mitteilt, verständlich und mit dichterischer Anschaulichkeit zu schildern, er vermag Licht und Schatten, Segen und Fluch, welche durch Leben und Charakter der Vorfahren in das Schicksal der Nachkommen gebracht werden, höchst wirkungsvoll und mit poetischer Schönheit vorzuführen. Denn wir alle sind gewöhnt, in der Wirklichkeit neben dem eignen Erwerb des Menschen solche Abhängigkeit von der nächsten Vergangenheit anzunehmen.

Der größte Teil dieses Vorteils geht dem Schreibenden verloren, wenn er Individuen desselben Geschlechtes, welche durch Jahrhunderte voneinander getrennt sind, zum Gegenstand der Erzählung macht.

Dennoch ist dem Dichter auch hier einiges erlaubt. Mit kluger Zurückhaltung darf er immer noch auf einen geheimnisvollen Zusammenhang des Mannes mit seinen Vorfahren hindeuten und auf gemeinsame Grundzüge des Charakters, welche, wie wir einzugestehen bereit sind, auch nach größeren Zeiträumen in Kindern desselben Geschlechts erkennbar werden. Er darf noch weiter gehen und auf diese Ähnlichkeit einen gewissen Parallelismus der Handlung aufbauen. Fügt er dann die Nebengestalten und die Situationen so zusammen, daß auch in diesen eine entfernte Ähnlichkeit mit früherem erkennbar ist, so wird vielleicht gerade die Verschiedenheit, welche durch jede Zeit in die Menschen und ihre Beziehungen gebracht wird, einen größeren Reiz gewinnen, und der Leser wird zuletzt die Reihe der Helden ähnlich betrachten, wie einen guten Bekannten, der seine Persönlichkeit in verschiedenen Lebenskreisen und in immer neuer Umgebung geltend macht.

Da sich die Erzählungen auf geschichtlichem Hintergrunde aufbauen sollten, um eine gewisse epische Größe zu erhalten, so mußten auch in jeder Erzählung die jeder Zeit besonders eigentümlichen Zustände dargestellt werden. Also das Königtum in der Bedeutung, welche es gerade hatte, die verschiedenen Stände, das Heerwesen, die Art der Kriegsführung und der Regierung. Im »Ingo« herrscht deshalb König Bisino mit seinen Leibwächtern, ihm gegenüber die edlen Volkshäupter, Fürst Answald, und andere, daneben die freien Bauern.

Ähnliche Würden und Verhältnisse kehren in den spätern Geschichten wieder. Im »Ingraban« stehen an Stelle des Königs ein Graf der Karolinger und mächtiger als Gründer der christlichen Kirche Bonifazius, daneben aber der slawische Häuptling Ratiz. Im »Nest der Zaunkönige« König Heinrich und als Vertreter der Kirche der Erzbischof. In den »Brüdern vom deutschen Hause« Kaiser Friedrich II. und der Papst und daneben der Landgraf von Thüringen. In »Marcus König« Hochmeister Albrecht und der König von Polen. Im »Rittmeister von Alt-Rosen« Herzog Ernst von Gotha und als Vertreter der fremden Eroberer Graf Königsmark. Im »Freikorporal« Friedrich Wilhelm I. von Preußen und in der letzten Erzählung, weiter in den Hintergrund gerückt, das preußische Königtum.

Ebenso folgt dem Volksheer der ersten Geschichte in den späteren der Reihe nach das Aufgebot der Grafen, die Reiterschar der Dienstmannen und Vasallen, das Rittertum, die Landsknechthaufen, die Söldner des dreißigjährigen Krieges, das gedrillte Heer des fürstlichen Staates, zuletzt das Volksheer aus allgemeiner Wehrpflicht.

Auch die Männer, welche die Kunde von Taten und Schicksalen im Volke verbreiten und späteren Geschlechtern überliefern, forderten ihr Recht. Im Ingo vertritt sie der Sänger Volkmar. In den späteren Geschichten nach der Reihe der Spielmann, der lateinische Schüler, der Buchhändler, der Pasquillenschreiber, zuletzt der Journalist. Das Geschlecht des freien Bauern Bero setzt sich fort in demselben Dorfe durch die Freunde Ingrabans und die Familie des Brunico bis zu dem Richter Bernhard in den »Brüdern vom deutschen Hause«.

Es war selbstverständlich, daß für jede Erzählung auch solche geschichtliche Ereignisse gewählt wurden, welche uns in der geschilderten Zeit als besonders wichtig erscheinen: im »Ingo« der Kampf gegen die Römerherrschaft, die Abenteuer eines heimatlosen Helden, die Ansiedelung auf neuen Landgewinn, der Hausbrand. In der nächsten Erzählung der Zusammenstoß mit den vordringenden Slawen und die Einführung des Christentums; im »Nest« die lateinische Klosterschule und das Walten der sächsischen Königsherrschaft; in den »Brüdern vom deutschen Hause« die Kreuzzüge und das ritterliche Treiben; in »Marcus König« das städtische Bürgertum und die Reformation; in den folgenden Erzählungen zuerst die Soldatenherrschaft im dreißigjährigen Kriege, dann die Staatsraison der Fürsten, zuletzt die Herrschaft Napoleons und die Anfänge der deutschen Volkserhebung. Ebenso wurde für jede Erzählung benutzt, was in den Dichtungen, die etwa aus der geschilderten Zeit erhalten sind, als Inhalt und leitendes Motiv am liebsten verwendet wird. Für die erste Erzählung: Der Gesang beim Mahle, das Höhnen der Gegner, die Jagd, der Zweikampf und andere Züge der deutschen Heldensage, für das »Nest der Zaunkönige«: volkstümliche kleine Geschichten aus der Tiersage und der Kauf von Weisheitsregeln. Für die »Brüder vom deutschen Hause«: Frauendienst und Ritterfahrt und die Abenteuer des Morgenlandes. Für »Marcus König«: das Leben in den Straßen der Stadt und das Treiben der Landsknechte. Für den »Rittmeister«: die prophezeienden Mädchen und die Hexenprozesse, für den »Freikorporal«: das gewaltsame Werben von Rekruten und das Schätzesuchen, letzteres in Verbindung mit der Katastrophe in Thorn. Für die letzte Erzählung endlich in vorsichtiger Weise: die Doppelgänger der Romantik.

Nicht ebenso groß durfte die Ähnlichkeit in der Handlung sein, die Wiederholung wäre in der Aufeinanderfolge von acht Erzählungen unleidlich geworden. Doch machte es dem Verfasser auch hier Freude, einige gemeinsame Grundzüge festzuhalten. Die Männer des Geschlechtes kämpfen gegen eine stärkere Gewalt, mit der sie sich versöhnen oder durch die sie untergehen. So Ingo, Ingraban, Immo, Marcus und Georg, auch der Rittmeister und Fritz im Freikorporal. Die Katastrophe wird durch Kampf herbeigeführt. Der Hausbrand im »Ingo« wiederholt sich im Streit unter der Glocke in »Ingraban« und in der Belagerung Ivos durch die Ketzerrichter, zuletzt im Tode des Rittmeisters von Alt-Rosen. Neben die Beendigung durch Gewalttat tritt aber die Entscheidung durch ein Königsgericht, wie im Urteil König Heinrichs, in dem Richterspruch Luthers, in der Entscheidung Friedrich Wilhelms. Auch der Streit zweier Frauen um den Helden, der den Lauf der ersten Erzählung bestimmt, wiederholt sich im Nest der Zaunkönige durch den Gegensatz zwischen Edith und Hildegard und ebenso in den Brüdern vom deutschen Hause.

Wenn der Verfasser hier den Lesern zumutet, Vertraute seiner Arbeit zu werden, so möchte er doch zugleich bitten, sich dadurch die Unbefangenheit in der Aufnahme der Erzählungen nicht vermindern zu lassen. Jede einzelne Geschichte soll ein einheitliches und geschlossenes Werk bilden, das vom Anfang bis zu Ende nur aus sich selber erklärt wird und dessen poetischer Wert oder Unwert nur in seinem eigenen Inhalt gefunden werden darf. Der Zusammenhang, in welchem jede spätere Geschichte mit der früheren steht, darf nur eine bescheidene Zutat sein, welche beim Lesen hier und da als förderlich für die Wirkung empfunden werden kann und, wenn sie nicht bemerkt wird, den Anteil des Lesers an der einzelnen Geschichte nicht mindert. Der Verfasser hatte während des Schreibens allerdings lebhafte Vorstellungen von dem Zusammenhange und es war für ihn besonders reizvoll, sich zu den geschilderten Menschen und Situationen die Parallelen aus späteren und früheren Zeiten zu denken. Zum Schauplatz der Erzählungen wählte ich Thüringen, wo ich selbst zu wohnen pflegte, und das östliche Deutsch- land, welches mir, dem Preußen und Schlesier, vertraut war.

In den ersten Erzählungen möge man nicht zu genau einzelne Quertäler des Thüringer Waldes zwischen Inselberg und Donnershang wieder erkennen wollen, mit Absicht ist eine Schilderung von Einzelheiten vermieden. Den Herrnhof des Answald kann man sich am Ausgange des Reinhardsbrunner Tales denken. Das Dorf des alten Bauerngeschlechts ist Friemar, der Name des Idisbachs (Feenbach) ist jetzt in »Itz« zusammengezogen, und an Stelle der Idisburg erhebt sich die Feste Koburg.

Für die zweite Erzählung »Ingraban« ist der Hof des Helden nahe an der Stelle gedacht, wo jetzt das Bonifaziusdenkmal steht, die Höhle, in welcher der Gebannte hauste, ist nicht gerade die flimmernde Gipshöhle bei Friedrichroda, sondern eine ähnliche, größere und schönere in demselben Gestein; sie mag seitdem durch die Naturgewalten wieder verschüttet worden sein.

Im Nest der Zaunkönige liegt der Hauptteil des Herrenbesitzes um die drei Gleichen, Vorberge des Thüringer Waldes bis in die Nähe von Erfurt, in einem Landstrich, wo die Dorfnamen, welche auf »leben« endigen, vorherrschen. Dies sind wahrscheinlich alte Niederlassungen der Angeln, welche sich beim Niedergang des thüringischen Königreiches zwischen die alten Thüringe gedrängt hatten. Der Besitz wird durch Ingrabans Mutter der Familie zugefallen sein, welche aus dem Geschlecht der Angeln war. Den kleinen Sohn Ingos und Irmgards hatte Frida, die Tochter Beros aus Friemar gerettet, seitdem bestand der Zusammenhang des edlen Geschlechtes mit den freien Bauern, welcher ihm eine eigentümliche Stellung zu dem jüngeren Landesadel gab und noch zur Hohenstaufenzeit Einfluß auf das Geschick des Helden Ivo ausübte, denn wie ehemals der Ahnherr durch die Tochter Beros vor dem Feuertode gerettet wurde, so schützte wieder Ritter Ivo die Friderun und ihren Vater vor den Flammen des Scheiterhaufens.

Es würde nicht der Mühe lohnen und die Geduld des Lesers übermäßig in Anspruch nehmen, wenn der Verfasser auf die Stellen weisen wollte, denen er kleine Körnchen des Inhalts, Schattierungen der Farbe, durch Verwertung seiner antiquarischen Weisheit zugeteilt hat. Helfen diese Kleinigkeiten dazu, den Eindruck der Lebenswahrheit zu verstärken, so haben sie ihre Pflicht getan. Wenn König Heinrich den Helden Immo mit dem geheimen Gruße anredet, den die lateinischen Schüler für einander hatten, wie die wandernden Sänger, die Spielleute, die Mönche, die Handwerker und sogar die Räuber, und wenn er dabei zwei Finger über Kreuz legt und die Frage stellt: »*Es tu scolaris*« so ist für den Leser kaum von Interesse, daß die lateinischen Worte der Anrede deshalb gewählt sind, weil sie seit dem Ende des fünfzehnten Jahrhunderts eine häufige Überschrift solcher gedruckten Büchlein waren, in denen den Schülern die Anfänge der lateinischen Sprache gelehrt wurden. Die ungewöhnliche Frage auf einem Titel läßt eine alte gebräuchliche Formel erkennen.

Der Verfasser hofft, daß alle solche antiquarische Liebhabereien den Leser nirgends stören werden, sie sind in sorglosem Behagen als eine stille Freude des Schreibenden in den Text gesetzt.

Was nun den geschichtlichen Hintergrund betrifft, die dargestellten Zustände, Sitten und Gebräuche, so erhebt der Autor selbstverständlich nicht den Anspruch, da, wo er frei erdichten durfte oder wo er in Nachbildung alter Überlieferungen das Zweckentsprechende fand, immer das Richtige getroffen zu haben. Doch haben ihn von einzelnen Ausstellungen, welche bis jetzt gemacht wurden, nur wenige eines Besseren belehrt.

Zu dem kunstvollen Keulenwurfe des Ingo, welcher als eine sehr auffallende Sache von spätrömischen Schriftstellern berichtet wird, hat Theodor Mommsen die vorhandenen Stellen verglichen und dem Verfasser die Ansicht ausgesprochen, daß der Rückschwung dieser Waffen doch wohl in ähnlicher Weise durch Riemen oder Schnur bewirkt worden sei, wie bei andern Wurfwaffen derselben Zeit, an denen die Schnur erwähnt wird.

Daß der Schüler Immo einigemal Scholastikus genannt wird, ist kein Versehen, sondern, nach dem Latein des zehnten und elften Jahrhunderts, richtig. Moritz Haupt war mit dem Namen des Fechters Sladekop nicht zufrieden, weil das Wort »Kopf« um das Jahr 1000 noch nicht die Bedeutung »Haupt« gehabt hatte, sondern nur die ursprüngliche eines gehöhlten Trinkgefäßes. Aber der Name war dem Fechter deswegen beigelegt worden, weil dieser einmal mit seiner ungeheuren Faust einen geraubten Silberbecher zu einer platten Scheibe geschlagen hatte, und soll ein Beiname sein, wie ähnlich überlieferte Namen von Fahrenden, Reitern und dergleichen Volk. Dennoch hatte Haupt Grund, sich an dem Namen zu stoßen, und mir selbst war es während des Schreibens nicht ganz recht, denn diese Beinamen der Imperativform, welche seit dem Anfang des dreizehnten Jahrhunderts so häufig sind, werden wohl erst im zwölften gebräuchlich.

Die Sprache, in welcher die Personen der ersten Erzählungen miteinander reden, ist als fremdartig aufgefallen und hat hier und da Anstoß erregt. Zu ihrer Entschuldigung soll nur bemerkt werden, daß der Verfasser sie nicht gesucht hat, sie wurde ihm ganz von selbst, und wenn etwas in diesem Werke voll und natürlich aus seiner Seele gekommen ist, so ist es gerade die Farbe der Sprache, in welcher ihm das Charakteristische der verschiedenen Zeiten lebendig wurde. Diese Farbe ist selbstverständlich die bescheidene Wiedergabe der Klangfarbe, welche die etwa erhaltenen Sprachdenkmale der gewählten Zeit für uns haben.

Unvermeidlich ist die Sprachweise im »Ingo«, dem am weitesten abliegenden Stoffe, am fremdartigsten, sie wird schon im »Ingraban« etwas weniger auffallen, zumal in der Sprache des lateinisch gebildeten Winfried. In jeder der späteren Geschichten, auch noch in den letzten Erzählungen, dem »Freikorporal« und »Aus einer kleinen Stadt«, hatte der Verfasser genau dasselbe Bedürfnis, die Zeitfarbe in der Sprache wieder zu geben. Sollte der Schaffende darauf verzichten, so würde er ein für ihn sehr wertvolles Mittel, die Zeit zu charakterisieren, aufgeben müssen.

Ernster ist der Einwurf, welcher gegen die Darstellung der Helden in den ersten Geschichten, namentlich gegen Ingo, erhoben wurde, daß sie von dem Reckenhaften und Barbarischen jener Zeit zu wenig zeigen und moderner Erfindung allzusehr genähert seien. Es mag wohl sein, daß ein anderer Dichter mit derberem Realismus darin mehr gewagt hätte, ohne daß die Schönheit seiner Schilderung gelitten hätte; jeder Schaffende wird durch seine eigene Persönlichkeit beschränkt und daneben durch die unablässige stille Rücksicht auf das, was er seinen Lesern bieten darf, denn nicht jede Zeit hat gleiches Verständnis und gleiche Empfänglichkeit für das Fremdartige. Bei zwei Gelegenheiten handelt Ingo humaner und besser, als wir von einem heimatlosen Helden jener Zeit anzunehmen geneigt sind; in der Wirklichkeit hätte er wohl den Theodulf, als dieser unter seinem Schwerte lag, erschlagen, trotz dem Aufleuchten der Morgensonne und dem Gedanken an den Ausruf des geliebten Weibes: »Die Sonne sieht's«, und ferner würde seine Liebe zu Irmgard ihn nicht verhindert haben, der Neigung Giselas entgegenzukommen. In beiden Fällen ist die Abweichung von dem, was wir jener Zeit zutrauen dürfen, absichtlich geschehen, weil nach der Überzeugung des Autors solche Entsagung damals wohl ungewöhnlich, aber nicht unmöglich war. Es fehlt ohnedies dem Inhalt der Erzählung nicht an herber Strenge und Wildheit. Ferner aber sei die Bemerkung gestattet, daß die landläufigen Vorstellungen über die Barbarei der alten Germanen den Vorfahren immer noch in auffallender Weise Unrecht tun. Unsere

Maler bilden die alten Knaben aus der Zeit des Tacitus und sogar aus der Völkerwanderung in einer Tracht, welche damals etwa Strolche und Sauhirten trugen, und Gemüt und Wesen derselben beurteilt man nach den häßlichen Verzerrungen, welche die germanische Art da erlitt, wo sie im Genusse der römischen Kultur unterging. Oft ist in den Berichten der lateinischen Geschichtsschreiber zu erkennen, daß die Germanen, wo sie noch in ihrem eigenen Volkstum standen, die Bezeichnung »Barbaren« in dem jetzt landläufigen Sinne nicht verdienen, und das einzelne einen Hochsinn, eine stolze Ritterlichkeit und Redlichkeit erwiesen, welche wir bei ihren Gegnern aus den Kreisen der römischen Welt vergeblich suchen. Mit Grund ist die erste Erzählung in die Zeit verlegt, in welcher die Deutschen noch nicht den Geschicken der Wanderzeit verfallen waren, aber in hundertjähriger Verbindung mit antiker Kultur einen weiteren Gesichtskreis erhalten hatten. Die beiden entgegengesetzten Charaktere Ingo und Bisino kann man ohne Mühe während der ganzen Völkerwanderung unter den Führern der Germanen erkennen.

An »Marcus König« hat der Titel befremdet, denn nicht der Vater Marcus, sondern der Sohn Georg ist Held der Erzählung. Aber es ist nicht unerhört, daß auch einmal der Name der widerstrebenden Persönlichkeit für den Titel gewählt wird, wie vor Guy Mannering von Walter Scott. Mir war bei der Wahl des Titels maßgebend, daß der Name Marcus eine verdunkelte Familienerinnerung an das Marcus-Evangelium der nächst vorhergehenden Erzählung darstellt. Es ist wohl möglich, daß der Leser diese Beziehung nicht bemerkt.

In derselben Erzählung ist das späte Einführen der Persönlichkeit Luthers, auf welche so lange gespannt wurde, ein Übelstand, der noch dadurch vergrößert wird, daß die Haltung des Reformators und der Ausgang der Verhandlung nicht ganz den Hoffnungen des Lesers entsprechen. Denn die Lösung des Konfliktes durfte nicht vorzugsweise durch den Reformator herbeigeführt werden, sie mußte sich aus den Charakteren und aus früheren Vorgängen entwickeln. Wenn aber theologische Kritik den Einwand erhoben hat, daß Luthers Urteilsspruch nicht mit den Ansichten desselben vom Wesen der Ehe übereinstimme, so möge ein wohlgeneigter Leser lieber dem Verfasser als dem Kritiker glauben. Nach der Rückkehr von der Wartburg war Luther wohl in nichts so wenig fest als in seiner Auffassung der Ehe und in Behandlung der Ehesachen. Die altbiblische und altgermanische Auffassung, die Bedürfnisse des deutschen Gemütes und die verständigen Forderungen des Staates haben sich längere Zeit in ihm gestoßen, bevor sich in der neuen Kirche eine feste Praxis herausbildete. Gerade im Jahr 1525, in welchem er selbst heiratete, sind diese Verschiedenheiten bemerkbar. Die in der Erzählung dargestellte Auffassung aber ist, wie dem Verfasser scheint, die herrschende dieses Jahres. Dem Reformator wurde sein Urteil vor dem einzelnen Falle übrigens auch durch sein feuriges Naturell und warmen menschlichen Anteil gekreuzt, wie z.B. in dem Falle mit der Schwester Hartmuts von Kronberg.

In der letzten Erzählung »Aus einer kleinen Stadt« sind Eindrücke, welche dem Schlesier in seiner Jugendzeit kamen, sorglos und reichlich benutzt. Man kann in dem einsamen Pfarrhofe mit seiner alten Holzkirche, welche neben einem heidnischen Ringwall steht, das Dorf Wüstebriese bei Ohlau wiederfinden, in welchem der Vater meiner Mutter Pastor war. Auch bei Schilderung einzelner Menschen und des gesellschaftlichen Treibens in der Stadt sind Nachklänge aus der Wirklichkeit nicht vermieden. Daß der Held der Erzählung, das geradlinige und ernsthafte Kind einer engen Zeit, als Arzt auftritt, ist aber von dem Verfasser nicht in bewußter Erinnerung an den Beruf des eigenen Vaters erdacht. Da Herr König nicht Beamter sein sollte, was konnte er in jener Zeit als Honoratiore einer kleinen Stadt sonst sein. Unter allem Erdachten, was vom Jahre 1806 als Erlebnis der geschilderten Personen erzählt wird, sind zwei kleine Begebenheiten, welche der Verfasser ungern erfunden hätte. Die erste ist der Einbruch bayrischer Plünderer in eine schlesische Pfarrwohnung; dieser Zug ist – bis auf die erfundene Verlobung durch den angesteckten Ring – nach Erinnerungen in der eigenen Familie des Verfassers berichtet. Die zweite ist das unentschlossene Verhalten eines preußischen Reiterleutnants gegenüber den Feinden. Auch dies ist ein wirkliches Ereignis, welches am 15. Dezember 1806 zu Namslau stattfand und einer gleichzeitigen schriftlichen Aufzeichnung treu nacherzählt ist. Der tapfere belagerte Feind im Gasthofe war ein bayrischer Oberleutnant von Zweibrücken mit einem Unteroffizier und zwei Mann, das Kommando, welches unter dem Reiterleutnant gegen ihn aufmarschierte und abzog, bestand aus 32 Mann; von den Unterhändlern, denen der Belagerte durch das Fenster des Gasthauses Zutritt bewilligte, war der eine Hofrat Lessing, ein Neffe des Dichters.

In dieser letzten Erzählung war das Geschlecht, welches geduldige Leser durch anderthalb Jahrtausende begleitet hatten, da angelangt, wo nach der Auffassung des Dichters die besten Bürgschaften für Glück und Dauer gefunden werden, im bürgerlichen Leben des modernen Staates. Da ich aber mit einem Blick auf die Gegenwart schließen, und Farbe wie Haltung des historischen Romans nicht in die neueste Zeit hereintragen konnte, so beschloß ich das Ganze in kurzen Schlußakkorden ausklingen zu lassen, indem ich noch einmal Ereignisse, welche in den früheren Geschichten berichtet sind, umgebildet wie in leichtem Spiel vorführte. Dieser Ausklang des Romans hätte kürzer gehalten werden können, er hat zu meiner Überraschung die Ansicht hervorgerufen, daß ich in den Ahnen mir selbst eine Vorgeschichte habe erdichten wollen. Solche Absicht lag mir ganz fern und sie wäre mir geckenhaft erschienen. Wenn der jüngste Stammhalter der Familie König mit einem Nachkommen des alten Marschalls Henner Schriftsteller und Journalist wird, so folgt er nur dem Zuge der Zeit, und die Ahnen könnten mit demselben Recht einem jeden andern meiner schlesischen Landsleute, die nach 1848 Journalisten geworden sind, angedichtet worden sein. Auch die Einwirkung der Stadttheater auf unsere Jugend und der Zug nach literarischer Tätigkeit sind uns allen gemeinsam. Hauptsache bei der kleinen Handlung des Schlusses war für mich, die poetische Idee, welche die einzelnen Geschichten verbindet, noch einmal vorzuführen und auf derselben Stätte, auf welcher sich die Katastrophe der ersten Geschichte vollzog, das Ganze zu schließen.

Das Bedenkliche der Arbeit lag nicht vorzugsweise in dem Zurückgehen auf frühe Vergangenheit, wie wohl der freundliche Leser annimmt, sondern in dem Fortführen bis zur Gegenwart.

Für die alten Zeiten ist durch die Vergangenheit selbst der Stoff episch zugerichtet. Es ist leicht, das Schicksal eines Helden in Weltbegebenheiten einzuflechten und ihn zum Teilnehmer an großen Ereignissen zu machen. Je näher die Erzählungen der Gegenwart kommen, desto mehr engt das Privatleben den Horizont und die Tätigkeit der handelnden Personen ein. Die geschichtliche Kenntnis der Leser verstattet den frei erfundenen Gestalten nur eine untergeordnete Teilnahme an Ereignissen, welche eine historische Würde und Größe haben, und eine Erzählung, die in großen epischen Linien angelegt war, kommt, bis zur Gegenwart fortgeführt, in Gefahr, als kleine Novelle zu verlaufen.

Aber auch bei Verwertung bekannter historischer Charaktere wird der Schaffende um so unfreier, je näher sein Werk der Gegenwart tritt. Während er vor Gestalten alter Zeit berechtigt ist, die immer mangelhafte und unvollständige Kenntnis ihres Charakters zu ergänzen und die Motive ihres Handelns zu deuten und zu vertiefen, bleibt ihm gegenüber den genau bekannten Personen naher Vergangenheit nur ein bescheidenes Nachbilden einiger der zahlreichen charakteristischen Züge, welche die Geschichte selbst von ihnen überliefert hat. Für die eigentlichen Helden der Erzählung aber wird der Übelstand, daß sie nur untergeordnete Teilnehmer an großen Begebenheiten sein dürfen, noch dadurch vermehrt, daß gerade in Deutschland, bis auf die neueste Zeit, Leben und Geschick von Privatpersonen besonders enge und dürftig waren, und daß auch starke Lebenskraft, wie sie der Held einer Erzählung nötig hat, wenn er allgemeine Teilnahme für sich gewinnen will, in kleinen und wunderlich verkrausten Verhältnissen verging.

War aber nicht durch die neueste Geschichte selbst dem weitläufig angelegten Werke ein glänzender Schluß gegeben? Die gewaltige Erhebung des geeinigten Deutschlands zum Kampf gegen das moderne Cäsarentum, der begeisterte Aufschwung und die ungeheuren Heldentaten des letzten Krieges, die Schlachtfelder von Gravelotte und le Mans, waren sie nicht der einzig würdige Abschluß? Hier war ein Heldentum zu finden, eine Größe der Taten, eine Energie der Gefühle, wie sie keine Vergangenheit gewaltiger hervorgebracht hat, und jeder einzelne vermochte Teilnehmer daran zu sein. – Aber auch der letzte aus der Reihe der Ahnen? Und in welcher Eigenschaft? Etwa als Krankenpfleger, als Freiwilliger, welcher einmal eine Schleichpatrouille führt, oder vielleicht als Leutnant König in irgend einem Regiment, dessen Nummer der Autor sorgsam verschweigen muß? Unbekannte Heldentaten zwischen die Zeilen des Generalstabswerks hineinzudichten, konnte unmöglich die Absicht sein. Doch vielleicht war das gar nicht nötig. Es gab nie einen Kampf mit größerem idealen Inhalt, als diesen letzten; vielleicht niemals schlug die Nemesis so erschütternd die Schuldigen zu Boden; vielleicht niemals hatte ein Heer so viel Wärme, Begeisterung und so tief poetische Empfindung dafür, daß die grause Arbeit der Schlachtfelder einem hohen sittlichen Zweck diente; vielleicht nie erschien das Walten göttlicher Vorsehung in Zuteilung von Lohn und Strafen so menschlich gerecht und verständlich, als diesmal. Solche Poesie des geschichtlichen Verlaufs wurde von Hunderttausenden genossen, sie war aus zahllosen Feldbriefen einfacher Soldaten zu erkennen. Konnte der, welcher ein Dichter seines Volkes sein möchte, dafür keinen Ausdruck finden, zumal wenn er, wie der Verfasser, selbst als Augenzeuge im Heergewühl dahingezogen ist?

674

Und es war ja nicht nötig, den Helden, welcher der letzte in der Reihe der »Ahnen« werden sollte, unter Kanonendonner seine Taten verrichten zu lassen. Eine Zeit, welche auf Gedanken und Gemüt aller Mitlebenden so mächtig einwirkte, bot doch wohl sinniger Erfindung viele Gelegenheit, Wandlungen der Charaktere und ergreifende Situationen zu schildern. Die Darstellungen solcher Einwirkung der Zeitideen, der großen Wandlungen in der Politik und im sozialen Leben, und die Kämpfe, welche dadurch in dem Individuum aufgeregt werden, gelten ja für das Gebiet, in welchem der moderne Roman vorzugsweise seine Erfolge zu suchen hat. – Auch wer dies annimmt, wird vielleicht zugeben, daß ein solcher moderner Roman in Farbe und Ton etwas ganz anderes geworden wäre als die Geschichten, welche die früheren Bände der »Ahnen« bilden, und daß er nicht gut angefügt werden konnte, ohne die Einheit des Ganzen in Farbe, Ton und Inhalt zu verstören.

Außerdem aber legt der Verfasser das offene Bekenntnis ab, daß ihm ein Roman, in welchem die Hauptpersonen vorzugsweise unter der Einwirkung und im Kampfe mit politischen, religiösen, sozialen Ideen geschildert werden, nicht als die höchste und schönste, ja kaum als eine würdige Aufgabe des Dichters erscheint. Unvermeidlich drängt sich bei solchem Inhalt die Tendenz in den Vordergrund, und der größten 675 Dichterkraft wird es nur schwer gelingen, mit der sonnigen Klarheit und der stolzen Unbefangenheit, welche das Kunstwerk vom Schaffenden fordert, Licht und Schatten zu verteilen. Der Leser zwar wird derlei Erfindung, im Falle sie nämlich seinem eignen Standpunkt entspricht, mit Wärme entgegenkommen, und er wird die poetische Gestaltungskraft, welche der Dichter dabei etwa erweist, mit besonderer Freude genießen. Aber bei der Einmischung freier Erfindung in die übermächtige reale Wirklichkeit wird immer eine Beeinträchtigung des künstlerischen Gesamteindrucks unvermeidlich sein.

Die Muse der Poesie vermag ihre Schönheit nur da ganz zu enthüllen, wo sie allein als Herrin gebietet. Wird sie Dienerin und Parteigenossin in solchen Kämpfen des wirklichen Lebens, welche die Menschen einer Zeit leidenschaftlich umhertreiben, so büßt sie gerade das ein, was ihr bester Inhalt ist: die befreiende und erhebende Einwirkung auf die Gemüter. Ja sogar, wenn dem Dichter gelänge, als ein Seher die beengenden Mißbildungen und die harten Konflikte der Politik und anderer realer Interessen wie in einem Schlußbilde als überwunden und versöhnt zu zeigen, er würde den stärksten Teil des Anteils, welchen er erregt, nicht der Poesie, sondern der Unzufriedenheit seiner Zeitgenossen mit dem Bestehenden verdanken. Politische, religiöse und soziale Romane sind, wie ernst auch ihr Inhalt sein möge, nichts besseres im Reiche der Poesie als Demimonde.

Während der Jahre, in denen ich Zustände der deutschen Vergangenheit für die Dichtung auszubeuten suchte, schuf mir das dauerhafte Wohlwollen der Leser große Freude. Dennoch hatte ich immer die Überzeugung, daß das reichste und in vielem Sinne das heilsamste Quellgebiet poetischer Stoffe in der Gegenwart liege. Und dies ist das letzte Bekenntnis, welches ich abzulegen habe. Wir dürfen uns unser

Anrecht auf die Schilderung vergangener Zeiten nicht durch irgend welche Theorie verkümmern lassen, aber die eigentümlichen Übelstände und Gefahren, welche die Behandlung fremder oder unserer Kenntnis entrückter Menschen in sich birgt, sollen uns stets im Bewußtsein bleiben. Diese Schwierigkeiten gefährden sowohl da, wo wir modernes Empfinden dem alten Zeitkostüm anpassen müssen, als auch da, wo wir unserer besonderen Kenntnis alter Kulturzustände froh werden. Immer ist eine Umdeutung der Charaktere in unsere Auffassung der Menschennatur notwendig, für das Verhältnis zwischen Schuld und Strafe müssen wir viel von der Freiheit und Verantwortlichkeit des modernen Menschen annehmen, gerade bei den innigsten Beziehungen der Personen zu einander ist das Eintragen unserer Empfindungsweise bis zu einem hohen Grade unvermeidlich. Leicht erscheint dem Leser die Klarheit und Gewandtheit, mit welchen die Personen über sich reflektieren, und der humanisierte Grundzug in der Handlung als unwahr, oder der Gegensatz zwischen fremdartigen Zuständen, welche geschildert werden, und den Charakteren, welche mit einigem modernen Leben erfüllt sind, wird peinlich. Die besten Kunstleistungen Walter Scotts ruhen auf Schilderungen einer Vergangenheit, die ihm und seinen Zeitgenossen durch teure örtliche Erinnerungen und durch das Fortleben alter Zustände nahe gerückt war.

Den Verfasser der »Ahnen« aber wird freuen, wenn der Leser das Werk wie eine Symphonie betrachtet, in deren acht Teilen ein melodischer Satz so gewandelt, fortgeführt und mit anderen verflochten ist, daß sämtliche Teile zusammen ein Ganzes bilden. Möge man dieser Einheit eine poetische Berechtigung zugestehen.

Mir selbst hat das Leben seitdem vieles genommen, aber auch großes
gegeben. Und es ist mir vergönnt, auf eine lange Vergangenheit zurück-

zublicken, in welcher ich reichlichen Anteil an allem Gut gewann, welches eine gnadenvolle Vorsehung den Deutschen in dem letzten Menschenalter zuteil werden ließ. Mein eigenes Dasein hat mich da, wo ich irrte und fehlte, und da, wo ich mich redlich bemühte, mit tiefer Ehrfurcht vor der hohen Gewalt erfüllt, welche unser Schicksal lenkt und mir für mein Tun in Strafe und Lohn die Vergeltung immer völlig und reichlich geordnet hat. Und demütig verstehe ich, daß zu dem besten Besitz meines Lebens zuerst gehört, was ich von meinen Vorfahren als Erbe überkam: ein gesunder Leib, die Zucht des Hauses, der Heimatstaat; demnächst, was ich durch eigene ernsthafte Arbeit erworben habe: der freundliche Anteil und die Achtung meiner Zeitgenossen. Zuletzt aber darf ich, ein bejahrter und unabhängiger Mann, dem die Gunst der Mächtigen nichts großes zuteilen kann, als höchsten Gewinn meines Lebens das Glück rühmen, welches mir, gleich Millionen meiner Zeitgenossen, gegeben worden ist durch einen, der auf die Siebzigjährigen herabsieht, wie auf ein jüngeres Geschlecht, durch unseren guten Kaiser Wilhelm und durch seine Helfer, den Kanzler und den Feldherrn. 678

Biographie

1816 *13. Juli:* Gustav Freytag wird in Kreuzburg (Schlesien) als Sohn eines Arztes und späteren Bürgermeisters geboren.

1829 Besuch des Gymnasiums in Öls.

1835 Studium der Germanistik in Breslau, unter anderem bei Hoffmann von Fallersleben.

1836 Fortsetzung des Studiums in Berlin (bis 1838).

1838 Freytag promoviert mit einer Arbeit über die Anfänge des Dramas zum Dr. phil. (»De initiis scenicae poesis apud Germanos«).

1839 Nach seiner Habilitation über die Poetik der mittelalterlichen Dichterin Hrotsvitha von Gandersheim wird Freytag Privatdozent für deutsche Sprache und Literatur an der Universität Breslau (bis 1847).

1843 Freytag bewirbt sich um eine Professur an der Breslauer Universität. Seine Bewerbung wird jedoch aus politischen Gründen abgelehnt.

1844 »Die Brautfahrt oder Kunz von der Rosen« (Lustspiel). »Der Gelehrte« (Schauspiel).

1845 Die Gedichtsammlung »In Breslau« erscheint.

1846 Übersiedlung nach Leipzig.

1847 »Die Valentine« (Lustspiel). Freytag verzichtet auf eine weitere akademische Lehrtätigkeit und widmet sich der schriftstellerischen Arbeit. Umzug nach Dresden.

1848 Rückkehr nach Leipzig. Freytag übernimmt die Schriftleitung der Leipziger liberalen Wochenschrift »Die Grenzboten« (bis 1861). Bekanntschaft mit Moritz Busch und Julius von Eckardt.

1850 Das Schauspiel »Graf Waldemar« wird veröffentlicht.

1851 Freytag zieht sich zeitweise auf seinen Besitz Siebleben bei Gotha zurück. Aus längeren Aufenthalten am Hof des Herzogs Ernst II. von Sachsen-Coburg-Gotha, einem der Hauptvertreter des Nationalliberalismus, entsteht eine enge Freundschaft.

1852 Mit der Uraufführung seines Lustspiels »Die Journalisten« (gedruckt 1854), in dem das zeitgenössische Pressewesen karikiert wird, erzielt Freytag seinen ersten literarischen Erfolg.

1855	Der Zeitroman »Soll und Haben« erscheint (3 Bände).

1859 Eine wissenschaftlich fundierte Textsammlung auf der Grundlage der historischen Quellen- und Flugschriftensammlung von Freytag stellen die »Bilder aus der deutschen Vergangenheit« (5 Bände bis 1867) dar.

»Die Fabier« (Trauerspiel).

1863 Freytag verfasst eine Abhandlung über »Die Technik des Dramas«.

1864 »Die verlorene Handschrift« (Roman, 3 Bände).

1867 Im konstituierten Reichstag des Norddeutschen Bundes vertritt Freytag als Mitglied der nationalliberalen Partei einen Thüringer Wahlkreis (bis 1870).

Freytag übernimmt erneut, nunmehr gemeinsam mit Julian Schmidt, die Herausgabe der »Grenzboten« (bis 1870).

1869 Veröffentlichung der Biographie »Karl Mathy. Geschichte seines Lebens«. In seinem gegen Richard Wagner gerichteten Aufsatz »Der Streit über das Judentum« setzt sich Freytag – in Abkehr von seinen früheren, teilweise antisemitischen Auffassungen – dafür ein, die Ghettostruktur abzuschaffen und die Integration der Juden in die deutsche Gesellschaft zu realisieren.

1870 Aus Enttäuschung über die Politik Otto von Bismarcks zieht Freytag sich aus dem aktiven politischen Leben zurück. Im deutsch-französischen Krieg 1870/71 hält sich Freytag als Begleiter und Berichterstatter des Kronprinzen Friedrich von Preußen in dessen Hauptquartier auf (bis 1871).

1871 Er redigiert zusammen mit Alfred Dove die Zeitschrift »Im Neuen Reich« (bis 1873), in der er zahlreiche politische Aufsätze publiziert.

1872 »Die Ahnen« (Romanzyklus in 6 Bänden, bis 1881).

1879 In den folgenden Jahren verbringt Freytag den Winter in Wiesbaden.

1886 Ernennung zum Geheimen Hofrat.

»Gesammelte Werke« (22 Bände, bis 1888).

1887 »Erinnerungen aus meinem Leben« werden veröffentlicht.

1889 »Der Kronprinz und die deutsche Kaiserkrone. Erinnerungsblätter«.

»Gesammelte Aufsätze« (2 Bände).

1891 Freytag bekämpft den entstehenden Rassenantisemitismus und tritt dem im Vorjahr gegründeten »Verein zur Abwehr des Antisemitismus« bei.

1893 Ernennung zur Exzellenz. Verleihung des Ordens Pour le mérite der Friedensklasse.

1895 *30. April:* Gustav Freytag stirbt in Wiesbaden.

Karl-Maria Guth (Hg.)

Erzählungen aus dem Biedermeier

HOFENBERG

Karl-Maria Guth (Hg.)

Erzählungen aus dem Biedermeier II

HOFENBERG

Karl-Maria Guth (Hg.)

Erzählungen aus dem Biedermeier III

HOFENBERG

Erzählungen aus dem Biedermeier

Biedermeier - das klingt in heutigen Ohren nach langweiligem Spießertum, nach geschmacklosen rosa Teetässchen in Wohnzimmern, die aussehen wie Puppenstuben und in denen es irgendwie nach »Omma« riecht.

Zu Recht. Aber nicht nur.

Biedermeier ist auch die Zeit einer zarten Literatur der Flucht ins Idyll, des Rückzuges ins private Glück und der Tugenden. Die Menschen im Europa nach Napoleon hatten die Nase voll von großen neuen Ideen, das aufstrebende Bürgertum forderte und entwickelte eine eigene Kunst und Kultur für sich, die unabhängig von feudaler Großmannssucht bestehen sollte.

Georg Büchner Lenz **Karl Gutzkow** Wally, die Zweiflerin **Annette von Droste-Hülshoff** Die Judenbuche **Friedrich Hebbel** Matteo **Jeremias Gotthelf** Elsi, die seltsame Magd **Georg Weerth** Fragment eines Romans **Franz Grillparzer** Der arme Spielmann **Eduard Mörike** Mozart auf der Reise nach Prag **Berthold Auerbach** Der Viereckig oder die amerikanische Kiste

ISBN 978-3-8430-1884-5, 444 Seiten, 29,80 €

Erzählungen aus dem Biedermeier II

Annette von Droste-Hülshoff Ledwina **Franz Grillparzer** Das Kloster bei Sendomir **Friedrich Hebbel** Schnock **Eduard Mörike** Der Schatz **Georg Weerth** Leben und Taten des berühmten Ritters Schnapphahnski **Jeremias Gotthelf** Das Erdbeerimareili **Berthold Auerbach** Lucifer

ISBN 978-3-8430-1885-2, 440 Seiten, 29,80 €

Erzählungen aus dem Biedermeier III

Eduard Mörike Lucie Gelmeroth **Annette von Droste-Hülshoff** Westfälische Schilderungen **Annette von Droste-Hülshoff** Bei uns zulande auf dem Lande **Berthold Auerbach** Brosi und Moni **Jeremias Gotthelf** Die schwarze Spinne **Friedrich Hebbel** Anna **Friedrich Hebbel** Die Kuh **Jeremias Gotthelf** Barthli der Korber **Berthold Auerbach** Barfüßele

ISBN 978-3-8430-1886-9, 452 Seiten, 29,80 €